相続・贈与と生命保険をめぐる
トラブル予防・対応の手引

共著　中込 一洋（弁護士）
　　　遠山　聡（専修大学法学部教授）
　　　原　尚美（税理士）

新日本法規

は　し　が　き

　相続については、民法第5編等で規定されています。その一部は、いわゆる相続法改正、すなわち、①民法及び家事事件手続法の一部を改正する法律（平成30年法律第72号）、②法務局における遺言書の保管等に関する法律（平成30年法律第73号）という二つの法律によって変更されました。本書は、このような新しい動きに配慮しつつ、生命保険と相続・贈与の交差する領域について検討しています。

　相続は、人の死亡によって開始します。そして、その人（被相続人）を被保険者とする生命保険契約が締結されていた場合、その人の死亡によって、家族の誰かが保険金請求権を取得するのが通常です。保険金受取人が指定されていたときに死亡保険金請求権は相続財産（遺産）には含まれないとされていますが、例外的に特別受益として考慮されることはありますし、死亡保険金額は相続税申告にも影響します。このように相続と生命保険には、人（被相続人・被保険者）の死亡に伴う権利変動という共通性があります。ところが、生命保険契約については保険法や当該契約に関する普通保険約款等が規定しており、税金については相続税法等が規定しています。

　また、最近では、相続に関するトラブルを防止するために、元気なうちに準備を始める人が増えています。トラブル防止の方法としては、遺言書を作成すること、生命保険契約の内容を適切なものとすることに加えて、生前贈与を活用することも有意義です。ところが、贈与は、民法第3編第2章に規定されており、そこでは、典型契約の一つとして、売買との異同等（いずれも合意で成立するが、売買は有償であるのに対し贈与は無償であることなど）が説明されることが多く、相続との関係は強調されていません。これに対して、税法においては、相続と贈与は密接に関連付けられています。

本書は、このように民法・保険法・相続税法等という複数の専門分野が交差する領域について、複数の専門家が協力し合うことによって完成しました。

　遠山聡先生（大学教授）と中込一洋（弁護士）は、保険事例研究会（公益財団法人生命保険文化センター）の構成員であり、民事法（民法・保険法等）について執筆を分担しました。税法については、原尚美先生（税理士）が執筆しました。各自の担当箇所は執筆者略歴のとおりですが、企画段階から意見を出し合い、全ての原稿案を共有しながら検討を重ねてきました。その過程を経たことによって、お互いに刺激を与えあい、原稿のレベルを高めることができたと思います。

　そして、新日本法規出版株式会社の森誠氏、加賀山量氏、そして、本書を手にされた貴方に、心から感謝いたします。

　本書が、生命保険と相続・贈与に関する理解を深め、トラブルの予防や早期解決の一助となることを期待しつつ。

令和元年10月吉日

著者を代表して

中込一洋

執 筆 者 略 歴

中込一洋（なかごみ　かずひろ）

弁護士（東京弁護士会所属）、法政大学法学部卒。司綜合法律事務所パートナー、日本弁護士連合会司法制度調査会委員、東京弁護士会法制委員会委員、元最高裁判所家庭規則制定諮問委員会幹事

≪著書≫『実務解説改正相続法』（弘文堂）、『ケースでわかる改正相続法』（共著、弘文堂）、『Ｑ＆Ａ改正相続法のポイント』（共著、新日本法規出版）、『Before/After　民法改正』（共編著、弘文堂）、『駐車場事故の法律実務』（共著、学陽書房）、『論点体系保険法2』（共著、第一法規）など著書多数。

　【執筆担当】　はじめに　Ｑ＆Ａ編 1 〜10、14、15、18、20、24〜27、29
　　　　　　　　事例編 2 〜 4 、 7 〜10、14、15、18、20、25、26、29、31、32

遠山　聡（とおやま　さとし）

専修大学法学部教授、筑波大学大学院社会科学研究科博士課程単位取得後満期退学、日本保険学会評議員

≪著書・論文≫『ポイントレクチャー保険法〔第2版〕』（共著、有斐閣）、『論点体系保険法2』（共著、第一法規）、『保険法の論点と展望』（共著、商事法務）、『生命保険の法律相談』（共著、学陽書房）、「保険金請求権の固有権性と相続」生命保険論集生命保険文化センター設立40周年記念特別号（Ⅱ）など。

　【執筆担当】　Ｑ＆Ａ編11〜13、16、17、19、21〜23、28、30〜32
　　　　　　　　事例編 1 、 5 、 6 、11〜13、16、17、19、21〜24、27、28、30

原　尚美（はら　なおみ）

税理士、東京外国語大学卒業、原＆アカウンティング・パートナーズ代表、ジャパンアウトソーシングサービスCo., Ltd.（ミャンマー事務所）代表、蒲田青色申告会監事

≪著書など≫『51の質問に答えるだけですぐできる「事業計画書」のつくり方』（日本実業出版社）、『最新 小さな会社の総務・経理の仕事がわかる本』（共著、ソーテック社）など著書多数。月刊TACNEWSに「南の島のナデシコ税理士」連載中。FM戸塚で「女性税理士と開けるミャンマー進出の扉」オンエア中。

【執筆担当】　Ｑ＆Ａ編33〜38　事例編33〜36

略　語　表

＜法令等の表記＞

　　根拠となる法令等の略記例及び略語は次のとおりです（〔　　〕は本文中の略語を示します。）。

　　民法第900条第1項第1号＝民900①一
　　平成24年3月31日財務省告示第115号＝平24・3・31財務告115

保険	保険法
民	民法
〔相続法改正〕	民法及び家事事件手続法の一部を改正する法律（平成30年法律第72号）による改正及び法務局における遺言書の保管等に関する法律（平成30年法律第73号）
相続法改正後民〔相続法改正後民法〕	平成30年法律第72号による改正後の民法
相続法改正前民〔相続法改正前民法〕	平成30年法律第72号による改正前の民法
〔債権法改正〕	民法の一部を改正する法律（平成29年法律第44号）による改正
債権法改正後民〔債権法改正後民法〕	平成29年法律第44号による改正後の民法
〔債権法改正前民法〕	平成29年法律第44号による改正前の民法
平成20年改正前商〔平成20年改正前商法〕	保険法の施行に伴う関係法律の整備に関する法律（平成20年法律第57号）による改正前の商法
所税	所得税法
所税令	所得税法施行令
税通	国税通則法
相税	相続税法
相税規	相続税法施行規則
租特	租税特別措置法

地税	地方税法
法税	法人税法
所基通	所得税基本通達
相基通	相続税法基本通達
評基通	財産評価基本通達
中間試案補足説明	民法（相続関係）等の改正に関する中間試案の補足説明
追加試案補足説明	中間試案後に追加された民法（相続関係）等の改正に関する試案（追加試案）の補足説明
部会資料	法制審議会民法（相続関係）部会資料

＜判例・裁決例の表記＞

根拠となる判例・裁決例の略記例及び出典・雑誌の略称は次のとおりです。

最高裁判所大法廷平成28年12月19日決定、最高裁判所民事判例集70巻8号2121頁＝最大決平28・12・19民集70・8・2121
国税不服審判所平成29年6月15日裁決、裁決事例集107集1頁＝平29・6・15裁決　裁事107・1

民集	最高裁判所（大審院）民事判例集
民録	大審院民事判決録
集民	最高裁判所裁判集民事
家月	家庭裁判月報
判時	判例時報
判タ	判例タイムズ
金判	金融・商事判例
金法	金融法務事情
税資	税務訴訟資料
裁事	裁決事例集
事例研レポ	保険事例研究会レポート
生保判例集	生命保険判例集
文研生保判例集	文研生命保険判例集

目　　次

はじめに

ページ

1　相続とは………………………………………………… 3
　(1)　法定相続 ……………………………………………… 3
　(2)　遺言相続 ……………………………………………… 5
　(3)　遺留分 ………………………………………………… 6
　(4)　相続法改正 …………………………………………… 6
　(5)　相続税とは …………………………………………… 8
2　贈与とは………………………………………………… 9
　(1)　贈与契約 ……………………………………………… 9
　(2)　死因贈与 ………………………………………………10
　(3)　贈与税とは ……………………………………………10
3　生命保険とは……………………………………………11
　(1)　意　義 …………………………………………………11
　(2)　当事者 …………………………………………………13
　(3)　保険事故 ………………………………………………14

Q＆A編

第1章　受取人の指定・変更

Q1　受取人が（名前等ではなく）「相続人」と指定されてい
　　たときは……………………………………………………17
Q2　受取人の続柄が「妻」とあるが、実際には内縁であっ
　　たときは……………………………………………………22

Q3 受取人の続柄が「妻」とあるが、指定後に離婚してい
たときは……………………………………………………27

Q4 指定受取人が、被保険者より先に死亡したときは…………31

Q5 指定受取人が、被保険者と同時に死亡したときは…………36

Q6 保険契約者が受取人を変更するときは……………………40

Q7 被保険者（兼保険契約者）が質権を設定していたとき
は、貸金返還請求権を優先的に行使できるか………………46

Q8 保険金受取人が質権を設定したときは、貸金返還請求
権を優先的に行使できるか……………………………………51

第2章 保険金請求権

Q9 行方不明が7年を超え、被保険者が失踪宣告を受けた
ときは……………………………………………………………56

Q10 7年前に行方不明になった被保険者が、5年前に死亡し
ていたときは……………………………………………………60

Q11 名前で指定された保険金受取人が被保険者を故意に死
亡させたときは、保険金請求権を行使できるか………………66

Q12 「相続人」を保険金受取人とする指定がある場合に、
相続人の一人が、被保険者を故意に死亡させたときは、
保険金請求権を行使できるか…………………………………71

Q13 被保険者が高度障害保険金を請求した後、その支払を
受ける前に死亡した場合、死亡保険金を請求できるか………76

Q14 被保険者が高度障害保険金請求の手続中に死亡した場
合、死亡保険金を請求できるか………………………………81

Q15 被保険者が高度障害保険金請求の手続中の場合、満期
保険金を請求できるか…………………………………………87

目　　次　　3

第3章　遺産分割

Q16　保険金受取人である相続人が相続放棄（又は限定承認）
　　　したときに、保険金請求権を行使できるか……………………91

Q17　相続人の一人が保険金受取人である場合に、遺留分権
　　　利者である他の共同相続人との関係において、受取人指
　　　定は遺留分侵害に当たるか………………………………………96

Q18　受取人変更によって遺留分を侵害されたときは…………… 100

Q19　保険金受取人に指定された共同相続人の一人が保険金
　　　を取得した場合に、遺産分割協議において当該保険金を
　　　特別受益として持戻しすべきか………………………………… 104

Q20　受取人変更による死亡保険金取得について、特別受益
　　　の持戻しは認められるか………………………………………… 108

Q21　被保険者ではない保険契約者が死亡し、相続人の一人
　　　が保険契約者の地位を承継する場合、契約者変更や解約
　　　はどのような手続で行われるか………………………………… 112

第4章　遺贈・贈与

Q22　遺言による受取人変更は有効か……………………………… 115

Q23　保険契約者兼被保険者の遺言により、保険金受取人が
　　　妻から不倫相手である女性に変更された場合、受取人変
　　　更は有効か………………………………………………………… 119

Q24　遺言書添付の生命保険目録が、自書でなかったときは
　　　（相続法改正）…………………………………………………… 123

Q25　自筆証書遺言の保管制度とは（相続法改正）……………… 127

Q26　遺言の撤回について錯誤があったときは（債権法・相
　　　続法改正）………………………………………………………… 132

Q27　遺言に基づいて契約者となることができるか……………… 136

Q 28　家族を被保険者として生命保険契約を締結した場合
　　　に、贈与となるか………………………………………… 139

Q 29　長女が生命保険契約を締結した場合に、父親に保険料
　　　を請求できるか…………………………………………… 141

Q 30　生命保険契約を贈与する旨の契約が贈与の当事者間で
　　　成立している場合、契約者変更を保険会社に主張できる
　　　か…………………………………………………………… 145

Q 31　養老保険契約の満期保険金受取人である被保険者が同
　　　請求権を長女に遺贈したことは、死亡保険金受取人との
　　　関係において有効か……………………………………… 148

Q 32　死亡保険金請求権を遺贈又は死因贈与した場合、これ
　　　を受取人変更の意思表示と解し得るか………………… 151

第5章　課税関係

Q 33　生命保険契約をめぐる税務の取扱いで注意すべき点は…… 154

Q 34　保険契約者と実質的な保険料負担者が異なる場合、課
　　　税にどのような違いが生じるか………………………… 160

Q 35　死亡保険金を一時金で受け取ったときと、年金で受け
　　　取ったときの課税の違いは……………………………… 167

Q 36　保険金受取人を妻から孫に変更したことで、課税はど
　　　のように変化するか……………………………………… 173

Q 37　法人から個人へ契約者変更したときの課税と経理処理
　　　は…………………………………………………………… 178

Q 38　法人から個人へ契約者変更した後で保険を解約したと
　　　きの所得税の申告は……………………………………… 185

目　次　　　5

事　例　編

第1章　受取人の指定・変更

【事例1】　不倫相手を受取人とする指定の公序良俗違反該当
　　　　　性（東京高判平11・9・21金判1080・30）……………… 191

【事例2】　保険金受取人が死亡したがその相続人又はその順
　　　　　次の相続人が不存在の場合の保険金受取人（名古屋
　　　　　地判平12・12・1判タ1070・287）……………………… 196

【事例3】　全労災の個人定期生命共済の「配偶者」に重婚的
　　　　　内縁も含まれる余地の有無（大阪地判平13・8・30判タ
　　　　　1097・277）…………………………………………… 201

【事例4】　簡易生命保険法55条1項の受取人先死亡の規定の
　　　　　適用（東京高判平17・9・29判タ1221・304）………… 206

【事例5】　被共済者と共済金受取人の同時死亡の場合の共済
　　　　　金請求権の帰属（最判平21・6・2判時2050・148）……… 211

【事例6】　約款に受取人先死亡の規定がある場合の同時死亡
　　　　　における保険金請求権の帰属（最判平21・6・2民集63・
　　　　　5・953）………………………………………………… 217

【事例7】　保険金受取人変更に関する保険者の内規とその効
　　　　　力（東京地判平22・7・8（平21（ワ）20786））…………… 222

【事例8】　第三者のためにする生命保険の契約者がした質権
　　　　　設定の効力（東京高判平22・11・25判タ1359・203）……… 228

【事例9】　高齢者による保険金受取人の変更（東京地判平25・
　　　　　12・12（平23（ワ）28583））…………………………… 233

【事例10】　「遺族」がいないときの旧簡易生命保険法55条の
　　　　　解釈（東京高判平27・2・25（平26（ネ）5431））………… 238

第2章　保険金請求権の有無

【事例11】　権利行使が現実に期待できないような特段の事情
　　　　　　がある場合の消滅時効期間の進行（最判平15・12・11
　　　　　　民集57・11・2196）……………………………………… 244

【事例12】　保険金受取人変更手続未了での被保険者の死亡と
　　　　　　対抗要件（東京高判平18・1・18金判1234・17）…………… 250

【事例13】　保険金受取人の親権者による被保険者殺害につき
　　　　　　故意免責条項を適用することの可否（名古屋高判平
　　　　　　21・4・24判時2051・147）………………………………… 256

【事例14】　団体信用生命保険と告知（盛岡地判平22・6・11判タ
　　　　　　1342・211）……………………………………………… 261

【事例15】　保険契約者の地位承継と受取人変更（東京地判平
　　　　　　23・5・31（平22（ワ）41189））……………………… 268

【事例16】　失効条項と消費者契約法10条、復活後の自殺免責
　　　　　　条項と権利濫用、信義則違反（東京高判平24・7・11金
　　　　　　判1399・8）……………………………………………… 273

【事例17】　自己のためにする生命共済契約における相続欠格
　　　　　　と免責の範囲（高松高判平26・9・12（平26（ネ）111））… 281

【事例18】　保険金受取人が複数ある場合の代表者選定（東京
　　　　　　地判平28・1・28金法2050・92）……………………… 287

第3章　遺産分割

【事例19】　相続人が受取人である生命保険金請求権と相続関
　　　　　　係（東京高判平10・6・29判タ1004・223）……………… 293

【事例20】　相続放棄の申述の有効性（福岡高宮崎支決平10・12・
　　　　　　22家月51・5・49）……………………………………… 298

【事例21】　保険金受取人による権利放棄（大阪高判平11・12・
　　　　　　21金判1084・44）……………………………………… 304

目　次　　7

【事例22】　生命保険金と特別受益（最決平16・10・29民集58・
　　　　　　7・1979）………………………………………………… 308

【事例23】　保険金受取人の相続人による被保険者故殺と保険
　　　　　　金請求権の譲渡（東京高判平18・10・19判タ1234・179）… 314

【事例24】　遺留分の算定と保険金の特別受益性（東京地判平
　　　　　　23・8・19（平18（ワ）11258））………………………… 319

【事例25】　死亡退職弔慰金（大阪高判平25・9・20判時2219・126）… 323

【事例26】　法定相続人を受取人とする契約における一部相続
　　　　　　人の相続放棄の効力（大阪高判平27・4・23（平27（ネ）
　　　　　　208））…………………………………………………… 328

第4章　遺贈・贈与

【事例27】　自己を被保険者とする生命保険契約の受取人変更
　　　　　　と遺贈・死因贈与（最判平14・11・5民集56・8・2069）… 334

【事例28】　遺書による保険金受取人の変更（福岡高判平18・
　　　　　　12・21判時1964・148）………………………………… 339

【事例29】　高度障害保険金請求権の包括受遺者による請求と
　　　　　　被保険者同意の有無（東京高判平19・5・30判タ1254・
　　　　　　287）…………………………………………………… 344

【事例30】　自己のためにする生命共済契約に基づく死亡共済
　　　　　　金請求権の性質（東京高判平24・7・10判タ1385・247）… 351

【事例31】　受取人先死亡後の保険契約者兼被保険者死亡と死
　　　　　　亡給付金の割合（東京地判平24・8・21（平24（ワ）1948・
　　　　　　平24（ワ）16212））…………………………………… 356

【事例32】　年金受取人兼被保険者死亡後の遺言による受取人
　　　　　　の未払年金請求（東京高判平27・11・12（平27（ネ）
　　　　　　3035））………………………………………………… 364

第5章　課税関係

【事例33】　掛金の実質的負担者と共済金受取人が同一である
と認定された場合の一時所得の課税（福岡地判平10・
3・20税資231・156）……………………………………… 370

【事例34】　保険会社から支払を拒絶された場合の期限内申告
と弁護士費用の控除の可否（平18・2・27裁決　裁事
71・29）…………………………………………………………… 377

【事例35】　年金受給権に基づき支給された年金に対する、相
続税と所得税の二重課税の排除（最判平22・7・6民集
64・5・1277）………………………………………………… 386

【事例36】　保険料の原資の実質的な帰属とみなし相続財産の
判断（平28・11・8裁決　裁事105・79）……………… 393

索　引

○事項索引………………………………………………………………… 405

○判例年次索引…………………………………………………………… 408

○裁決例年次索引………………………………………………………… 413

はじめに

2

1　相続とは

　人が権利義務の主体となる資格を、権利能力といいます。私権の享有は出生に始まります（民3①）。このことは、権利能力が認められるのは、生きている間だけであるという原則に基づいています。権利能力は一般的な資格であり、具体的に権利義務について判断する能力（意思能力）や、有効に法律行為をする能力（行為能力）と違いますから、生きている人間であれば、年齢や能力とは関係なく認められます。

　相続は、死亡によって開始します（民882）。これは、死亡した人（被相続人）は権利能力を失うため、別の人に、その財産上の地位を承継させる必要があるためです。そして、この承継には、法律の規定に基づく方法（法定相続）と、被相続人の意思表示に基づく方法（遺言相続）があります。

（1）　法定相続

　法定相続とは、個人に帰属していた財産が、その死亡を原因として、配偶者・子・親など死者と一定の家族的な関係にあった個人に対して、法律の規定に従って包括的に承継されることです。この点について、法定相続制原則論を「国家主導による遺産の承継スキーム」として支持し、「人が死亡した場合に、法律の定めた特定の地位にある者に被相続人の財産上の地位を包括的に承継させる方法を採用した。そこでは、相続人となりうる一般的な資格（相続権）を画一的に定め、個人の意思で相続人を操作することを原則として認めていない。そのうえで、相続人とされた者の包括承継人としての地位（財産帰属状態）をその人個人の権利として保障し、支援するための制度を用意している」と説明する見解があります（潮見佳男『詳解相続法』（弘文堂、2018年）3頁）。

　相続人について、民法は、まず「被相続人の子は、相続人となる」（民887①）とした上で、被相続人の子が相続の開始前に死亡したとき等について「その者の子がこれを代襲して相続人となる。ただし、被

相続人の直系卑属でない者は、この限りではない」と規定しています（民887②）。子及びその代襲者等がいない場合には、まず両親が「被相続人の直系尊属。ただし、親等の異なる者の間では、その近い者を先にする」という規定に基づいて相続し、両親とも死亡していたときは祖父母が相続します。直系尊属がいないときは「被相続人の兄弟姉妹」が相続します（民889①）。このように血縁に基づく相続人（血族相続人）を認める理由については、①家族共同体・血縁共同体内での財産の承継とする見解、②家族構成員の潜在的持分の清算とする見解、③遺族の生活保障とする見解等があります（潮見・前掲5頁）。

　また、民法は、「被相続人の配偶者は、常に相続人となる」とし、この場合において血族相続人がいるときは、「その者と同順位とする」と規定しています（民890）。法定相続分は、「子及び配偶者が相続人であるときは、子の相続分及び配偶者の相続分は、各2分の1」、「配偶者及び直系尊属が相続人であるときは、配偶者の相続分は、3分の2」、「配偶者及び兄弟姉妹が相続人であるときは、配偶者の相続分は、4分の3」と規定されています（民900）。配偶者の相続分は少なくとも2分の1以上であり、他の相続人よりも強く保護されています。配偶者に相続を認める理由については、①実質的夫婦共同財産の清算とする見解、②生存配偶者（及び未成熟子）の生活保障とする見解等があります（潮見・前掲5頁）。

　もっとも、血族相続人又は配偶者であっても、「故意に被相続人又は相続について先順位若しくは同順位にある者を死亡するに至らせ、又は至らせようとしたために、刑に処せられた者」等は欠格事由に該当するため、相続することはできません（民891）。また、被相続人を虐待した場合等に、家庭裁判所の判断によって廃除されることもあります（民892以下）。

　相続人は、自己のために相続の開始があったことを知った時から3か月以内に、単純若しくは限定の承認又は放棄をしなければなりませ

ん（民915①）。単純承認をしたときは、相続人は、無限に被相続人の権利義務を承継します（民920）。これに対して、相続を放棄したときは、初めから相続人とならなかったものとみなされます（民939）。

(2)　遺言相続

遺言は、遺言者（被相続人）の最終意思を尊重し、これを実現するものです。人は、単独の意思表示（遺言）をすることにより、例えば生前に自らに尽くしてくれた者に報いるなど、自分の死後の法律関係を定めることができます。遺言者の最終意思が明らかにされることによって遺産分割が必要なくなる場合もあるなど、紛争の防止に資することがあります。また、遺言による財産承継は、配偶者・子・親などの関係にあった個人に限られませんから、法人や、内縁配偶者や同性パートナーに対しても、遺言を活用することによって、被相続人の財産の全部又は一部を与える（遺贈する）ことが可能です。

遺言は、民法の定める方式に従わなければ、することができません（民960）。これは、遺言が効力を生じるのは遺言者の死亡の時からであり（民985①）、作成者がいなくなってから有効性を争われる可能性を低くするためです。このことは、「生前にされた表意者の意思表示が真意に出たものであることを確証できるように、遺言の成立要件は厳格でなければならない」、「遺言は、要式行為の典型例である」と指摘されています（潮見・前掲357頁）。

現在のところ、遺言を作成する人は必ずしも多くはありません。平成27年の統計によると、家庭裁判所において検認された遺言書の件数は約1万7,000件（死亡者約130万人の約1.3％）であり、公正証書遺言の作成件数は約11万件（死亡者の約8.6％）です（小野瀬法務省民事局長：平成30年6月28日参議院法務委員会会議録19号2頁）。

もっとも、遺言書の作成は、年々増加する傾向にあります。このことは、「遺言のウエイトが大きくなりつつあるのである。その背後には、高齢化の進展（被相続人の扶養・介護の必要性の増大、相続人の

生活保障の必要性の低下）、家族関係の希薄化（扶養・介護の負担者や家業の承継者の流動化、家産意識の希薄化）、個人財産性の強化（自己形成資産の増大）といった事情が働いている」とした上で、その影響について「必然的に、相続人や第三者の地位を不安定にする。法定相続のルールに従うのであれば、その結果の予測可能性は相対的に高いのに対して、遺言（さらには生前処分）によって様々な操作が行われると、相続人や第三者が予測しなかった状況に追い込まれる場合が出てくるからである」と指摘されています（大村敦志『新基本民法8相続編』（有斐閣、2017年）13・14頁）。

　民法は包括遺贈及び特定遺贈を認めており、遺言者は、包括又は特定の名義で、その財産の全部又は一部を処分することができます（民964）。これは下記(4)の相続法改正の対象ですが、この内容には変更がありません。遺言は、被相続人の単独の意思表示（単独行為）であり、受遺者との合意に基づくものではありません。そのため、受遺者は、遺言者の死亡後、いつでも、遺贈の放棄をすることができます（民986①）。遺贈の放棄は、遺言者の死亡の時に遡ってその効力を生じます（民986②）。

　(3)　遺留分

　遺留分とは、「被相続人の財産の中で、法律上その取得が一定の相続人に留保されていて、被相続人による自由な処分（遺贈・贈与等）に対して制限が加えられている持分的利益」のことです（潮見・前掲506頁）。このことは、被相続人の意思に基づく財産の承継（遺言相続）には一定の限界があることを意味します。

　遺留分は遺言の内容を一部無効にする効力を有するものですから、遺言をしようとする人のためにも、分かりやすい制度である必要があります。

　(4)　相続法改正

　法務大臣は、「民法（相続関係）の改正について（諮問第100号）」（平

成27年2月）において「高齢化社会の進展や家族の在り方に関する国民意識の変化等の社会情勢に鑑み、配偶者の死亡により残された他方配偶者の生活への配慮等の観点から、相続に関する規律を見直す必要があると思われる」と指摘しました。これを受けて、法制審議会で検討が行われ、法改正の要綱がまとめられました。そして第196回国会において、①民法及び家事事件手続法の一部を改正する法律（平成30年法律72号）及び②法務局における遺言書の保管等に関する法律（平成30年法律73号）が成立し、平成30年7月13日に公布されました。

　相続法改正は、配偶者居住権という権利を新設する等の多様な内容となっていますが、本書との関係では、遺言を活用しやすくしたことが重要です。

　遺言書作成が多くない要因として、「現行法の下では、自筆証書遺言は『全文、日付及び氏名』を全て自書しなければならないとされている(民法第968条第1項)が、高齢者等にとって全文を自書することはかなりの労力を伴うものであり、この点が自筆証書遺言の利用を妨げる要因になっているとの指摘がされ」(中間試案補足説明37頁)、相続法改正後の民法968条等により自筆証書遺言の方式が緩和されました。これらの規定は、平成31年1月13日に施行されました（平30法72改正法附則1）。

　法務局における遺言書の保管等に関する法律は、自筆証書遺言を法務局が保管する制度を新たに構築するものです。この法律は、令和2年7月10日から施行されます（法務局における遺言書の保管等に関する法律附則、平30政317）。

　また、遺留分制度（相続法改正前民1028〜1044）は全面的に見直されました（相続法改正後民1042〜1049）。その最大の変更点は、物権的効力が否定され、金銭債権に一本化されたことです（相続法改正後民1046①）。これは「遺留分権利者の生活保障や遺産の形成に貢献した遺留分権利者の潜在的持分の清算等を目的とする制度となっており、その目的を達成するために、必ずしも物権的効果まで認める必要性はなく、遺留

分権利者に遺留分侵害額に相当する価値を返還させることで十分」であるという指摘を受けたものです（中間試案補足説明56頁）。遺留分に関する改正規定は、令和元年7月1日に施行されました（平30法72改正法附則1、平30政316）。

　(5)　相続税とは

　相続税は、「人の死亡によって財産が移転する機会にその財産に対して課される租税」です（金子宏『租税法〔第23版〕』（弘文堂、2019年）671頁）。

　相続税の納税義務者は、相続又は遺贈（死因贈与を含みます。）によって財産を取得した個人です。その者が、財産の取得の時に日本国内に住所をもっている場合は、無制限納税義務者として、相続又は遺贈によって取得した財産の全てについて、相続税の納税義務を負います（相税1の3・2①）。

　その者が外国に居住していて日本に住所がない場合は、取得した財産のうち日本国内にある財産だけが課税対象になりますが、次の場合は日本国外にある財産についても相続税の対象になります。取得した財産の所在の内外判定は、生命保険契約については、契約を締結した保険会社の本店又は主たる事務所の所在によることとされています（相税1の3・10①五、平29法4改正法附則31）。

①　財産を取得した時に日本国籍を有している人で、被相続人の死亡した日前10年以内に日本国内に住所を有したことがある場合か、同期間内に住所を有したことがなく被相続人が一時居住被相続人又は非居住被相続人でない場合

②　財産を取得した時に日本国籍を有していない人で、被相続人が一時居住被相続人、非居住被相続人又は非居住外国人でない場合

　相続税法34条が共同相続人の連帯納付の義務を定める理由については、「この連帯納付の義務は、連帯納付義務ではなく、他の相続人の納税義務に対する一種の人的責任であるが、その基礎にある思想は、一

の相続によって生じた相続税については、その受益者が共同して責任を負うべきであるという考え方である」と指摘されています（金子・前掲676頁）。

　相続税の課税物件は、相続又は遺贈（死因贈与を含みます。）によって取得した財産（相続財産）です。また、本来は相続財産には含まれないものであっても、その実質に応じて相続税の対象とされることがあります（みなし相続財産）。例えば、被相続人（遺贈者を含みます。）の死亡によって、相続人その他の者が取得した生命保険契約の保険金のうち被相続人の負担した保険料に対応する部分は、相続又は遺贈（死因贈与を含みます。）によって取得したものとみなされます（相税3①）。

2　贈与とは
（1）　贈与契約
　贈与は、当事者の一方（贈与者）が自己の財産を無償で相手方（受贈者）に与える意思を表示し、相手方が受諾することによって、その効力を生じます（民549、債権法改正により、令和2年4月1日から「自己の」が「ある」に改められます。）。これは債権法改正の対象ですが、この内容には変更がありません。

　贈与は契約であり、贈与者（被相続人）と受贈者の合意に基づいています。この点において、被相続人の単独の意思表示（単独行為）である遺言とは、法的性質が異なります。

　しかし、一定額以上の贈与をするのは、多くの場合、家族間でしょう。特別受益において「共同相続人中に…婚姻若しくは養子縁組のため若しくは生計の資本として贈与を受けた者があるとき」が対象とされ（民903①）、遺留分においても贈与が対象とされること（相続法改正前民1030、相続法改正後民1044）は、家族間の贈与に対応するためです。この点については、「たとえば、学資・結婚資金・住宅資金などとして親が子に与えるまとまった額の金銭などが重要である。これらは、機能

的には相続の先取りという性格を持つ。そして、法律のレベルでも、これらは一定の場合には相続分に含めて取り扱われる（民法903条・1030条）。人は死に際して自分の財産を処分するのに、贈与あるいは遺贈という手段を用いることもできるが、このような処分をしないと民法のルールに従って遺産は配分されることになる。逆に言うと、法定相続のルールと異なる配分をするために、贈与や遺言が用いられるということになる。贈与の場合には、このような相続補完的な機能が極めて重要である。フランス法系の国では、贈与は遺言とあわせて相続法の一部を構成するものとして取り扱われているが、このことをよく反映した処理だと言えよう」と指摘されています（大村敦志『新基本民法5契約編』（有斐閣、2016年）189頁）。

(2) 死因贈与

死因贈与とは、「贈与者の死亡によって効力を生ずる贈与」です（民554）。これも贈与契約であり、当事者の合意に基づく点において、被相続人の単独の意思表示（単独行為）である遺言とは法的性質が異なります。

しかし、死因贈与については、「その性質に反しない限り、遺贈に関する規定を準用する」とされています（民554）。これは、贈与者（被相続人・遺言者）の死亡によって効力を生じる財産承継という点では同じであるためです。このことは、「法定相続人が相続することが期待された財産を被相続人の意思によって減少させる実質があること（生前贈与なら贈与者自身の財産を減少させる…）が共通する」と指摘されています（中田裕康『契約法』（有斐閣、2017年）279頁）。

(3) 贈与税とは

贈与税は、「贈与によって財産が移転する機会に、その財産に対して課される租税」であり、相続税を補完する性質をもっています。このことは、「相続税のみが課されている場合は、生前に財産を贈与することによって、その負担を容易に回避することができるため、かかる相

続税の回避を封ずることを目的として贈与税が採用されたのである（贈与税の負担が相続税のそれよりも高いこと、個人からの贈与のみが贈与税の対象とされていること等は、かかる事情に由来する）」と説明されています（金子・前掲671頁）。

贈与税の納税義務者は、贈与（死因贈与を除きます。）によって財産を取得した個人です。その者が財産を取得した時に日本国内に住所をもっている場合は、贈与によって取得した財産の全部について贈与税の納税義務を負います（相税1の4・2の2①）。

贈与を受けた人が贈与を受けた時に日本国内に住所がない場合であっても、贈与税が課税されることがあります（相税1の4、国税庁ホームページ・タックスアンサーNo.4432「受贈者が外国に居住しているとき」）。

贈与税の課税物件は、贈与（死因贈与を除きます。）によって取得した財産（贈与財産）です。また、本来は贈与財産には含まれないものであっても、その実質に応じて贈与税の対象とされることがあります（みなし贈与財産）。例えば、生命保険契約の保険事故が発生した場合において、その契約に係る保険料の全部又は一部が保険金受取人以外の者によって負担されたものであるときは、保険金受取人が取得した保険金のうち、保険金受取人以外の者が負担した保険料に対応する部分は、その保険金受取人が、保険事故発生の時に、保険料を負担した者から贈与によって取得したものとみなされます（相税5）。

3　生命保険とは

(1)　意　義

保険契約について、保険法2条1号は、「保険契約、共済契約その他いかなる名称であるかを問わず、当事者の一方が一定の事由が生じたことを条件として財産上の給付（生命保険契約及び傷害疾病定額保険契約にあっては、金銭の支払に限る。以下「保険給付」という。）を行うことを約し、相手方がこれに対して当該一定の事由の発生の可能性に

応じたものとして保険料（共済掛金を含む。以下同じ。）を支払うことを約する契約」と定義しています。共済契約との異同については、「共済契約は、一定の地域又は職域でつながる者が団体を構成し、将来発生するおそれのある一定の偶然の災害や疾病による一定の事由が生じたときに備えて共同の準備金を形成し、現実的に発生する場合に、一定の給付金を行うものと解され、有償・双務契約性を備えていることから保険と共済とは、特定多数、不特定多数を相手方とする違いがあるにしても、実質的に同一である」と説明されています（長谷川仁彦＝竹山拓＝岡田洋介『生命・傷害疾病保険法の基礎知識』（保険毎日新聞社、2018年）3頁）。

　生命保険契約について、保険法2条8号は、「保険契約のうち、保険者が人の生存又は死亡に関し一定の保険給付を行うことを約するもの（傷害疾病定額保険契約に該当するものを除く。）」と定義しています。保険法2条9号は傷害疾病定額保険契約を「保険契約のうち、保険者が人の傷害疾病に基づき一定の保険給付を行うことを約するもの」と定義しており、これを除いた「人の生存又は死亡に関し一定の保険給付を行うこと」を内容とするのが生命保険契約です。

　生命保険契約は「大数の法則」を基礎としています。死亡等という事故は、少数の集団については予測できませんが、多数の集団についてみれば一定期間内に発生する確率を統計学的に予測できます。生命保険制度は、支払の予想される保険金など保険給付の総額及び諸費用の合計額と徴収する保険料の合計額とが均等を保つような仕組みで運営される極めて技術的な制度です。ここでは、保険契約は保険者と保険契約者の間の個別的な合意であるものの、技術的には各加入者の危険を平均化して危険の分散を図る制度であるため、多数の被保険者を一つの集団として「大数の法則」に基づいて運用するという特殊性を有していることが重要です。このことは、「保険契約関係は、同一の危険の下に立つ多数人が団体を構成し、その構成員の何人かにつき危険

の発生した場合、その損失を構成員が共同してこれを充足するという
いわゆる危険団体的性質を有するものであり、従って保険契約関係は、
これを構成する多数の契約関係を個々独立的に観察するのみでは足ら
ず、多数の契約関係が、前記危険充足の関係においては互に関連性を
有するいわゆる危険団体的性質を有するものであることを前提として
その法律的性質を考えなければならない」と判示されています（最大判
昭34・7・8民集13・7・911）。

　また、生命保険契約は、人の生死を保険事故としており、保険給付
を行う義務の有無は保険事故の発生という偶然の事情にかかっている
ため、射倖契約という特殊性もあります。このことは、「生命保険契約
は、本質的に当事者の一方又は双方の契約上の給付が偶然な事実によ
って決定される射倖契約であるため、第一に、偶然による不労の利得
そのものを目的とする賭博的行為に悪用されたり、公序良俗違反の行
為に堕する危険を有し、さらに国民経済的に不利益を生ぜしめるよう
な事態を加入者側が誘発させ、または放任する危険が内在しており…」
と判示されています（大阪地判昭60・8・30判時1183・153）。

　(2)　当事者

　保険者について、保険法2条2号は、「保険契約の当事者のうち、保険
給付を行う義務を負う者」と定義しており、保険会社等がこれに該当
します。保険制度は社会経済上重要な機能を果たしているため、保険
者は、保険業法に基づいて監督等を受けています。

　保険契約者について、保険法2条3号は、「保険契約の当事者のうち、
保険料を支払う義務を負う者」と定義しており、保険に加入した人（保
険会社等ではない一般の個人又は法人）がこれに該当します。保険契
約者を変更することは可能ですが、これは（権利だけではなく義務を
含みます。）契約上の地位の譲渡であるため、保険者の承諾を得ること
が必要です。

生命保険契約の被保険者について、保険法2条4号ロは、「その者の生存又は死亡に関し保険者が保険給付を行うこととなる者」と定義しています。保険契約者が被保険者となる場合を「自己の生命の保険契約」といい、保険契約者以外の者を被保険者とする場合を「他人の生命の保険契約」といいます（保険法38条により、生命保険契約の当事者以外の者を被保険者とする死亡保険契約は、当該被保険者の同意がなければ、その効力を生じません。）。生命保険契約締結時の告知等の対象は被保険者の健康状態であり、危険の分散を図るための「大数の法則」に基づく運用も被保険者を基準としているため、被保険者を変更することはできません。

保険金受取人について、保険法2条5号は、「保険給付を受ける者として生命保険契約又は傷害疾病定額保険契約で定めるもの」と定義しています。生命保険契約に基づく保険給付のうち、一定の時点における人の「死亡」に関する死亡保険金の受取人については、その権利発生時には被保険者が死亡しているため、被保険者の家族を指定することが多いです。このことは、「保険実務上は、指定された保険金受取人が債権者や二親等内の親族以外の場合については、合理的理由がない限り契約の引受けを拒否している」と指摘されています（長谷川ほか・前掲49頁）。

(3) 保険事故

保険事故とは、「保険者に課せられた保険金支払の義務を具体化させる偶然の事故」です（長谷川ほか・前掲22頁）。

保険法2条8号は生命保険契約を「人の生存又は死亡に関し一定の保険給付を行うことを約するもの」と定めており、生命保険契約に基づく保険給付には、一定の時点における被保険者の「生存」に関するもの（満期保険金）と、被保険者の「死亡」に関するもの（死亡保険金）があります。

Ｑ＆Ａ編

16

Q & A　第1章　受取人の指定・変更　　17

第1章　受取人の指定・変更

Q1　受取人が（名前等ではなく）「相続人」と指定されていたときは

Q　Aは、自己を被保険者とする生命保険契約を締結する際に、死亡保険金受取人を「相続人」と指定しました。その時点では、AはBと結婚しており、その間に生まれた長女C、長男Dと4人で生活していました。その後、Aは、Bと離婚し、C・Dの親権者はBと定められました。

Aは、その後Eと再婚してから、死亡しました。

Aの死亡保険金3,000万円を請求できるのは誰ですか。

A　Aは、死亡保険金受取人を「相続人」と指定していましたから、その子であるC及びDと、再婚した妻であるEが保険金を請求できます。その権利取得の割合については保険契約の約款にもよりますが、特段の規定がないときには、CとDが750万円ずつ、Eが1,500万円となる可能性が高いです。

解　説

1　受取人指定の意義

保険金受取人を定める行為を、受取人の指定といいます。保険法2条5号は、保険金受取人を「保険給付を受ける者として生命保険契約又は傷害疾病定額保険契約で定めるもの」と定義していますから、保険金受取人は、契約締結時に指定されることになります。一般的には、保険契約申込書の保険金受取人欄に保険契約者が記載することにより指定が行われます。その場合、B（妻）やC（長女）などというよう

に具体的に特定することが多いところですが、「相続人」という抽象的な指定も認められています。

　保険法には、平成20年改正前商法と異なり、保険金受取人の「指定」に関する規定がありません。その理由は、萩本修編著『一問一答保険法』（商事法務、2009年）177・178頁において、「たとえ契約締結時に保険金受取人が『指定』されていなかったとしても、保険事故が発生すれば保険者は誰かに対しては保険金を支払わなければならず、その意味で、保険金受取人は常にいるということができますので、契約締結時に保険金受取人は契約において定められ、契約締結後はすべて保険金受取人の『変更』になるものとして整理するのが合理的であること等を踏まえたもの」と説明されました。この点について、山下友信＝米山高生編『保険法解説－生命保険・傷害疾病定額保険』（有斐閣、2010年）302頁〔山野嘉朗〕は、「改正前商法においては、保険金受取人の指定と変更の関係が必ずしも明らかにされていなかった点に鑑みれば、保険法が指定という文言をあえて採用せず、変更という文言で整理したことは合理的であるし、その意義は少なくない」としつつ、「保険金受取人の指定という言葉がすでに普及していることからすると、法律からの概念を抹消することに対する違和感も払拭できない」と指摘しています。

2　「相続人」という指定の意義

　Ａは、保険金受取人を氏名や続柄で特定せず、「相続人」と指定しました。このような指定の意義について、大阪地裁昭和53年3月27日判決（判時904・104）は、「相続人の範囲は民法の規定により定まるものであって、内縁の配偶者はこれに含まれないものといわざるを得ない」と判示しました。

　民法は、「被相続人の子は、相続人となる」（民887①）、「被相続人の配偶者は、常に相続人となる。この場合において、第887条又は前条の規

定により相続人となるべき者があるときは、その者と同順位とする」（民890）と規定しています。

そのため、Aの子であるC及びDが、保険金受取人となることは確実です。それでは、配偶者として「相続人」に含まれるのは、BとEのいずれでしょうか。

生命保険契約を締結した時点の配偶者はBでしたが、その後に離婚が成立し、Aは、Eと再婚した後に死亡しました。死亡保険金請求権が具体的に発生するのは、被保険者Aが死亡した時ですから、この指定は、Aが死亡した時点におけるAの法定相続人と理解するのが自然です。判例も、「保険契約において保険金受取人を単に『被保険者またはその死亡の場合はその相続人』と約定し、被保険者死亡の場合の受取人を特定人の氏名を挙げることなく抽象的に指定している場合でも、保険契約者の意思を合理的に推測して、保険事故発生の時において被指定者を特定し得る以上、右の如き指定も有効であり、特段の事情のないかぎり、右指定は、被保険者死亡の時における、すなわち保険金請求権発生当時の相続人たるべき者個人を受取人として特に指定したいわゆる他人のための保険契約と解するのが相当」としています（最判昭40・2・2民集19・1・1）。

本件では、被保険者死亡の時における相続人たるべき者個人を受取人として指定したことを否定する特段の事情がありませんから、Aの「相続人」として死亡保険金を請求できるのは、Aの子であるC及びDと、Aが死亡した時点の配偶者であるEの3人ということになります。

3 権利取得の割合

本件では、「相続人」という抽象的指定がなされており、それに該当して保険金受取人資格を有する者が3人います。それでは、その権利取得の割合は、どのように決めるべきでしょうか。

この点、「相続人」という指定に基づき相続人が保険金受取人となる場合であっても、その権利取得は相続による承継ではなく、自己固有の権利として保険金請求権を取得します。前掲・昭40年最判も「保険金受取人としてその請求権発生当時の相続人たるべき個人を特に指定した場合には、右請求権は、保険契約の効力発生と同時に右相続人の固有財産となり、被保険者（兼保険契約者）の遺産より離脱しているものといわねばならない」としています。

このことからすると、権利の割合に関する一般原則である民法427条が「数人の債権者…がある場合において、別段の意思表示がないときは、各債権者…は、それぞれ等しい割合で権利を有し」と規定していることに基づき、平等割合での権利取得とすることも可能です。この見解によると、別段の意思表示（Aの意思表示や、保険会社の約款等）がない限り、ＣＤＥの3人が平等の割合となり、1,000万円ずつを請求することができます。

しかし、これは保険契約者Aが「相続人」を受取人と指定した意思の解釈であるところ、氏名や続柄ではなく、「相続人」という相続法上の概念をあえて用いたことからすれば、その割合についても、法定相続分の割合によるべきものとすることに合理性があります。判例も、傷害保険契約に関するものではありますが、「保険契約において、保険契約者が死亡保険金の受取人を被保険者の『相続人』と指定した場合は、特段の事情のない限り、右指定には、相続人が保険金を受け取るべき権利の割合を相続分の割合によるとする旨の指定も含まれているものと解するのが相当である。けだし、保険金受取人を単に『相続人』と指定する趣旨は、保険事故発生時までに被保険者の相続人となるべき者に変動が生ずる場合にも、保険金受取人の変更手続をすることなく、保険事故発生時において相続人である者を保険金受取人と定めることにあるとともに、右指定には相続人に対してその相続分の割合により保険金を取得させる趣旨も含まれているものと解するのが、保険

契約者の通常の意思に合致し、かつ、合理的であると考えられるからである。したがって、保険契約者が死亡保険金の受取人を被保険者の「相続人」と指定した場合に、数人の相続人がいるときは、特段の事情のない限り、民法427条にいう「別段ノ意思表示」である相続分の割合によって権利を有するという指定があったものと解すべきであるから、各保険金受取人の有する権利の割合は、相続分の割合になるものというべきである」としています（最判平6・7・18民集48・5・1233）。

　相続分の割合について、民法900条1号は「子及び配偶者が相続人であるときは、子の相続分及び配偶者の相続分は、各2分の1とする」とし、同条4号本文は「子…が数人あるときは、各自の相続分は相等しいものとする」と規定しています。そのため、法定相続分の割合は、子であるCとDが4分の1ずつ、配偶者であるEは2分の1となります。したがって、相続分の割合による見解では、別段の意思表示（Aの意思表示や、保険会社の約款等）がない限り、CとDは750万円ずつ、Eは1,500万円を請求することができます。

アドバイス

　死亡保険金受取人を「相続人」と指定した場合、誰が権利を取得するかについては民法の規定によることになりますが、その権利の取得割合については、見解が対立しています。そして、山下友信『保険法』（有斐閣、2005年）494頁によると、前掲・平6最判の「後も生命保険の実務では、保険者により平等説によるものと法定相続分割合説によるものと分かれているようである」とされています。

　その意味では、安易に「相続人」と指定するのではなく、氏名や続柄で具体的に特定する（状況が変わったときは受取人を変更する）ことが望ましいと思われます。

22 　Q＆A　第1章　受取人の指定・変更

Q2　受取人の続柄が「妻」とあるが、実際には内縁であったときは

Q　Aは、自己を被保険者とする生命保険契約を締結しました。その申込書には、死亡保険金受取人B、続柄は妻と記載されていました。しかし、実際には、AとBは長年にわたり同居していたものの、婚姻届を提出していませんでした。AもBも独身であり、婚姻届を提出することは可能でしたが、仕事の関係で氏が変わることに抵抗感があったのです。

Aが死亡した場合、Bは死亡保険金を請求できますか。

A　Aが「妻」と記載したことは適切ではありませんが、特段の事情がない限り、Bは、死亡保険金を請求できる可能性が高いと思われます。

解　説

1　氏名による指定

保険金受取人を定める行為を、受取人の指定といいます（その詳細については、Q1参照）。

受取人を指定する場合、氏名だけでは十分な特定ができません。同姓同名の人がいるからです。そこで、一般的には、続柄を記載しています。妻や子等という続柄の記載があれば、氏名と合わせて確実に個人を特定できるためです。

保険契約者は生命保険契約の申込みをする際に、保険金受取人として誰を指定するかを決定する自由を有しており、保険会社は、保険契約者の意思決定には介入しないのが原則です。ただし、契約自由の原則からすれば保険会社にも承諾しない自由があり、実務上は保険金受

取人が誰であるかも勘案して契約の締結を承諾するかどうかを決定しています。山下友信『保険法』（有斐閣、2005年）488頁では「保険契約者または被保険者の親族でない者を保険金受取人に指定するような場合は、保険者はモラルハザードに対する警戒から契約の締結の承諾を拒絶することも可能である」と指摘されています。生命保険は、被保険者が死亡したことによって保険金請求権が具体的に発生するものですから、一般的には、それによって生活環境が変わってしまう配偶者や子等を受取人とすることが多いところです。例えば、結婚して10年程度で、共働きをしながら子を育てている夫婦を想定した場合、夫婦の一方が死亡した場合には収入減少が大きな問題となりますから、それに備えて生命保険契約を締結して、その受取人を他方の配偶者としておくことは合理的です。これに対して、親族ではない者を指定する場合には、生命保険契約を締結する必要性に疑問が生じるところであり、場合によっては保険金取得を目的とした殺人事件等に結び付く可能性もあるため、保険会社が承諾しないこともあるのです。

2　続柄を記載する意味

　保険契約者により指定された受取人が誰であるかが明らかでない場合には、指定行為の解釈により、保険金受取人が誰であるかを確定することになります。これは、生命保険契約の内容に関することであり、誰が保険金受取人として指定されているかは、保険会社にとって重大な利害のある事柄ですから、その解釈は、客観的な方法によることが必要です。

　この点については、保険契約者である夫が「妻・Ｐ」と指定していた事案において、「妻」という表示は「Ｐ」という人物を特定するための補助的意味をもつにすぎないとした判例（最判昭58・9・8民集37・7・918）が参考になります（この判例についてはＱ3参照）。

本件では、Aは、「妻・B」と指定していますが、実際には、婚姻届は提出されていませんでした。したがって、Bは、法律婚による妻ではありません。しかし、AもBも独身であり、婚姻届を提出しなかったのは仕事の関係で氏が変わることに抵抗感があったことによるのであり、長年にわたって同居してきたということですから、内縁の妻とは認められます。

　このような事情からすれば、「妻」という続柄の記載は、同姓同名の人と区別するという意味では十分なものです。そして、氏名Bという指定こそが重要であり、続柄「妻」は補助的なものであることからすれば、Bが受取人として指定されたものと認められます。

3　公序良俗違反の可能性

　続柄の記載が受取人を特定するためだけの補助的なものであるとしても、その記載が事実と異なることには問題があります。上記1のとおり、保険会社は、保険金受取人が誰であるかも勘案して契約の締結を承諾するかどうかを決定しており、保険契約者又は被保険者の親族でない者を保険金受取人に指定するような場合は、承諾を拒絶することもあります。このような判断を的確に行うためには真実が記載されることが必要です。

　例えば、Xが、法律婚の妻Yがいるにもかかわらず、不倫相手Zとの関係を維持するために生命保険契約を締結し、その受取人をZと指定しようとした場合には、保険会社がその事実を知っていれば承諾しないと思われ、その事実を隠して契約が成立したとしても、公序良俗に反するため、契約の効力は認められません（民90）。「死亡保険金の受取人の指定は、不倫関係の維持継続を目的とし、不倫関係の対価としてされたものであり、公序良俗に反し無効であるといわざるをえない」とした裁判例があります（東京高判平11・9・21金判1080・30、【事例1】参照）。

しかし、Bは、内縁の妻であり、愛人とは異質な存在です。内縁とは、婚姻の実態があるにもかかわらず、婚姻の届出がされていない男女の関係です。

法定相続の場面では、内縁の配偶者には相続権は認められていません。民法890条にいう「配偶者」は、法律上有効な婚姻、すなわち民法739条所定の婚姻届出を済ませた配偶者と理解されています。法定相続は、被相続人の権利義務を相続人が包括的に承継することを内容とするものであり、被相続人の債権者や債務者等に対する関係でも権利義務の承継を明確にする必要があるため、その対象は画一的に判断することができる必要があるためです。法律上の婚姻は届出によって効力が生じますから(民739①)、その関係は戸籍等によって確認できます。これに対して、内縁配偶者に該当するか否かは諸要素を総合的に考慮して判断するほかありません。

ただし、このことは、法定相続以外の場面における内縁配偶者の保護までを否定するものではありません。例えば、遺言を活用することによって、被相続人の財産の全部又は一部を与えることが可能です。また、傍論ではありますが、「内縁の夫婦について、離別による内縁解消の場合に民法の財産分与の規定を類推適用することは、準婚的法律関係の保護に適するものとしてその合理性を承認し得る」とした判例もあります(最決平12・3・10民集54・3・1040)。

このようなことからすれば、内縁の配偶者であるBを指定したことが公序良俗違反となる可能性は低く、特段の事情がない限り、Bの続柄を「妻」と記載したことは、契約の効力には影響しないと思われます。

なお、重婚的内縁関係にある者への保険金受取人変更の効力について、裁判例は、「違法な不倫関係であるということはできず、したがって、亡AがZを生命保険金受取人とした本件保険金受取人変更の手続

も、不法な動機によるものということはできないから、公序良俗に反した違法無効なものとはいえない」と判示しました（広島高岡山支判平17・5・24（平16（ネ）214））。これは「違法な不倫関係であるという前提を欠いているため、保険金受取人の変更手続を公序良俗に反しないとした本件判決の結論はもとより正当である」と評価されています（遠山聡＝山下友信・事例研レポ206号11頁）。

アドバイス

　受取人と指定した人が誰であるかは、氏名を主としつつも、続柄も考慮して判断されます。「妻」という記載は、一般的には法律婚を意味するものですから、内縁の場合には、その旨を明確に保険会社に伝えて、それを知った上で承諾の可否を求めることが適切です。また、法律婚と違い、内縁の夫婦であるか否かを証明することは容易ではないことにも、注意が必要です。

Q3 受取人の続柄が「妻」とあるが、指定後に離婚していたときは

Q 　Aは、自己を被保険者とする生命保険契約を締結しました。その申込書には、死亡保険金受取人B、続柄は妻と記載されていました。その当時は、AとBは法律上の夫婦でしたが、その後、不仲になり、離婚届を提出しました。

　Aは、一人暮らしを続け、Bと離婚したことについて保険会社には何も連絡しないまま、死亡しました。Aの法定相続人は、姉のCだけです。

　Bは死亡保険金を請求できますか。

　Bは、指定された受取人として、特段の事情がない限り、死亡保険金を請求できます。

解　説

1　指定における続柄の意義

　保険金受取人を定める行為を、受取人の指定といいます。

　保険契約者により指定された受取人が誰であるかが明らかでない場合には、指定行為の解釈により、保険金受取人が誰であるかを確定することになります。これは、生命保険契約の内容に関することであり、誰が保険金受取人として指定されているかは、保険会社にとって重大な利害のある事柄ですから、その解釈は、客観的な方法によることが必要です（Q2の解説を参照）。

2　続柄の意義

　受取人を指定する場合、氏名だけではなく、続柄を記載するのが一

般的です。妻や子等という続柄の記載があれば、氏名と合わせて確実に個人を特定できるためです。

　本件では、Aは「妻・B」と指定しており、その当時は法律上の夫婦だったことから、これがBを意味していました。問題は、離婚したことによって、その意味が変更される可能性です。

　妻の不倫が原因で離婚した事案において、この点が争われたことがあります。判例は、「生命保険契約において保険金受取人の指定につき単に被保険者の『妻何某』と表示されているにとどまる場合には、右指定は、当該氏名をもって特定された者を保険金受取人として指定した趣旨であり、それに付加されている『妻』という表示は、それだけでは、右の特定のほかに、その者が被保険者の妻である限りにおいてこれを保険金受取人として指定する意思を表示したもの等の特段の趣旨を有するものではないと解するのが相当である」と判示しました（最判昭58・9・8民集37・7・918）。その理由は、「保険金受取人の指定は保険契約者が保険者を相手方としてする意思表示であるから、これによって保険契約者が何びとを保険金受取人として指定したかは、保険契約者の保険者に対する表示を合理的かつ客観的に解釈して定めるべきものであって、この見地に立ってみるときは、保険契約者が契約の締結に際して右のような表示をもって保険金受取人を指定したときは、客観的にみて、右『妻』という表示は、前記のように、単に氏名による保険金受取人の指定におけるその受取人の特定を補助する意味を有するにすぎないと理解するのが合理的であり、それを超えて、保険契約者が、将来における被保険者と保険金受取人との離婚の可能性に備えて、あらかじめ妻の身分を有する限りにおいてその者を保険金受取人として指定する趣旨を表示したものと解しうるためには、単に氏名のほかにその者が被保険者の妻であることを表示しただけでは足りず、他に右の趣旨を窺知させるに足りる特段の表示がされなければな

らないと考えるのが相当だから」という点にあります。

　ここでは、「将来における被保険者と保険金受取人との離婚の可能性に備えて、あらかじめ妻の身分を有する限りにおいてその者を保険金受取人として指定する趣旨…を窺知させるに足りる特段の表示」があるときには、例外を認めることが示唆されています。そして、山下友信『保険法』（有斐閣、2005年）490頁では、「指定権者が…という氏名に加えて妻という付加文句を記載したことの意思解釈として、…が妻である限り保険金受取人とするという意思を汲み取ることも不可能ではないし、具体的事情のもとでも社会通念上の支持を得られるかもしれない」とされ、「たとえば、たんに『妻』というような抽象的な指定がなされた場合には、離婚の成立により指定は失効するものと考えられる」と指摘されています。

　一般的に言えば、大量の生命保険契約について迅速に保険金を支払うべき立場にある保険会社としては、「妻」という続柄に強い意味を持たせたい（離婚をした場合には、氏名による特定を無効としてほしい）という要望をされたとしても、それを受け入れることは難しいと思われます。

3　変更の必要性

　保険契約者は、保険事故が発生するまでは、保険金受取人を変更することができます（保険43①）。Aの意思を合理的に推測すれば、自分が死亡した場合の保険金を、離婚した妻であるBが受け取ることは希望しないと思われます。もしAが離婚したことを保険会社の担当者に伝えていれば、受取人の変更を勧められた可能性が高いでしょう。その場合に、例えば、姉Cを受取人に変更していれば、もちろんBは保険金を請求できません。

　しかし、本件では、Aは、Bと離婚したことについて保険会社には

何も連絡しないまま、死亡しました。一般的な保険金受取人の変更は、保険会社に対する意思表示によってするため（保険43②）、本件では認められません。前掲・昭58最判も、「保険契約者が、保険契約において保険金受取人を被保険者の『妻何某』と表示して指定したのち、『何某』において被保険者の妻たる地位を失ったために、主観的には当然に保険金受取人の地位を失ったものと考えていても、右の地位を失わせる意思を保険契約に定めるところに従い保険金受取人の変更手続によって保険者に対して表示しない限り、右『何某』は被保険者との離婚によって保険金受取人の地位を失うものではないといわざるをえない」と判示しています。

　ただし、遺言による保険金受取人の変更は、その遺言が効力を生じた後に、保険契約者の相続人がその旨を保険会社に通知することによって、保険会社に対抗することができます（保険44）。本件では遺言書の有無は分かりませんが、Aの相続人であるCから遺言書があると連絡されたときは、保険会社としては、その内容が判明するまでは、Bに対する死亡保険金の支払を留保する可能性が高いと思われます。

| アドバイス |

　生命保険契約は、長期間に及ぶことが多く、その間に、死亡保険金受取人として指定した者と保険契約者との関係が変わってしまうことが少なくありません。しかし、そのような関係の変化を保険契約に反映するためには、原則として、受取人変更の手続をすることが必要です。重要な変化があったときには、速やかに、保険会社の担当者に相談することが有意義だと思います。

Q&A　第1章　受取人の指定・変更　　　　31

Q4　指定受取人が、被保険者より先に死亡したときは

　　Aは、自己を被保険者とする生命保険契約を締結していました。死亡保険金受取人は、妻・Bと指定されています。

　AとBはいずれも離婚経験者であり、Aには前妻との間の子Cがいます。BとCは、養子縁組をしていません。Bには子がなく、両親も既に死亡しています。

　Bが死亡したところ、その兄Dが相続人として、Aに対して遺産分割調停を申し立てました。Aとしては、BとDは不仲であり、ほとんど交流がなかったことから、Bの遺産を取得させたくないと考えていたのです。

　Aは、Bが死亡したことについて保険会社には何も連絡しないまま、死亡しました。Aの法定相続人は、子のCだけです。

　Aの死亡保険金2,000万円を請求できるのは誰ですか。

　　　Aの子であるCと、Bの兄であるDが保険金を請求できます。その権利取得の割合については保険契約の約款にもよりますが、特段の規定がないときには、CとDが1,000万円ずつとなる可能性が高いです。

解　説

1　保険金受取人の地位

　保険法2条5号は、保険金受取人を「保険給付を受ける者として生命保険契約又は傷害疾病定額保険契約で定めるもの」と定義しています。

　保険契約者による保険金受取人の指定により、保険金受取人は、保険事故発生前は条件付保険請求権を取得しています。それでは、保険金受取人Bが保険事故発生（Aの死亡）前に死亡した場合に、Bの取

得した権利は相続されるのでしょうか。

この点については、「受取人の地位は、保険契約者兼被保険者であるAの死亡により、保険金の支払理由が発生し、受取人を変更する余地がなくなった時点で確定するものであり、Bが死亡時に有していたのは、Aが自由に受取人を指定変更することにつき、何らの異議を述べることもできず、抽象的死亡給付金請求権について何の処分権もない受取人の地位にすぎないのであるから、これが、Bの相続財産を構成する財産であるとはいえず、これを保険契約者ではないBが遺言により第三者に移転することができない」とした裁判例があります（東京地判平24・8・21（平24（ワ）1948・平24（ワ）16212）、【事例31】参照）。

2　契約者による受取人の変更

保険契約者は、保険事故が発生するまでは、保険金受取人を変更することができます（保険43①）。Aの意思を合理的に推測すれば、妻Bが先に死亡してしまい、その相続人であるDとは疎遠であったことからすれば、前妻との子Cが死亡保険金を受け取ることを希望した可能性があります。もしBが死亡したことをAが保険会社の担当者に伝えていれば、受取人の変更を勧められた可能性が高いでしょう。その場合に、例えば、子Cを受取人に変更していれば、もちろんDは保険金を請求できません。

しかし、本件では、Aは、Bが死亡したことについて保険会社には何も連絡しないまま、死亡しました。一般的な保険金受取人の変更は、保険会社に対する意思表示によってするため（保険43②）、本件では認められません。

ただし、遺言による保険金受取人の変更は、その遺言が効力を生じた後に、保険契約者の相続人がその旨を保険会社に通知することによって、保険会社に対抗することができます（保険44）。本件では遺言書

の有無は分かりませんが、Aの相続人であるCから遺言書があると連絡されたときは、保険会社としては、その内容が判明するまでは、死亡保険金の支払を留保する可能性が高いと思われます。

3 受取人変更をしなかったとき

指定されていた保険金受取人が死亡し、その変更がされないままの状態で保険事故が発生した場合について、保険法46条は、死亡した保険金受取人の相続人が保険金受取人になることを明らかにしています。この趣旨について、山下友信＝米山高生編『保険法解説―生命保険・傷害疾病定額保険』（有斐閣、2010年）330頁〔竹濱修〕は、「保険契約者が予定した保険金受取人としての受益をその相続人に得させる解決を原則にして、生命保険契約等の具体的な保障機能が発揮されることにしたものと考えられる」と指摘しています。

平成20年改正前商法676条2項は、保険契約者が、指定受取人の死亡後、新たな受取人を指定せずに死亡したときは、指定受取人の相続人をもって保険金額を受け取るものとすると規定していました。この規定は、保険金受取人が不存在となる事態をできる限り避けるため、指定受取人が死亡した場合において、その後保険契約者が死亡して受取人の変更をする余地がなくなったときは、指定受取人の法定相続人又はその順次の法定相続人であって被保険者の死亡時に現に生存する者が保険金受取人として確定する趣旨のものであり、保険事故の発生により原始的に保険金請求権を取得する複数の保険金受取人の間の権利の割合を決定するのは、民法427条の規定であると解されていました（最判平5・9・7民集47・7・4740）。ここで「指定受取人の法定相続人又はその順次の法定相続人であって被保険者の死亡時に現に生存する者」が基準とされている理由について、山下友信『保険法』（有斐閣、2005年）520頁では、「指定受取人の相続人を順次の相続人にも拡大して、

生存している相続人の系列にある者に保険金を取得させようとするものである。生存している相続人が最終受取人となるので、指定受取人の相続人が保険契約者兼被保険者である場合には、さらにその相続人が最終受取人となるとするのは、他人のためにする保険とした保険契約者の意思を可及的に尊重するのが、生命保険の機能に合致するということであろう」と指摘しています。

保険法46条は、「保険金受取人が保険事故の発生前に死亡したときは、その相続人の全員が保険金受取人となる」と規定しており、これは、平成20年改正前商法676条2項と同様の趣旨によるものと理解できます（前掲・平24東京地判は、「被保険者より先に指定受取人が死亡し、保険契約者により、受取人の変更がされないまま、被保険者が死亡した場合には、旧商法676条2項により、被保険者の死亡時に現に生存している受取人の法定相続人又はその順次の法定相続人が、保険金請求権を原始的に取得するのであって、死亡した指定受取人から相続により保険金請求権を取得するのではなく、保険法46条…についても同様に解すべきである」と判示しています。）。

保険法46条によれば、指定受取人Bの死亡時以後、保険契約者Aが新たな保険金受取人に変更していない段階では、指定受取人Bの相続人全員が保険金受取人になっていると解されます。

民法は、被相続人に子及びその代襲者がなく、直系尊属もいないときは、「兄弟姉妹」が相続人となると規定しています（民889①）。そして、被相続人の配偶者については、「常に相続人となる。この場合において、第887条又は前条の規定により相続人となるべき者があるときは、その者と同順位とする」（民890）と規定しています。このため、Bが死亡した時点において、配偶者Aと兄DがBの相続人となります。そして、その後Aが死亡したことにより、Aの順次の相続人であるCと、兄Dが、保険金受取人となります。

CとDの権利割合については、法定相続分によるという考え方もあり得ます。この見解によるときは、民法900条3号により、配偶者A（その単独相続人C）は4分の3、兄Dは4分の1の割合になり、Cは1,500万円、Dは500万円を請求することになります。

しかし、前掲・平5最判は保険事故の発生により原始的に保険金請求権を取得する複数の保険金受取人の間の権利の割合を決定するのは民法427条の規定であると判示しており、前掲・平24東京地判は、保険法46条でも同様の解釈がされるべきとしています。この見解によるときは、民法427条に基づき平等割合での権利取得となり、別段の意思表示（Aの意思表示や、保険会社の約款等）がない限り、C、Dの2人が1,000万円ずつを請求することができます。

アドバイス

生命保険契約は、長期間に及ぶことが多く、その間に、死亡保険金受取人として指定した者が死亡してしまうこともあります。しかし、そのような関係の変化を保険契約に反映するためには、原則として、受取人変更の手続をすることが必要です。重要な変化があったときには、速やかに、保険会社の担当者に相談することが有意義だと思います。

Q5 指定受取人が、被保険者と同時に死亡したときは

　Aは、自己を被保険者とする生命保険契約を締結していました。死亡保険金受取人は、妻・Bと指定されています。

　AとBはいずれも離婚経験者であり、Aには前妻との間の子Cがいます。BとCは、養子縁組をしていません。Bには子がなく、両親も既に死亡しており、兄Dがいます。

　AとBは、自動車に同乗していて交通事故にあいました。いずれも病院に着いた時には死亡しており、その死亡の先後は不明な状態です。

　Aの死亡保険金2,000万円を請求できるのは誰ですか。

　指定されていた死亡保険金受取人Bの兄であるDが、保険金を請求できます。

解　説

1　受取人変更の可能性

　保険契約者は、保険事故が発生するまでは、保険金受取人を変更することができます(保険43①)。しかし、本件では、AとBは自動車に同乗していて交通事故にあい、病院に着いた時には死亡しています。一般的な保険金受取人の変更は、保険会社に対する意思表示によってするため(保険43②)、本件では行うことができません。

　ただし、遺言による保険金受取人の変更は、その遺言が効力を生じた後に、保険契約者の相続人がその旨を保険会社に通知することによって、保険会社に対抗することができます(保険44)。本件では遺言書の有無は分かりませんが、Aの相続人であるCから遺言書があると連絡されたときは、保険会社としては、その内容が判明するまでは、死亡保険金の支払を留保する可能性が高いと思われます。

2 受取人変更をしなかったとき

　保険法46条は、「保険金受取人が保険事故の発生前に死亡した」場合について、保険金受取人の相続人の全員が保険金受取人になると規定しています。そして、ここにいう相続人とは、「指定受取人の法定相続人又はその順次の法定相続人であって被保険者の死亡時に現に生存する者」が基準とされています（その詳細については、Q4の解説を参照）。

　ところで、民法は、「数人の者が死亡した場合において、そのうちの一人が他の者の死亡後になお生存していたことが明らかでないときは、これらの者は、同時に死亡したものと推定する」と規定しています（民32の2）。AとBは、自動車に同乗していて交通事故にあって死亡しており、その死亡の先後は不明な状態ですから、同時に死亡したものとして扱われます。

　このような場合にも、保険法46条は適用されるのでしょうか。同条の「保険金受取人が保険事故の発生前に死亡した」という文言からは、同時の場合は含まないと解することが素直です（同時を含むことを明確にするのであれば、「以前」とすべきでしょう。）。この点については、札幌高裁平成19年5月18日判決（金判1271・57）（【事例5】の控訴審）が、約款解釈として「死亡給付金受取人の死亡時『以後』と明記して、死亡給付金受取人の死亡と同時に死亡給付金の支払事由が発生した場合の適用を排除していない」と指摘したことが参考になります。

　しかし、裁判例は、同時死亡の場合について、保険金受取人が先に死亡した場合に準じた処理をしてきました。例えば、東京高裁昭和58年11月15日判決（判時1101・112）は、「本件のような場合に、保険契約者による受取人の変更（再指定）権の行使ということを考える余地のないことは、Xの主張するとおりであるが、他方本件のような場合を受取人がその保険事故発生当時において生存していた場合と同視し得ないことは…原判決の理由に説示するとおりであり、むしろ本件各約款によって表示される当事者間の意思表示の解釈としては、本件のよう

な場合にはまず一たん死者である受取人について死亡保険金請求権を発生させこれをその法定相続人に承継取得させるというのではなく、受取人が死亡した場合に保険契約者が更に受取人を指定する権利を行使せずして死亡した場合に準じ、当初から受取人の法定相続人に死亡保険金請求権を取得させることを定めたものと解する方が、より合理的であって、その真意にそうものというべきである」と判示しています。そして、桜沢隆哉「保険金受取人先死亡事例の再検討」金澤理監修『新保険法と保険契約法理の新たな展開』（ぎょうせい、2009年）302頁は、この裁判例について、平成20年改正前「商法676条2項を類推適用する立場を採用しているものと考えられる」と指摘しています。

　この立場からすれば、平成20年改正前商法676条2項と同趣旨の保険法46条についても、同時死亡の場合に、類推適用することになると思われます。

3　同時死亡した場合の相続関係

　同時死亡の場合にも保険法46条を類推適用する場合、そこで死亡保険金受取人となる「相続人」、すなわち、「指定受取人の法定相続人又はその順次の法定相続人であって被保険者の死亡時に現に生存する者」については、どのように解すべきでしょうか。

　同時死亡の場合には、Aは、Bの相続人となれません。「相続は死亡によって開始する」ところ（民882）、Bが死亡して相続が開始する時にAも死亡しているため、Aは権利を取得できないためです。この点について、大村敦志『新基本民法1総則編』（有斐閣、2017年）223頁は「相続人になるためには相続開始時（被相続人の死亡時）に生存していることが必要なので（民法887条2項の「以前」という表現を参照）…互いに相手方を相続しないことになる」と説明しています。

　もっとも、AとBは夫婦ですから、その間に子がいて、生存しているときは、死亡の先後によって結論は異なりません。その子は、保険

金受取人Ｂの相続人であるとともに、被保険者Ａの相続人でもあり、いずれにしても保険金請求権を取得します。しかし、本件では、Ａの子であるＣは、前妻との間の子であり、ＢとＣは養子縁組をしていませんから、ＣはＢの子ではなく、相続人になれません（この点において、Ｂが先に死亡し、Ａが相続人となっていたことにより順次の相続人としてＣが権利を取得できるＱ４とは事情が異なります。）。

　そのため、本件では、Ｂの「兄弟姉妹」（民889①）であるＤだけがＢの「相続人」となります。

　この点については、平成20年改正前商法676条2項の解釈として、「指定受取人と当該指定受取人が先に死亡したとすればその相続人となるべき者とが同時に死亡した場合において、その者又はその相続人は…『保険金額ヲ受取ルヘキ者ノ相続人』には当たらないと解すべきである。そして、指定受取人と当該指定受取人が先に死亡したとすればその相続人となるべき者との死亡の先後が明らかでない場合に、その者が保険契約者兼被保険者であったとしても、民法32条の2の規定の適用を排除して、指定受取人がその者より先に死亡したものとみなすべき理由はない」とした判例が参考になります（最判平21・6・2民集63・5・953、詳細は、【事例6】を参照）。なお、桜沢・前掲306頁は、この判例について、「公平妥当な結論を導くことは難しいものと考えられる。今後の保険実務にどのような影響が及ぶのか注目しつつ、同判決に批判的な側面から検討を加えていきたいと考えている」と指摘しています。

アドバイス

　保険契約者兼被保険者と死亡保険金受取人が同時に死亡した場合の法律関係については、条文からは一律には決められないところがあり、判例に批判的な学説も有力であることから、慎重に判断していく必要があります。

Q6　保険契約者が受取人を変更するときは

Q 　Aは、自己を被保険者とする生命保険契約を締結しました。その申込書には、死亡保険金受取人B、続柄は妻と記載されていました。その当時は、AとBは法律上の夫婦でしたが、その後、不仲になり、離婚届を提出しました。
　Aは、一人暮らしを続けながら、姉Cの世話をしています。
　Aは、死亡保険金受取人をCに変更できますか。

A 　Aは、約款による合理的な制限がない限り、死亡保険金受取人をCに変更することができます。

　　解　説

1　受取人変更の自由

　保険契約者は、保険事故が発生するまでは、保険金受取人を変更することができます（保険43①）。

　これは、保険契約者が契約締結時に保険金受取人の変更権を留保していた場合に限って保険金受取人の変更を認めていた平成20年改正前商法675条の規律を変更したものです。その理由は、保険実務上は保険金受取人の指定・変更権を留保するのが通例であるところ、生命保険契約は長期間にわたり継続することが予定されているため、保険契約締結後の事情の変更に対応できるようにする方が合理的であることにあります。この点については、山下友信『保険法』（有斐閣、2005年）495頁が「保険契約者は契約締結時に保険金受取人を指定するが、契約成立後に指定を変更する必要が生じることがある。保険契約者による保険金受取人の指定は、保険契約者と保険金受取人との間の属人的関係に立脚しているのが通例であるが、この属人的関係は長期に及ぶ生

命保険契約の継続中に変動し、保険契約者としてはもはや指定した保険金受取人に保険金請求権を取得させるべきでないと考えるに至ることも往々にしてあるからである。このことは、遺言において受遺者を指定していたが、その後の事情の変化により遺言を書き換えるのとある意味では類似している」と指摘していたことが参考になります。

　本件では、本件事故（Aの死亡）が発生していませんから、Aは保険金受取人を変更することができるのが原則です。

2　受取人変更の意思表示の相手方

　保険金受取人の変更は、保険会社に対する意思表示によってします（保険43②）。

　これは、保険契約者により指定された受取人が誰であるかは生命保険契約の内容に関することであり、誰が保険金受取人として変更されたかは、保険会社にとって重大な利害のある事柄であることを考慮し、その変更の意思表示についても契約当事者である保険会社を相手方としたものです。このことによって、保険会社が受取人を正確に知る可能性が高まることになります。

　平成20年改正前商法には、保険金受取人変更の意思表示の相手方に関する規定はなく、解釈に委ねられていました。そして、最高裁昭和62年10月29日判決（民集41・7・1527）は、保険金受取人の変更の意思表示は、保険会社又は新旧受取人のいずれに対するものであってもよいと判示していました。ただし、その意思表示が保険者に通知されない限り対抗要件は満たされません（平成20年改正前商677①）。そのため、この見解によると、例えば、新受取人に対する意思表示によって変更の効力が生じていても、保険会社に通知する前に旧受取人に保険金が支払われた場合には、保険会社は免責され、新受取人が旧受取人に対して受領保険金につき不当利得返還請求（民703以下）を行うことができ

ることになります。しかし、保険法43条2項が適用される場合には、保険会社に通知しない限りは受取人変更の効力が生じていないことになりますから、法律関係が複雑になる事態を避けることができます。

3 受取人変更の効力発生

保険金受取人の変更の意思表示は、その通知が保険会社に到達したときは、当該通知を発した時に遡ってその効力を生じます。ただし、保険金受取人の変更の通知が保険会社に到達する前に、保険会社が行った保険給付の効力は妨げられません（保険43③）。

これは、平成20年改正前商法には、保険金受取人変更の意思表示の効力発生要件・時期に関する規定がなく、見解が分かれていたことを、立法的に解決したものです。

到達主義の原則（民97①）によれば、保険契約者が保険金受取人の変更の意思表示を発した後、その通知が保険者に到達する前に、被保険者が死亡した場合には、その意思表示の効力は認められず、変更前の保険金受取人が死亡保険金請求権を有することになります。しかし、そのような結果は、保険金受取人の変更の通知を発していた保険契約者の意思に反します。そこで、保険法43条3項本文は、到達主義の例外として、その意思表示の通知が保険会社に到達したことを条件として、効力の発生時期を「当該通知を発した時」に遡及させています。

しかし、この遡及効を徹底するときは、受取人変更の通知が到達する前に、保険会社が旧受取人に対して死亡保険金を支払っていた場合でも、それが「当該通知を発した時」よりは後であるという理由によって弁済の効力が認められないことになってしまいます。このような結論は、保険会社にとって酷です。そこで、保険法43条3項ただし書は、「その到達前に行われた保険給付の効力を妨げない」と規定しました。

Q&A　第1章　受取人の指定・変更　　43

これによって、保険金受取人の変更の通知到達前に保険会社が旧受取人に対して保険金を支払ったことは有効とされ、二重弁済の危険が生じないことになります。

4　遺言による保険金受取人の変更

　保険金受取人の変更は、遺言によっても、することができます（保険44①）。これは、遺言による保険金受取人の変更について平成20年改正前商法には規定がなかったところ、保険契約者の意思を尊重するために、これを明文によって認めたものです。遺言は単独行為であり、遺言者の死亡の時からその効力を生じますから（民985①）、保険金受取人の変更も、遺言者（保険契約者）の死亡の時に効力が生じることになります。保険契約者と被保険者が同一である自己の生命の保険契約においては、遺言による保険金受取人の変更と同時に保険事故が発生することになりますが、「このような場合も『保険事故が発生するまで』（第43条）に保険金受取人の変更がなされたことになります」（萩本修編著『一問一答保険法』（商事法務、2009年）186頁）。

　ただし、遺言による保険金受取人の変更は、その遺言が効力を生じた後に、保険契約者の相続人がその旨を保険会社に通知しなければ、これをもって保険会社に対抗することができません（保険44②）。これは、保険会社としては、通知がない限り、遺言による保険金受取人の変更を知り得ないためです。

5　約款による制限の可能性

　保険法43条2項は、意思表示の相手方及び意思表示の効力に関する強行規定であると解されていますが、保険法43条1項は、保険契約者の受取人変更権の有無に関する規定であって、任意規定と解されていま

す。このことは、「保険契約によっては、保険金受取人の変更権を一定の範囲の者への変更に限定したり、保険者の同意を要件としたりすることに合理性が認められる場合もあり、このような合理的な約定を制限する必要はないことから、保険法では、この規定を任意規定としています」と説明されました（萩本修編著『一問一答保険法』（商事法務、2009年）179頁）。

　それでは、Aが締結していた保険契約の約款に制限規定があるときは、受取人変更は常に制限されるのでしょうか。

　山下友信＝米山高生編『保険法解説－生命保険・傷害疾病定額保険』（有斐閣、2010年）306頁〔山野嘉朗〕は、保険金受取人変更の対象を一定の範囲に限定する約款規定や、保険金受取人変更を認めない約款規定について、「問題がないわけではない。このような制限は保険契約者の権利を制約するものであり、保険契約者の意思を尊重するという本条の趣旨に反することにもなりかねないので、これが無条件に認められるとは思えない。受取人の変更を禁止するためには、商品の性質上そうすることについて合理性が担保されていることが必要であり、これを逸脱する場合には、消費者契約法10条が適用される余地がある」と指摘しています。

　約款による受取人変更の制限については、保険法43条1項が、生命保険契約は長期間にわたり継続することが予定されているため保険契約締結後の事情の変更に対応できるようにする方が合理的であるという趣旨に基づくことに留意し、それに反しない内容となっているかを検討することが重要です。

　本件では、約款による制限の有無は分かりませんが、仮に制限があるとしても、それが合理性を担保できていないときは、Aは保険金受取人をCに変更することができます。

Q&A　第1章　受取人の指定・変更　45

アドバイス

　保険金受取人の変更は、保険契約者の権利であり、これを適切に行使することによって、紛争を回避することができます。

　例えば、生命保険契約において保険金受取人が「妻・B」と指定されていた場合には、妻の不倫が原因で離婚したとしても、それだけではBが保険金受取人のままになってしまいます（Q3参照）。

46　　Q&A　第1章　受取人の指定・変更

Q7　被保険者（兼保険契約者）が質権を設定していたときは、貸金返還請求権を優先的に行使できるか

Q　　Aは、自己を被保険者とする生命保険契約を締結していました。満期保険金受取人はAであり、あと1年で満期になります。満期前に死亡した場合の保険金受取人には、妻Bが指定されていました。

　Aの事業の資金繰りが苦しくなり、友人Cに融資を申し込んだところ、「生命保険に質権を設定してもよいなら」と言われました。AはBとも相談し、1年後に一括返済する約束で200万円を借りて、死亡保険金受取人を自己に変更してからCのために質権を設定し、その旨を保険会社に通知しました。

　約束の期限に返済しなかったとき、Cには、どのような権利がありますか。

A　　約束の期限にAが返済しなかったとき、Cは、消費貸借契約により元本200万円の貸金返還請求権を有し、かつ、債務不履行（履行遅滞）に基づいて遅延損害金を請求することができます。

　また、保険契約に設定した質権は、Aの保険会社に対する通知によって対抗要件を具備していますから、Cは、その質権を実行して、満期保険金（又は死亡保険金）から優先的に弁済を受けることも可能です。

解　説

1　消費貸借契約の締結

　Aは、1年後に一括返済する約束で、Cから200万円を借りましたので、消費貸借契約が成立しています（民587）。特約がなければ利息は請

求できませんが（債権法改正後民589①）、Ａが約束の期限に返済しなかったときは、債務不履行（履行遅滞）に基づいてＣは遅延損害金を請求することができます（民412①・415）。この遅延損害金は法定利率によって定められます（民419①）。現在の利率は年5％で固定されていますが（民404）、債権法改正後（令和2年4月1日以降）は民法404条において緩やかな変動制が採用され、当初の利率は年3％とされています。

　このようなＣの権利は、Ａ（債務者）に対して一定の行為（給付）を請求する権利であり、「債権」です。債権は、相対的な権利であり、排他性がありません。その内容は、当事者の契約によって自由に決められるのが原則です（契約自由の原則）（債権法改正後民521）。そのため、債務者Ａが、他の人とも消費貸借契約を重ねている等の事情により、責任財産の総量を超える債務があるときは、訴訟や強制執行をしても弁済を受けられない可能性があります。

2　質権とは

　質権は、当事者が設定する約定担保物権です。「物権」とは、物を直接かつ排他的に支配する権利であり、排他性があります。物権は、当事者以外の者に対しても効力が及ぶため、その内容は法定されています（物権法定主義）（民175）。

　民法362条1項は「質権は、財産権をその目的とすることができる」としており、生命保険契約に基づく諸権利（満期保険金請求権、死亡保険金請求権等）も財産権ですから、これに質権を設定することも可能です（このような債権に設定する質権のことを、債権質といいます。）。物とは有体物のことであり（民85）、債権は物ではありませんので、厳密にいうと「物権」ではないことになりそうですが、大村敦志『新基本民法3担保編』（有斐閣、2016年）30頁は「どのような形であれ、ここで物権の法技術が用いられていることは間違いない」と指摘しています。

3 生命保険に関する質権設定

生命保険契約に基づく権利に質権を設定できることは、保険法47条に「死亡保険契約に基づき保険給付を請求する権利…を目的とする質権の設定」とあることからも裏付けられています。

保険法47条は「被保険者の同意がなければ、その効力を生じない」と定めているところ、その理由は、道徳危険（モラル・リスク）の危険は、誰が保険金請求権を有するかによって変動し得るところ、そのことは譲渡だけではなく質権設定にもあることによります。この点について、山下友信＝米山高生編『保険法解説―生命保険・傷害疾病定額保険』（有斐閣、2010年）342頁〔山本哲生〕は、「保険金請求権に質権を設定する場合に被保険者の同意がいるかどうかについては、改正前商法では明文の規定はなかった。しかし、質権設定にも被保険者の同意を求める規定が類推適用されるとの説があり、実務上も同意を要することとしていた。このような状況を受けて、保険法では、質権設定の際にも被保険者の同意が必要であることが明定されている」とあります。Aは被保険者でもありますから、Aが契約者として質権を設定するときには、被保険者の同意もあると認められます。

本件では、妻Bと相談の上、死亡保険金受取人をBからAに変更していますが、これは、後日のトラブルを防ぐための工夫として評価できます。この点について、長谷川仁彦＝竹山拓＝岡田洋介『生命・傷害疾病保険法の基礎知識』（保険毎日新聞社、2018年）111頁は「保険契約者と保険金受取人が別人の契約、いわゆる第三者のためにする生命保険契約の場合は将来の紛争を予防するため、保険金受取人を保険契約者に変更のうえ質権設定契約の取扱いをしている例が多い」と指摘しています。なお、死亡保険金受取人をBから変更しなかった場合の質権設定については、【事例8】を参照してください。

Q&A 第1章 受取人の指定・変更 49

4 質権の対抗要件

債権質の設定は、民法467条（指名債権の譲渡の対抗要件）の規定に従って、第三債務者（本件のQでは保険会社）にその質権の設定を通知し、又は第三債務者が承諾しなければ、第三債務者その他の第三者に対抗することができません（民364）（本件のQでは登場しませんが、保険会社＝第三債務者以外の第三者、例えば、Aから同様に質権を設定されたDがいるときには、通知・承諾に確定日付があることが必要とされます。民法364条及び467条は債権法改正の対象ですが、上記の内容には変更ありません。）。

AがCのために質権設定した旨を保険会社に通知していましたから、Cは、保険会社に対して、質権者であることを主張できます。

5 質権の効力

質権者は、「質権の目的である債権を直接に取り立てることができる」ところ（民366①）、債権の目的物が金銭であるときは、取り立てることができる範囲は「自己の債権額に対応する部分」に限られています（民366②）。

したがって、仮に満期保険金（又は死亡保険金）請求権の額がCの有する債権額（200万円及びこれに対する遅延損害金）を超えているときは、Cは債権額の範囲内においてのみ保険会社から直接に取り立てることができ、その残額は、Aが請求できることになります。

AとCの消費貸借契約における弁済期よりも前に、満期保険金（又は死亡保険金）請求権が発生したときは、Cは保険会社に対して「その弁済すべき金額を供託させる」ことができ、その場合には、質権は、その供託金について存在します（民366③）。

アドバイス

　生命保険契約によって生じる権利は、保険料の支払状況や、解約の有無、保険事故の発生の有無等によって異なります。また、どのような保険であっても質権の対象としてよいのか、という疑問も提起されています。そのため、質権を設定する際には、保険会社に確認するなどして十分に情報を集めることが必要です。この点については、長谷川ほか・前掲111頁の「生命保険契約上の諸請求権（保険金請求権、解約返戻金請求権、配当金請求権等）…は、いずれも条件付ないし期限付の権利であり不確定要素が多く、質権の実効性からいえば必ずしも万全のものであるとはいい難い」という記載、及び、山下友信『保険法』（有斐閣、2005年）610頁の「とりわけ生命保険契約等における死亡保険金請求権等については、債権取立のためのモラル・リスクの温床となりかねないという問題があり…担保化に法的な限界はないのかという問題意識が生じるのも理由のないことではない」という記載が参考になります。

Q & A　第1章　受取人の指定・変更　　　51

Q8　保険金受取人が質権を設定したときは、貸金返還請求権を優先的に行使できるか

Q　　Aは、妻Bが保険契約者兼被保険者である生命保険契約において、死亡保険金の受取人に指定されています。妻Bは数年前から体調を崩して、入退院を繰り返しています。

　Aは個人的なトラブルに巻き込まれて、お金が必要になり、友人Cに融資を申し込みました。Cから「生命保険に質権を設定してもよいなら」と言われたAは、Bに相談しないまま、1年後に一括返済する約束で5,000万円を借りて、妻Bが死亡した場合の保険金請求権にCのために質権を設定し、その旨を保険会社に通知しました。

　Aは約束の期限を過ぎても全く返済せず、その翌日に行方不明になりました。その後に、AとBが同居していた自宅で、Bの死体が発見されました。

　Cには、どのような権利がありますか。

A　　約束の期限にAが返済しなかったとき、Cは、消費貸借契約により元本5,000万円の貸金返還請求権を有し、かつ、債務不履行（履行遅滞）に基づいて遅延損害金を請求することができます。

　また、死亡保険金請求権に設定した質権は、Aの保険会社に対する通知によって対抗要件を具備していますから、Bが死亡するまでの間に受取人を変更していなかったときは、Cは、その質権を実行して、死亡保険金から優先的に弁済を受けられることもあります。ただし、本件では、Bの死亡状況が不自然であるため、免責事由がある可能性があります。

解　説

1　消費貸借契約の締結

　Aは、1年後に一括返済する約束で、Cから5,000万円を借りましたので、消費貸借契約が成立しています（民587）。特約がなければ利息は請求できませんが（債権法改正後民589①）、Aが約束の期限に返済しなかったときは、債務不履行（履行遅滞）に基づいてCは遅延損害金を請求することができます（民412①・415）（詳細については、Q7参照）。

2　債権質とは

　質権は、当事者が設定する約定担保物権です。民法362条1項は「質権は、財産権をその目的とすることができる」としており、生命保険契約に基づく死亡保険金請求権も財産権ですから、これに質権を設定することも可能です。このような債権に設定する質権のことを、債権質といいます（詳細については、Q7参照）。

3　死亡保険金請求権に関する質権設定

　生命保険契約に基づく権利に質権を設定できることは、保険法47条に「死亡保険契約に基づき保険給付を請求する権利…を目的とする質権の設定」とあることからも裏付けられています。

　しかし、保険契約者と異なり、保険金受取人が有している権利は弱いものです。すなわち、保険契約者は、保険事故が発生するまでは、保険金受取人の変更をすることができますから（保険43①）、保険金受取人の地位は極めて不安定なものです。この点、単なる期待を有するにすぎないという理解もあり得ますが、一般的には、保険金受取人は、保険事故発生前でも抽象的な保険金請求権を有していると理解されています。例えば、山下友信『保険法』（有斐閣、2005年）541頁には「保

険金請求権は、保険契約の成立とともに保険事故の発生等の保険金請求権が具体化する事由の発生を停止条件とする債権として発生していると考えられている。この具体化する事由の発生前の保険金請求権を抽象的（未必的）保険金請求権といい、具体化した後の保険金請求権を具体的請求権という」とあり、同書508頁には「権利者としての地位が不安定であるということと権利性は論理的に両立しうるものであり、指定変更権が留保されている場合といえども、保険金受取人は条件付権利を直ちに取得するものと解すべきである。…保険事故発生前でも保険金請求権について質権設定等の処分や保険金受取人の債権者による差押が認められるのも権利性を前提とするものである」とあります。また、原弘明＝竹濱修＝山下典孝・事例研レポ271号17頁でも、「未必的保険金請求権について、譲渡・質入れなど、保険金受取人の一定の処分権限を認めるのが従来の通説」と指摘されています。

4　質権の対抗要件

　債権質の設定は、民法467条（指名債権の譲渡の対抗要件）の規定に従って、第三債務者（本件のＱでは保険会社）にその質権の設定を通知し、又は第三債務者が承諾しなければ、第三債務者その他の第三者に対抗することができません（詳細については、Ｑ7参照）。

　ＡがＣのために質権設定した旨を保険会社に通知していましたから、Ｃは、保険会社に対して、質権者であることを主張できます。

5　質権の効力

　質権者は、「質権の目的である債権を直接に取り立てることができる」ところ（民366①）、債権の目的物が金銭であるときは、取り立てることができる範囲は「自己の債権額に対応する部分」に限られています（民366②）。

したがって、仮に死亡保険金請求権の額がCの有する債権額（5,000万円及びこれに対する遅延損害金）を超えているときは、Cは債権額の範囲内においてのみ保険会社から直接に取り立てることができ、その残額は、Aが請求できることになります。

ただし、本件では、Aは個人的なトラブルに巻き込まれて、お金が必要になり、妻Bに相談しないまま、友人Cから1年後に一括返済する約束で5,000万円を借りて融資を受けており、Aは約束の期限を過ぎても全く返済せず、その翌日に行方不明になっており、その後に、AとBが同居していた自宅で、Bの死体が発見されています。このような事実関係は極めて不自然であり、保険事故が故意に招致された可能性があります。したがって、保険会社としては、事実関係を慎重に調査し、その結果によっては、保険法51条3号にいう「保険金受取人が被保険者を故意に死亡させたとき」に該当するものとして免責を主張する可能性があります。

この点について、河合圭一「死亡保険金請求権への質権設定について」金澤理監修『新保険法と保険契約法理の新たな展開』（ぎょうせい、2009年）375頁は「本来、第一に論じられなければならない点は、死亡保険金請求権に関して生ずるモラルリスクの問題である。債権者に対して、自己が被保険者となっている生命保険契約の死亡保険金に担保権を設定するということは、債務者にとって最後の手段であり、借金返済のために自己の生命を絶つことをも想定していると考えるべきである（契約から1年〜3年の免責期間経過後の自殺に対しては死亡保険金が支払われる。）。簡易生命保険では、法律（簡易生命保険法80条、81条）により保険金等を受け取るべき権利の譲渡、差押えが禁じられており、保険金請求権に対する質権設定についてもできないと解釈され、本テーマである質権設定の問題は出てこない。モラルリスクを考慮すると、一般の生命保険契約においても、立法論としては、特に死

Q&A 第1章 受取人の指定・変更 55

亡保険金請求権に対する質権設定について禁ずるという発想はあった
かもしれない」としています。簡易生命保険法は平成19年10月1日よ
り廃止されていますが、この指摘は現在でも参考になります。

アドバイス

　死亡保険金受取人の権利は弱いものですから、保険契約者兼被保険
者が質権を設定するQ7の場合よりも、不確定要素が多く、質権の実効
性には疑問があります。

　東京地裁平成24年8月21日判決（平24（ワ）1948・平24（ワ）16212）は、
受取人の地位が遺言の対象にならない理由として、受取人が死亡時に
有していたのは、保険契約者が「自由に受取人を指定変更することに
つき、何らの異議を述べることもできず、抽象的死亡給付金請求権に
ついて何の処分権もない受取人の地位にすぎない」と判示しました（詳
細については、【事例31】参照）。このように保険金受取人の地位が弱
いものであることを十分に意識しておくことが重要です。

第2章　保険金請求権

Q9　行方不明が7年を超え、被保険者が失踪宣告を受けたときは

Q　Aは、大学生である子Bを被保険者とし、死亡保険金受取人をAとする生命保険契約を締結しました。保険料は年払い、保険期間は終身とされています。

その後、Bは就職して、マンションで一人暮らしをするようになりました。当初は連絡がつきましたが、そのうちに電話やメールにも応答しなくなり、心配したAがマンションを訪れたところ、転居していたことが分かりました。Aは警察に相談しましたが、何も情報がないまま、10年が経過しました。

Aは、Bの死亡保険金を請求できますか。

A　Aは、保険契約が有効に存続していれば、家庭裁判所において失踪宣告を受けることによって、死亡保険金を請求することができます。

解　説

1　不在者に関する制度

人が権利義務の主体となるためには、生きていることが必要です。生まれる前には権利能力を有しておらず、死んでしまえば権利能力を失います。

ある人が行方不明になった場合、その人がそれまでに形成した法律関係はどうなるのでしょうか。

Q&A　第2章　保険金請求権　　57

　まず、不在者に財産管理人がいない場合、利害関係人などの請求により家庭裁判所は必要な処分（財産管理人の選任等）を行うことができます（民25）。
　財産管理人は、①保存行為と、②管理の目的である物又は権利の性質を変えない範囲内において、その利用又は管理を目的とする行為をすることができるだけでなく、それを超える行為も家庭裁判所の許可を得てすることができます（民28・103）。

2　失踪宣告の要件

　失踪宣告とは、不在者の生死不明の状態が継続し、かつその者の死亡の蓋然性が高い場合、利害関係人からの請求により家庭裁判所が宣告をするものです。民法はこの制度として普通失踪と特別失踪を定めています。
　普通失踪とは、「不在者の生死が7年間明らかでないとき」に認められます（民30①）。Bが不在者となってから10年が経過しており、その間の生死は不明ですから、Aは、利害関係人として、家庭裁判所に普通失踪の請求をすることができます。
　なお、特別失踪とは、「戦地に臨んだ者、沈没した船舶の中に在った者その他死亡の原因となるべき危難に遭遇した者の生死が、それぞれ、戦争が止んだ後、船舶が沈没した後又はその他の危難が去った後1年間明らかでないとき」に認められるものです（民30②）。これを補うものとして認定死亡という制度もあり、人が水難、火災、航空機事故その他の事変によって死亡した蓋然性が高い場合、その取調べに当たった官公署が、その死亡を認定し、死亡地の市町村長に死亡の報告をします（戸籍法89）。官公署の報告は死亡の事実を100％確認できないままなされる場合もあるため、認定死亡に基づく戸籍の記載は死亡を推定させる効力しか認められません（最判昭28・4・23民集7・4・396）。Bにつ

いては、危難等に遭遇したという事情がありませんから、特別失踪や認定死亡を受けることはできません。

3　失踪宣告の効果

　失踪宣告を受けた者は、ある時期をもって死亡したものとみなされます。「死亡したものとみなす」とは、本当には死亡していないとしても、死亡したものとして法律関係を処理するという意味であり、相続によって終局的に誰か（相続人）に帰属させられるということになります。長谷川仁彦＝竹山拓＝岡田洋介『生命・傷害疾病保険法の基礎知識』（保険毎日新聞社、2018年）156頁では、「法律関係の不確定な状態を一定のところで打ち切り、これを確定させようとする制度にほかならない」と指摘されています。

　失踪の宣告を受けた者は、特別失踪については「その危難が去った時」に死亡したものとみなされるのに対し、普通失踪については、生死が明らかでない7年の「期間が満了した時」に死亡したものとみなされます（民31）。生命保険契約の保険事故は被保険者の生死であり、失踪宣告がなされれば、死亡という保険事故が発生したことになります。

　Bが普通失踪の宣告を受けた場合、行方不明になってから7年間の期間満了により死亡したものとみなされます。そのため、その時点まで保険料滞納等がなく、生命保険契約が有効に継続中であれば、死亡保険金が支払われることになります。

　なお、失踪宣告を受けた場合でも、失踪者が生存すること又は民法31条に規定する時と異なる時に死亡したことの証明があったときは、家庭裁判所は、本人又は利害関係人の請求により、失踪の宣告を取り消します（民32①）。その場合、失踪の宣告によって財産を得た者は、その取消しによって権利を失いますが、「現に利益を受けている限度においてのみ」その財産を返還する義務を負います（民32②）。東京地裁平成18年1月12日判決（平16（ワ）12535）は、Aが失踪宣告を受けたこ

とによりAの妻Yが死亡保険金5,151万1,276円を受け取った後に、A
の生存が確認されて失踪宣告が取り消された事案において、「利得者
が当該事情の下で通常あり得る範囲内の出費をしたのみでは、利得の
減少を認めることはできないということができる。また、不当利得を
した者がその利得に法律上の原因がないことを認識した後の利益の消
滅は、不当利得返還義務の範囲を減少させない」として、保険会社X
のYに対する不当利得返還請求（民703）を全額認容しました。

アドバイス

　一般的には、被保険者と死亡保険金受取人は、家族等であることが
多く、その死亡の事実を速やかに知り、死亡保険金を請求することに
なると思います。

　しかし、行方不明その他の事情によっては、死亡の事実を証明でき
なくても、死亡保険金を請求できる場合もあることには、注意が必要
です。

60 　Q & A 　第2章　保険金請求権

Q10　7年前に行方不明になった被保険者が、5年前に死亡していたときは

Q　　Aは、大学生である子Bを被保険者とし、死亡保険金受取人をAとする生命保険契約を締結しました。保険料は年払い、保険期間は終身とされています。

その後、Bは就職して、マンションで一人暮らしをするようになりました。当初は連絡がつきましたが、そのうちに電話やメールにも応答しなくなり、心配したAがマンションを訪れたところ、転居していたことが分かりました。

そのような状況で7年が経過した頃、警察からAに連絡があり、Bは5年前に死亡していたことが判明しました。

Aは、Bの死亡保険金を請求できますか。

A　　Aは、5年前の時点で保険契約が有効に存続していれば、死亡保険金を請求することができますが、消滅時効を援用される可能性があります。

解　　説

1　死亡したときに保険金請求権が発生

被保険者Bが5年前に死亡していたことは、保険事故ですから、Aは死亡保険金を請求できます。

ただし、警察から連絡がきた内容が明らかでないところ、5年間も死亡の事実が判明しなかった事情や、Bの死亡の状況等によっては、保険会社が免責事由に該当すると主張する可能性もあります。そして、免責事由に該当する可能性があると保険会社が考える場合には、それに合わせて予備的に、消滅時効を援用する可能性が高いと思われます。

Q & A 第2章 保険金請求権 61

2 消滅時効とは

消滅時効とは、権利を行使しない状態で一定期間放置した場合に、その権利を消滅させる制度です。

貸金債権等の一般的な債権の消滅時効期間については、債権法改正前民法166条及び167条1項は「権利を行使することができる時から」「10年」と規定しています。

債権法改正は、平成29年6月2日に公布され、原則施行日は令和2年4月1日とされました。債権法改正後民法166条1項は、消滅時効期間に関する規律を変更し、「債権者が権利を行使することができることを知った時から5年間行使しないとき」という主観的起算点による消滅時効期間と、「権利を行使することができる時から10年間行使しないとき」という客観的起算点による消滅時効期間を定めました。この趣旨について、筒井健夫＝村松秀樹編著『一問一答民法（債権関係）改正』（商事法務、2018年）56頁は、「債権者の認識に着目した5年の時効期間の導入により、権利行使が可能であることを容易に知ることができない債権については、債権者の知らないうちに時効期間が進行してしまうという問題を避けながらも、その余の多くの債権については時効期間を短くすることができる」と説明しています。

また、債権法改正により生命・身体を害する不法行為による損害賠償請求権については、従来、主観的起算点から3年とされていた時効期間が変更され、5年間に延びます（債権法改正後民724の2）。この趣旨について、筒井＝村松・前掲61頁は、「人の生命や身体に関する利益は、一般に、財産的な利益等の他の利益と比べて保護すべき度合いが強い」うえ「生命や身体について深刻な被害が生じた後、債権者は、通常の生活を送ることが困難な状況に陥る等、時効完成の阻止に向けた措置を速やかにとることを期待することができないことも少なくない」と説明しています。自動車損害賠償保障法3条による損害賠償請求につ

いては自動車損害賠償保障法4条が「自己のために自動車を運行の用に供する者の損害賠償の責任については、前条の規定によるほか、民法（明治29年法律第89号）の規定による」と定めているため、債権法改正により、5年に延長されます。

3　保険金請求権の消滅時効期間

　債権法改正による消滅時効期間の延長は、損害賠償請求権等に関するものであり、保険金請求権の時効に関する改正ではありません。公益財団法人日弁連交通事故相談センター東京支部民法改正プロジェクトチーム「改正民法と損害賠償実務」公益財団法人日弁連交通事故相談センター編『交通賠償実務の最前線』（ぎょうせい、2017年）443頁は「自賠法に規定された被害者の自賠責保険会社あるいは国に対する請求権（自賠法16条1項、72条1項）は、これまでどおり3年が消滅時効期間であるから（同法19条、75条）、注意を要する」と指摘しています。

　生命保険の消滅時効期間についても損害保険と同様であり、債権法改正後も「3年間」のままです。

　保険法95条1項は、保険給付を請求する権利等について消滅時効期間について特則を設け、主観的な事項を設けずに、「3年間行わないとき」は時効によって消滅すると規定しています。この規定は、債権法改正に伴い、「3年間行わない」という文言から「これらを行使することができる時から3年間行使しない」に変更されます。これは、債権法改正後民法166条1項2号と表現を揃えたものにすぎません。

4　消滅時効の起算点

　保険法95条1項は、上記3のとおり債権法改正の影響を受けて「これらを行使することができる時から3年間行使しない」という文言に変更されます。現行の保険法では、消滅時効の起算点に関する特別な規

定を設けていませんが、萩本修編著『一問一答保険法』（商事法務、2009年）212頁では、債権法改正前民法166条1項の規定に従い「権利を行使することができる時」から消滅時効が進行すると説明されていました。その意味では、実質的な変更はないものといえます。

保険金請求権の「行使することができる時」は客観的起算点ですから、保険事故発生時であると考えるのが素直であり、保険金受取人が保険事故発生を知っているか否かは関係しないことになります。このように考えると、Bの死亡から5年が経過している本件では、保険会社が消滅時効を援用すれば（民145）、死亡保険金について時効によって消滅したと認められる可能性があります。

もっとも、通常、保険会社は、死亡等保険金請求権等の支払事由の存在が明らかに証明され、保険契約内容及び保険料の払込み等が確認できるときは、時効を援用していません。この点、長谷川仁彦＝竹山拓＝岡田洋介『生命・傷害疾病保険法の基礎知識』（保険毎日新聞社、2018年）163頁は、「発生した保険事故が自殺、他殺、告知義務違反等の懸念があり保険金の支払免責の疑いが危惧される事案につき、時間の経過とともにその立証の困難さをもたらしたことについて請求者側に帰責原因があるような場合にのみ時効を援用しているようである」と指摘しています。

ただし、起算点について例外を認めた判例もあります。最高裁平成15年12月11日判決（民集57・11・2196）は、被保険者が行方不明後3年8か月経過後に白骨遺体で発見された事案において、消滅時効について客観的起算点によると定めているのは、「支払事由（被保険者の死亡）が発生すれば、通常、その時からの権利行使が期待できると解されることによるものであって、当時の客観的状況等に照らし、その時からの権利行使が現実に期待できないような特段の事情の存する場合についてまでも、上記支払事由発生の時をもって本件消滅時効の起算点とす

る趣旨ではないと解するのが相当である」とした上で、「支払事由（Aの死亡）が発生した時からAの遺体が発見されるまでの間は、当時の客観的な状況等に照らし、その権利行使が現実に期待できないような特段の事情が存したものというべきであり、その間は、消滅時効は進行しない」として、消滅時効の期間が経過していないと判示しました（【事例11】参照）。

また、東京地裁平成15年11月6日判決（平12（ワ）16524・平12（ワ）16526・平13（ワ）11933）は、死亡保険金請求権の消滅時効の起算点は、原則として、その被保険者Aが死亡した日の翌日であるとしつつ、同一の保険事故（Aの死亡）による死亡保険金の請求訴訟である別件訴訟において保険会社（Y）が「本件殺害がAの嘱託によるものであるか否か等の事実の確認のために必要な相当期間が経過していないので、その履行期が未だ到来していない」と主張して抗争したことなどを指摘し、「そのような対応をしてきた被告Yが本件で消滅時効を主張することは、信義に反して、許されない」と判示しました。

5　時効の更新・完成猶予

消滅時効期間の経過は絶対的なものではなく、一定の事由の影響を受けます。債権法改正では、従来の概念を整理し、更新と完成猶予に分けました。例えば、死亡保険金受取人が保険会社を訴えた場合（裁判上の請求）については、「その事由が終了するまでの間は、時効は、完成しない」として完成猶予が認められた上で（債権法改正後民147①）、「確定判決又は確定判決と同一の効力を有するものによって権利が確定したときは、時効は…事由が終了した時から新たにその進行を始める」として更新が認められます（債権法改正後民147②）。また、保険会社が支払義務を認めた場合（承認）については、「時効は、権利の承認があったときは、その時から新たにその進行を始める」として更新が認

められます（債権法改正後民152①）。長谷川ほか・前掲163頁は、「保険金等の支払に関しては、裁判上の請求（民法149条）すなわち訴えの提起がこの『請求』に当たり、保険会社から受取人に対する請求督促は『承認』に当たると解される」と指摘しています。

アドバイス

　本件のように行方不明であり、失踪宣告の要件を満たさない間に消滅時効期間が経過したような場合には、消滅時効は援用されない可能性が高いと思われます。

　しかし、そのようなことは例外的であり、保険会社が消滅時効を援用し、それが認められた裁判例（札幌地判平19・3・26（平18（ワ）2134）、東京地判平18・7・26（平15（ワ）21084・平15（ワ）21087）等）もあることに留意し、消滅時効期間が満了する前に、適切に対応していくことが重要です。

Q11 名前で指定された保険金受取人が被保険者を故意に死亡させたときは、保険金請求権を行使できるか

Q Aは、自己を被保険者とする生命保険契約を締結していました。Aが死亡した場合の保険金受取人には、妻であるBが指定されていました。

ところが、Bは、Aの女性関係に悩んだ末に、Aを殺害して自らも自殺を図りましたが、かろうじて一命は取り留めました。Bは、上記の生命保険契約に基づいて、保険金を請求できるでしょうか。その後、Bが死亡した場合には、相続人であるCは保険金の支払を受けられるでしょうか。

A Bが保険金を取得する目的でAを殺害したわけではないとしても、免責規定の適用があり、Bは保険金の支払を請求できません。また、その後にBが死亡した場合、相続人であるCが保険金請求権を相続により取得することになりますが、この場合も免責の適用を受けますので、Cも同じく保険金の支払を受けることはできません。

解　説

1　保険金受取人による被保険者の故殺

生命保険契約において、保険金受取人が被保険者を故意に死亡させたときは、保険者は保険金支払義務を免れます（保険51三）。生命保険契約に付帯される災害関係特約などの特約に基づく保険金についても同様です。被保険者の死亡により保険金を受領できる立場にある保険金受取人が被保険者を死亡させることは、生命保険契約上要請される信義誠実の原則に反しますし、被保険者を殺害した者に保険金の請求

を認めることは公益にも反します。保険金取得を目的とした殺人とい
う犯罪行為を助長することにもなりかねませんし、殺人という犯罪行
為を行った者が保険金を受領できるという結果も不当だからです。

　保険者が免責されるためには、保険金受取人が被保険者を「故意に
死亡させた」ことが必要です。過失によって死亡させた場合やケガを
させる意図はあったけれども死亡させる意図まではなかったような場
合には、故意に死亡させたものとはいえませんが、嘱託殺人や自殺幇
助は、被保険者の死亡という結果を認識しつつ、それを目的としたも
のであれば、故意に死亡させたものといえます。

　なお、保険契約者は、保険金受取人ではなく、保険金の支払を受け
る立場にはありませんが、保険契約者が被保険者を故殺したときも、
保険者は免責されます（保険51二）。射倖契約である生命保険契約の当
事者である保険契約者が意図的に保険事故を発生させることは、生命
保険契約上要請される信義誠実の原則に反します。後述するように、
複数の保険金受取人の一人が被保険者を故殺したときは、他の保険金
受取人には免責の効果が及びませんが、保険契約者が被保険者を故殺
したときは、全ての保険金受取人に免責の効果が及びます（保険51ただ
し書）。保険金受取人が保険契約者でもある場合には、保険契約者によ
る被保険者の故殺として処理されることになります（保険51三括弧書）。

2　被保険者殺害の動機と保険者の免責

　Bは、Aの女性関係に悩んだ末に、Aを殺害して自らも自殺を図っ
たのであり、死亡保険金を取得することを目的として被保険者Aを殺
害したわけではありません。また、Bも結果的に死亡した場合には、
B自身は保険金を受領できません。このような場合にも、保険金の請
求は認められないのでしょうか。

　最高裁昭和42年1月31日判決（民集21・1・77）は、保険金受取人である

夫が被保険者である妻と子を猟銃で射殺した直後に、自殺を遂げたという事案でした。裁判所は、法が保険金受取人による被保険者の故殺を免責とした理由を「被保険者を殺害した者が保険金額を入手することは、公益上好ましくないし、信義誠実の原則にも反し、保険の特性である保険事故の偶然性の要求にも合わないところにある」と述べた上で、「保険金受取人が被保険者を殺害し、その直後に自分も自殺を遂げた本件の場合のように、殺害当時殺害者に保険金取得の意図がなかったときにも、前記法条の適用があり、保険者は保険金額支払の責を免れると解するのが相当である」と判示しました。このように、保険金受取人が被保険者を故殺したときは、①保険金受取人に保険金取得の意図があったか否かにかかわらず、更に②保険金受取人が現実に保険金を受領できるか否かにかかわらず、保険者の免責が認められるというのが判例の立場です。

　これに対して、「保険金取得を目的としたものではなく、保険金受取人自身も後追い自殺をしたような場合には、保険金受取人の遺族の生活保障を重視して保険金の支払いをみとめる」べきであるとする見解（西島梅治『保険法〔第三版〕』（悠々社、1998年）364・365頁）もあります。また、最高裁平成14年10月3日判決（民集56・8・1706）は、保険契約者兼保険金受取人である法人（有限会社）の取締役が被保険者である代表取締役の夫を殺害したという事案において、妻が個人的動機によって故意に夫を死亡させた行為をもって法人の行為と同一のものと評価することができる場合には当たらないとして、法人による保険金の請求を認めました。このように、保険金受取人が被保険者を殺害した動機が考慮される余地が全くないとはいえません。

　以上の判例は、平成20年改正前商法680条に関するものですが、これは保険法51条にもそのまま妥当します。判例の考え方を前提とする限り、Aを殺害したBの意図が保険金を取得することではなかったとし

Q&A　第2章　保険金請求権　69

ても、同条及び約款の規定が適用され、Bが保険金の支払を受けることは認められないといえます。

3　相続人と保険者の免責

被保険者の死亡後、更に保険金受取人も死亡した場合には、保険金請求権は、保険金受取人の相続財産を構成して、保険金受取人の相続人が承継的に取得します。保険金受取人の相続人も、同じく免責の抗弁の対抗を受けますので、Bがその後死亡したとしても、その相続人であるCが保険金の支払を受けることはできません。

法律論としてはそれでよいとしても、保険金受取人の相続人が被保険者の殺害になんら関与していない場合には、その生活の保障を重視して、保険金の取得を認めることが望ましい状況はあり得ます。ドイツ保険契約法では、保険契約者以外の保険金受取人が故意に被保険者を死亡させたときは、保険金受取人の指定はなかったものとする規定があり（ドイツ保険契約法162②）、これと同様の学説もあります（大森忠夫「判批」判例評論104号〔判時486号〕42頁）。保険金受取人の指定がないとすれば、自己のためにする生命保険契約として、保険金請求権は保険契約者の相続人が取得することになります。しかしながら、立法論としてはともかく、保険金受取人による被保険者の故殺を免責とするとともに、その場合に他の保険金受取人の権利に影響を及ぼさないという処理がなされることについても明確に規定されていますので（保険51ただし書）、約款解釈として上記のように考えることはできないものと思われます。

アドバイス

生命保険契約において指定された保険金受取人が被保険者を故殺した場合には、殺害時点において殺害行為者が保険金受取人の地位にあ

ったか否か、あるいは、現実に保険金を受領できるか否かにかかわらず、保険者が免責されます。注意しなければならないのは、「保険金受取人」による被保険者の故殺として免責となるのは、生命保険契約において指定された者だけに限定されないという点です。保険法51条3号にいう「保険金受取人」は、解釈上、保険金受取人の相続人や質権者等、実質的に保険金を受け取ることのできる者を含むと解する余地があります（山下友信＝米山高生編『保険法解説－生命保険・傷害疾病定額保険』（有斐閣、2010年）451頁〔潘阿憲〕）。このように、保険金受取人以外の者が被保険者を死亡させたときも、保険金受取人による被保険者の故殺として、保険者の免責が認められることがあります。

　例えば、幼い子が保険金受取人に指定され、その親権者である母が被保険者である父を殺害した場合に、保険者の免責が認められたという事案があります（大阪地判昭62・10・29文研生保判例集5・172）。

　また、保険金受取人である法人の取締役が被保険者である代表取締役を故殺したときは、「当該取締役が会社を実質的に支配し若しくは事故後直ちに会社を実質的に支配し得る立場にあり、又は当該取締役が保険金の受領による利益を直接享受し得る立場にある」など、法人の行為と同一のものと評価できる場合に、保険者の免責が認められる可能性があります（最判平14・10・3民集56・8・1706）。

Q&A 第2章 保険金請求権 71

Q12 「相続人」を保険金受取人とする指定がある場合に、相続人の一人が、被保険者を故意に死亡させたときは、保険金請求権を行使できるか

Q 　Aは、自己を被保険者とする生命保険契約を締結していました。Aが死亡した場合の保険金受取人には、Aが死亡した時点におけるAの「相続人」と指定されていました。

　Aには、妻Bのほか、二人の子がいます。長男Cは、父親であるAとのケンカがきっかけとなり、Aを殺害してしまいました。このときのAの相続人は、妻Bのほか、長男Cと次男Dです。Bらは、保険金を請求できるでしょうか。

A 　Cは、被保険者を殺害した保険金受取人として保険金を請求することができませんが、殺害に関与していないBやDは、保険金を請求することができます。

　Bが保険金額の2分の1を、Dが4分の1を保険者に請求することができますが、Cが取得するはずの4分の1については免責されることになります。

解　説

1　被保険者故殺免責の対象範囲

　生命保険契約において、保険金受取人が被保険者を故意に死亡させた場合には、保険者は保険金支払義務を免れます（保険51三）。生命保険契約に付帯される災害関係特約などの特約に基づく保険金も同様です。保険者が免責される趣旨は、生命保険契約上要請される信義誠実の原則に反することに加え、被保険者を殺害した者が保険金を請求できるとすることは、公益に反するためです（最判昭42・1・31民集21・1・77、最判平14・10・3民集56・8・1706、Q11参照）。

平成20年改正前商法680条1項2号は、「保険金額ヲ受取ルヘキ者」による被保険者の故殺を免責事由として規定していたところ、これには指定受取人はもちろん、相続人や質権者等の事実上保険金を受領する地位にある者も含まれると解されてきました（山下友信『保険法』（有斐閣、2005年）471頁）。保険法51条3号は、保険金受取人による被保険者の故殺を免責とする旨定めていますが、保険金受取人は、保険給付を受ける者として生命保険契約等で定めるもの（保険2五）と定義されたことから、同様の解釈が可能かが問題となります。上記の趣旨からすれば、事実上保険金を受領できる地位にある者による被保険者の故殺は免責とすべきことは変わりませんので、保険法51条3号の類推適用により免責されるものと解されます（山下友信＝米山高生編『保険法解説－生命保険・傷害疾病定額保険』（有斐閣、2010年）451頁〔潘阿憲〕）。

2 「相続人」を保険金受取人とする指定と権利取得割合

保険金受取人を指定する際に、「妻」や「相続人」などの属性によって指定することも可能であると解されています。保険契約者兼被保険者の「相続人」を受取人に指定した場合には、当該被保険者の死亡時において相続人である者を保険金受取人に指定した趣旨と解されます（最判昭40・2・2民集19・1・1等）。保険契約者と被保険者が異なる場合には、保険契約者の相続人であるのか、被保険者の相続人であるのかが問題となりますが、通常は、被保険者の相続人であると解すべき場合が多いと思われます（山下・前掲492頁）。

「相続人」を保険金受取人とするように指定すると、保険金受取人が複数人になることもあり得ますが、各人がどのような割合で保険金請求権を取得するかは、なお争いがあります。この問題について、保険契約者が死亡保険金の受取人を被保険者の「相続人」と指定した場合は、特段の事情のない限り、右指定には、相続人が保険金を受け取

Q&A　第2章　保険金請求権　73

るべき権利の割合を相続分の割合によるとする旨の指定も含まれているものと解するのが相当であるとした判例があります（最判平6・7・18民集48・5・1233）。「相続人」を受取人に指定したことは、同時に、相続分の割合により保険金を取得させる趣旨が含まれているのが、保険契約者の通常の意思に合致し、かつ合理的であるといえるため、民法427条にいう「別段の意思表示」があったと解釈できるからです。

3　相続人による被保険者故殺と相続欠格事由

　複数の保険金受取人がいる場合に、そのうちの一人が被保険者を殺害した場合には、その殺害者が取得するはずであった保険金請求権は免責されることになりますが、他の保険金受取人の権利には免責の効果は及びませんので、他の保険金受取人は保険金を請求することができます。

　殺害者が相続人の一人であり、かつ被相続人である被保険者を殺害したという場合には、その行為は、相続欠格事由（民891一）に該当するかが問題となります。この1号欠格事由の該当性については、殺害の故意が必要であることは当然として、更に相続により利得する故意まで必要であるかは議論があります。学説においては、この二重の故意が必要であると解する立場が多数ですが（幾代通「相続欠格」中川善之助教授還暦記念家族法大系刊行委員会編『家族法大系Ⅳ－親子』（有斐閣、1960年）70頁等）、殺害の故意だけで足りるとする見解も有力です（中川善之助＝泉久雄『相続法〔第3版〕』（有斐閣、1988年）78頁）。前者のように二重の故意が必要であるとすれば、本件では、長男Cは被相続人であるAを故意に死亡させましたが、必ずしも保険金取得を目的としたものではないようですので、相続欠格事由には当たらないものとされる余地があります。他方、後者のように、殺害の故意だけで足りると解すれば、長

男Cは相続欠格者となり、Aの相続人は、妻Bと次男Dの二人であることになります。

　それでは、BとDが取得できる保険金の額は、どのように算定されるべきでしょうか。保険金受取人の権利は、生命保険契約を締結することによって、受取人固有の権利として原始取得され、相続により承継取得されるのではないとするのが判例の立場です（最判昭40・2・2民集19・1・1等）。

　「相続人」を保険金受取人に指定した場合には、保険事故が発生するまでは権利が確定しませんが、不確定ながらも、保険金受取人が明確に分割された保険金請求権を取得したものと解する以上、保険事故の発生まで、すなわち被保険者の死亡時まで保険金受取人が確定しないとしても、被保険者を殺害した相続人が取得するはずであった死亡保険金の一部については免責されるというのが素直な解釈であるといえます。殺害者が保険金請求権を行使できないのは、あくまで保険法及び生命保険約款に定める免責事由に該当するためであり、相続欠格事由に該当するために相続人とならないからではありません。そうすると、平成20年改正前商法680条1項2号但書や保険法51条ただし書の趣旨からしても、一部の保険金受取人について免責された部分が、他の保険金受取人に加算されるわけではないと解すべきことになります（大阪高判平元・1・26判タ701・254）。

アドバイス

　保険契約者兼被保険者が同時に保険金受取人でもある、いわゆる自己のためにする生命保険契約においては、被保険者死亡により具体化される死亡保険金請求権は、一旦被保険者の相続財産に含まれ、それが、相続によって相続人に承継されると解されています。そうすると、

Q&A 　第2章　保険金請求権　　75

　自己のためにする生命保険契約においては、殺害者が保険金を取得できないのは、相続欠格事由に該当する結果であり、本件とは事案が異なります。

　この場合にも、同様に、相続欠格者が取得するはずであった保険金請求権については、免責により消滅するのか、あるいは相続財産として相続欠格者を除く相続人に帰属するのかが問題となります。高松高裁平成26年9月12日判決（平26（ネ）111）（【事例17】参照）は、後者の立場をとり、相続法理に従って、相続欠格者を除く相続人が共済金請求権を承継したものとして、共済者の共済金支払義務の一部免責は認められないと判断しました。しかしながら、確かに形式的には自己のためにする生命保険契約であっても、実質的には本件のような「相続人」を受取人にしているケースとなんら変わらないともいえます。そのため、保険法51条3号の趣旨である公益や信義則、保険金取得目的での殺人の防止という観点から、形式上の保険金受取人ではない相続人が被保険者を故殺したような場合にも、同条による免責の趣旨が及ぶべきであるとして、上記判決の結論を批判する見解もあります（野口夕子＝山下典孝・事例研レポ298号20頁）。

Q13　被保険者が高度障害保険金を請求した後、その支払を受ける前に死亡した場合、死亡保険金を請求できるか

Q　　Aは、自己を被保険者とする生命保険契約を締結していました。この契約には、被保険者が保険期間中に死亡した場合に死亡保険金を、保険期間中に約款所定の高度障害状態に該当した場合に高度障害保険金を支払う旨の規定がありました。Aが死亡した場合の保険金受取人には、Aの妻Bが指定されていました。

　Aは、交通事故により、上下肢が麻痺し機能を完全に失ったことから、高度障害保険金を生命保険会社に請求しました。その後まもなく、Aは、肺炎が悪化して死亡しました。保険金受取人である妻Bは、高度障害保険金ではなく、死亡保険金を請求できるでしょうか。

A　　ご質問のケースでは、高度障害保険金の受取人であるAが、同保険金を請求する意思を明示していますから、生命保険会社は高度障害保険金の支払義務を負います。したがって、死亡保険金の請求はできません。

　　解　　説

1　高度障害保険制度の意義

　生命保険契約である死亡保険契約では、一般に、死亡保険金とともに高度障害保険金を支払う旨の規定が置かれています。これは、被保険者が高度障害状態となった場合の、被保険者及びその親族に経済的な救済を与えることを目的として、高度障害状態を保険事故として定額の給付を行うというものです（日本生命保険生命保険研究会編著『生命保険の法務と実務〔第3版〕』（きんざい、2016年）228頁）。一般に、生命保険契約では、死亡保険金額と同額の高度障害保険金が支払われます。

水戸地裁平成15年10月29日判決（判時1849・106）は、高度障害保険の制度を以下のように説明しています。「高度障害保険制度は、被保険者等保護の観点から、被保険者等が高度障害状態になった場合に、本来の保険事故である被保険者等の死亡の代わりにその前倒しとして補充的に創設された制度であり、その内容は約款及びその一部である備考欄の記載により定められるものであること、高度障害保険制度の原資は、日本の死亡率が低下したことによる余剰資金であり、高度障害保険金の支払対象となる身体障害は、四肢の物理的な喪失を中心とした極めて限定的なものに留められていたこと、現在では、高度障害保険金の支払対象となる身体障害は当初よりは拡大されてきてはいるものの、四肢の物理的喪失や完全な機能喪失を中心とした極めて限定的なものに留められていることが認められる。」

このような理解は、下級審裁判例において一般的なものといえますが、高度障害保険金がどのような場合に支払われるのか、「高度障害状態」とはどのような場合をいうのかは、約款の規定内容と一般的な保険加入者とで認識に違いがあり、高度障害状態の該当性について紛争となることも少なくありません（坂本秀文「生命保険契約における高度障害条項―判例を中心として―」入江正信『保険法の現代的課題　三宅一夫先生追悼論文集』（法律文化社、1993年）310頁）。

2　高度障害保険金の支払事由

高度障害保険金の支払事由は、保険期間中に、約款所定の高度障害状態となることです。そのため、保険期間が終了した後に高度障害となった場合には高度障害保険金は支払われません。「高度障害状態」とは、一般に、以下のような場合とされます（水戸地判平15・10・29判時1849・106別紙　高度障害状態一覧表（生命保険等））。

① 両眼の視力を全く永久に失ったもの

② 言語又は咀嚼の機能を全く永久に失ったもの

③ 中枢神経系又は精神に著しい障害を残し終身常時介護を要するもの

④ 胸腹部臓器に著しい障害を残し終身常時介護を要するもの

⑤ 両上肢とも、手関節以上で失ったか又はその用を全く永久に失ったもの

⑥ 両下肢とも、足関節以上で失ったか又はその用を全く永久に失ったもの

⑦ 1上肢を手関節以上で失い、かつ、1下肢を足関節以上で失ったか又はその用を全く永久に失ったもの

⑧ 1上肢の用を全く永久に失い、かつ1下肢を足関節以上で失ったもの

　とりわけ問題となるのは、「全く永久に失った」あるいは「失った」とはどのような場合をいうかです。例えば、⑥の状態については「完全に両下肢の運動機能を失った場合、すなわち、下肢の完全運動麻痺又は下肢の3大関節の完全強直で回復の見込みのない場合をいう」として、運動可動域が残されているから⑥の高度障害事由には当たらないとされた事例があります（水戸地判平15・10・29判時1849・106）。通常は、医師の診断により「回復の見込みがない」か否かが認定されることになるでしょうが、判断が難しい場合には、一定期間の被保険者の状態を観察することによって回復可能性を判断することになります。

　日常生活において使用される「高度障害状態」の意味と比較すると、列挙される高度障害状態は、かなり狭く限定されたものとなっています。このことから、保険契約者の合理的期待を保護するため、約款の拡大解釈をすべきかが問題となり得ます。しかしながら、「これは保険約款中の保険者が保険金の支払をなすべき場合の範囲を定める規定

Q & A　第2章　保険金請求権　　79

の解釈の問題であり、保険契約者が支払うべき保険料の額とも関連する事項であるから、約款の文言を基礎とする解釈によることを基本とすべきであり、拡大解釈により高度障害の範囲を拡大することには慎重でなければならない」との指摘があります（中西正明「生命保険契約における高度障害条項」小室直人＝本間輝雄＝古瀬村邦夫編『企業と法〔下〕　西原寛一先生追悼論文集』（有斐閣、1995年）315頁）。他方で、このような認識のずれを考慮しつつ、「高度障害状態についてのより柔軟な認定基準の確立が望まれる」ことも指摘されています（潘阿憲「疾病保険に関する近時の裁判例の動向」生命保険論集162号83頁）。

3　高度障害保険金と死亡保険金の優先関係

　死亡保険金の請求は、保険契約者が指定した保険金受取人が行うのに対して、高度障害保険金については、約款上、被保険者が受取人とされるのが通例です。高度障害保険金を支払うこととしている趣旨が、高度障害状態となった被保険者に対して経済的な救済を与えることにあること等にあるためです。なお、高度障害状態にある被保険者が保険金請求をすることが難しいことも少なくありません。そこで、高度障害保険金につき、指定代理請求制度が設けられています。これは、あらかじめ被保険者の同意を得て指定された指定代理請求人に代理人として保険金請求をすることを認める制度です。

　約款では、通常、高度障害保険金が支払われた場合には、被保険者が高度障害状態に該当した時に遡って、保険契約が消滅する旨規定されており、高度障害保険金と死亡保険金は選択的にいずれかのみが支払われることになります。高度障害保険金が支払われると、被保険者が高度障害状態となった時に遡って保険契約が消滅するため、死亡保険金が重ねて支払われることはありません。死亡保険金が支払われる場合には、保険金は保険金受取人の固有の財産として原始取得されるため、相続財産には帰属しませんが、高度障害保険金が支払われた後

で被保険者が死亡すると、保険金は相続財産に帰属し、相続人が承継的に取得することになります。通常、約款では高度障害状態となった場合でも、高度障害保険金の支払前に被保険者が死亡したときは、高度障害状態にならないで死亡したものとみなして、死亡保険金が支払われることとして、死亡保険金の支払を優先するものとして規定されています（山下友信『保険法』（有斐閣、2005年）446頁）。なお、大阪地裁平成17年4月9日判決（平16（ワ）9146）は、約款の規定から、「高度障害状態になった時点で、直ちに高度障害保険金の支払義務が生じるのではなく、『請求』により、受取人の意思が明示された場合に同保険金の支払義務が生じると解される」としています（山本哲生＝山下友信・事例研レポ209号3頁）。

アドバイス

　高度障害保険金が支払われるためには、被保険者が責任開始時以後の傷害又は疾病を原因として高度障害状態となることが必要であり、責任開始時以前の疾病等を原因として高度障害状態となった場合には、高度障害保険金は支払われません（いわゆる責任開始前不担保条項）。重篤な疾病に罹患した者が、保険金取得を目的として保険契約を締結しようとすることを防止する必要があるためです。ただし、約款上は、「責任開始時にすでにあった障害状態に、責任開始時以後の傷害又は疾病（責任開始時前にすでにあった障害状態の原因となった傷害又は疾病と因果関係のない傷害又は疾病に限ります。）を原因とする障害状態が新たに加わって高度障害状態に該当したときを含みます」と規定されることがあります。高度障害状態の一部に該当する障害（例えば、片眼失明や上下肢の機能不全など）が責任開始前からあった場合でも、それと因果関係のない原因によって、高度障害状態になった場合には、高度障害保険金が支払われることになります。

Q14 被保険者が高度障害保険金請求の手続中に死亡した場合、死亡保険金を請求できるか

Q 　Aは、被保険者を子B、死亡保険金受取人をAとして生命保険契約を締結しました。高度障害保険金受取人は、約款によって被保険者本人とされていますが、家族を指定代理人とすることができ、Aが指定されています。

　Bが高度障害状態になり、Aが指定代理人として手続をするため保険会社と連絡を取り合っている間に、Bは死亡しました。

　Aは、死亡保険金を請求できますか。

A 　約款によりますが、Aは、死亡保険金を請求できる可能性が高いと思われます。

解　説

1　高度障害保険金とは

　生命保険約款においては、被保険者が約款所定の高度障害状態に該当した場合には、保険者が高度障害保険金（又は高度障害給付金）を支払い、これによって生命保険契約を終了させるという条項を含むことがあります。これは、被保険者が高度障害になったときは、経済的稼得能力を失うことが多いにもかかわらず、その原因となった傷害又は疾病のために治療費等を必要とするほか、日常生活でも特別の費用を要することもあることなどから、いわば経済的には死亡と同様の結果となってしまうことを考慮したものです。山下友信＝永沢徹編著『論点体系保険法2』（第一法規、2014年）317頁〔中込一洋〕は「以前は廃疾という文言であったが、昭和56年4月の約款改正以後は高度障害と表現している」、「高度障害条項は、人の生存又は死亡に関し一定

の保険給付を行うものではなく、生命保険ではない。高度障害条項を含む生命保険契約は、生命保険契約に高度障害を保険事故の一つとして加えるものであり、生命保険契約と高度障害保険契約とを混合したものと理解されてきた。この点、高度障害条項も傷害疾病定額保険契約に含まれるが、保険法には支払事由等の具体的定めはなく、従来の約款を否定していないから、今後も抜本的な変更はないと思われる」と指摘しています。

高度障害保険金に関する契約は、「保険契約のうち、保険者が人の傷害疾病に基づき一定の保険給付を行うことを約するもの」であり、保険法2条9号にいう「傷害疾病定額保険契約」に該当します。

山下友信『保険法』（有斐閣、2005年）446頁は、「現在の約款では、高度障害状態とされている事由は、生命保険会社の傷害特約の身体障害等等級表では第1級とされている事由に対応し、死亡ではないが経済的には死亡に準ずるような状態が発生しているものとして高度障害保険金が生命保険の中に織り込まれているものである」と指摘しています。

2 高度障害保険金受取人の変更可能性

保険法で追加された傷害疾病定額保険においても保険金受取人変更の規定が新たに設けられています。これは、被保険者同意に関し変更後の保険金受取人が被保険者である場合の特則が定められている（保険74）ほかは、生命保険に関する規定（保険43）の「保険事故」が「給付事由」と置き換えられて同じ内容の規律となっています（保険72）。

高度障害保険金は傷害疾病定額保険の保険金に当たりますが、本件の生命保険契約の約款では、高度障害保険金受取人を被保険者に限定しています。このような約款は、有効なのでしょうか。保険法43条2項は、意思表示の相手方及び意思表示の効力に関する強行規定である

と解されていますが、保険法43条1項は、保険契約者の受取人変更権の有無に関する規定であって、任意規定と解されています（Q6参照）。このことからは、傷害疾病定額保険に関する保険法72条1項も、任意規定と解されます。

この点について、「一般論として、個々の保険業者は普通保険約款を作成して主務官庁の認可を受け商品としての保険に種々の特徴を盛り込んで提供するものである以上、各保険の内容に差異があるのは当然であるものというべきである」、「保険は各保険業者と被保険者との間において個別に締結される保険契約によりその内容が定められるものであるから、準拠する約款の異なる他の保険会社の場合との比較を理由に…条項が被保険者にとって著しく不利益なものであるから無効であるとか、…条項につき拡大解釈をして右不利益を救済すべきであるとする原告の主張は理由がない」とした裁判例があります（神戸地判昭62・2・24判タ657・204）。

山下＝永沢・前掲318頁〔中込一洋〕は「高度障害保険金の受取人については、被保険者（又は保険契約者）に限定する約款が一般的である。その理由は、概要のとおり高度障害条項の趣旨が経済的稼得能力を喪失した被保険者の生活保障を図る点にあることからすれば、高度障害保険金が被保険者本人のために使われることが望ましいという点に求められる」と指摘しています。

輿石進「保険金受取人の変更」金澤理監修『新保険法と保険契約法理の新たな展開』（ぎょうせい、2009年）263頁では、「約款で高度障害保険金受取人を原則として高度障害状態にある被保険者自身に限定していることが通例である。高度障害保険金受取人を自らの傷害状態により保険金を必要とする被保険者に限定することは、高度障害保険金の性格上合理性があることから、保険金受取人を被保険者自身に限定し、ほかの者への変更を認めないものとすることは保険法に反しない

ものと考える。そして、保険金受取人の変更を原則に定めた保険法においても、かかる保険給付の性格を考慮すると、約款に高度障害保険金受取人変更の規定はなく、高度障害保険金受取人を被保険者に特定した約款でもって、高度障害保険金受取人の変更を認めないものと解することができるものと考える」と指摘しています。

なお、高度障害保険金の支払を優先する約款規定について高度障害状態該当を争われた事例があるところ（大阪高判平12・10・31判時1752・145）、「高度障害の各種給付金の支払先を確定させるためには一定の確認作業が要求され、この間に被保険者が死亡するケースの場合の会社の事務負荷が大きく（戸籍謄本、各人の印鑑証明書の取り付け、念書の徴求）、顧客へのスムーズな支払が不可能になっていることは否めない」という理由で「死亡保険金の優越規定を設けることとなった」ことが報告されています（武田千穂＝坂本秀文＝中西正明・事例研レポ177号19頁）。

3 死亡保険金との優先関係

人が死亡する前には、高度障害状態となることが少なくありません。ところが、また死亡保険金受取人については保険契約者の自由な指定が認められる（本件ではAが指定されている）のに対して、高度障害保険金については被保険者に約款上限定されている（本件ではBになる）ことにより、保険金請求権者が異なることがあります。そのため、その調整が必要になります。

高度障害保険金は、経済的には死亡に準ずるような状態が発生しているものとして死亡保険金と同額を支払うものであり、重複して支払うことは予定されていません。そのため、①高度障害保険金を支払ったときは、その支払事由が生じた時に遡って保険契約は消滅するとされ、また、②死亡保険金を支払ったときも、保険契約は消滅するとさ

れるのが通例です。いずれかの保険金を支払った後は、他方は支払わないということです。

　それでは、本件のように、高度障害保険金の手続中ではあるが、未だ支払っていない段階で、被保険者Bが死亡したときは、どのようになるのでしょうか。

　この点は、約款の規定にもよるところです。山下・前掲446頁では「高度障害保険金と死亡保険金の給付については調整が必要となる。変遷があり、また保険会社により一様ではないが、現在の約款では、高度障害保険金を支払ったときは、その支払事由が生じた時に遡って保険契約は消滅するが、高度障害状態になった場合でも高度障害保険金の支払前に被保険者が死亡したときは、高度障害状態にならないで死亡したものとして取り扱うことなど、基本的に死亡保険金の支払を優先するという立場で規定されている」と指摘されています。

　被保険者が意思能力喪失状態になったため、その夫が保険者に相談し、成年後見制度の利用を勧められた段階で、被保険者が死亡した事案について、大阪地裁平成17年4月9日判決（平16（ワ）9146）は、「高度障害状態になった時点で、直ちに高度障害保険金の支払義務が生じるのではなく、『請求』により、受取人の意思が明示された場合に同保険金の支払義務が生じると解される」とし、請求が被保険者の生前になされていなかったことを理由として死亡保険金支払を有効と判断しました。この裁判例について、山本哲生＝山下友信・事例研レポ209号8頁は、「事案の結論としてはさておき、このような約款解釈は、いかにも無理があることは否定しがたい。しかし、そうであるとすると、両方の権利の関係は明確性を欠くことになり、各保険金請求権の権利者間で権利の帰属を巡る紛争が生じるなど、望ましくない状況が生じることになる。その意味では、両方の関係を明確にしない約款規定を放

置していることは問題であり、…全体的な解決としては、被保険者死亡後は死亡保険金請求権の支払を優先するように関係を明確にすべきではないか」と指摘しています。

アドバイス

　高度障害保険金の請求については、死亡保険金との関係も十分に留意して行うことが必要です。

Q15 被保険者が高度障害保険金請求の手続中の場合、満期保険金を請求できるか

Q 　Aは、被保険者を子B、死亡保険金受取人及び満期保険金受取人をAとして生命保険契約（養老保険）を締結しました。高度障害保険金受取人は、約款によって被保険者本人とされていますが、家族を指定代理人とすることができ、Aが指定されています。

　Bが高度障害状態になり、Aが指定代理人として手続をするため保険会社と連絡を取り合っている間に、保険期間が満了しました。

　Aは、満期保険金を請求できますか。

A 　約款によりますが、Aは、満期保険金を請求できる可能性が高いと思われます。

解　説

1　養老保険とは

　養老保険とは、「生命保険のうち、被保険者が保険期間内に死亡した場合に死亡保険金が支払われ、保険期間満了時に生存していた場合に死亡保険金と同額の満期保険金が支払われるもの」であり、「人の生存と死亡の両方を保険事故とする生死混合保険の一つ」です（高橋和之ほか編『法律学小辞典第5版』（有斐閣、2016年）1305・1306頁）。

　生命保険契約は、保険法2条8号において、「保険契約のうち、保険者が人の生存又は死亡に関し一定の保険給付を行うことを約するもの（傷害疾病定額保険契約に該当するものを除く。）」と定義されています（傷害疾病定額保険契約については、Q14参照）。

　満期保険金は、一定の日における被保険者の生存を保険事故とするものであり、生命保険の対象に含まれます。

2 死亡保険金と満期保険金の優先関係

死亡保険金は、保険期間中に被保険者が死亡したことが保険事故になります。満期保険金が支払われるのは、期間満了の時点で被保険者が生存していた場合であり、この場合には、死亡保険金の支払事由は発生しなかったことになります。

そのため、死亡保険金請求権と満期保険金請求権がいずれも発生することはなく、その調整は問題になりません。

3 高度障害保険金と満期保険金の優先関係

期間中に高度障害状態になっていたかどうかは、分からないこともあります。この場合、被保険者は生存していますから、満期保険金請求権も発生します。

そして、満期保険金だけが請求され、それを保険会社が支払った場合には、それで保険契約は消滅します。

それでは、満期保険金請求権が発生した後であっても、高度障害保険金は請求できるのでしょうか。保険期間中に高度障害保険金の支払事由に該当していたとすれば、それも請求できると考えるのが素直です。このことは、期間が満了した場合だけでなく、定期保険特約があるなどのため、その該当時期によって保険金額が変わる場合にも問題となることがあります。

大阪高裁平成17年7月15日判決（平17（ネ）364）は、約款には「症状固定」という文言はないことを認めつつ、「中枢神経系、精神又は胸腹部臓器に著しい障害を残し、終身常に介護を要するとき」という高度障害条項における「障害を残し、終身常に介護を要する」という文言は、それ自体で、介護を要する状態が治療の結果改善せず同じ状態で残り、終身永続することを意味すると解することもできること、高度障害保険金請求権が発生するのは死亡と同等の稼働能力の喪失が生じ、それ

が継続する場合であると解するのが合理的であること、労災保険や自賠責保険と性質が異なるとしても、高度障害の認定において後遺障害の認定基準によることが不合理とはいえないことなどを指摘し、「定期保険特約の保険期間満了において、Aは、治療が継続中であり、疾病がなおって後遺障害が存する状態であったとは認められない」として請求を棄却しました。この裁判例について、織田貴昭＝山下友信・事例研レポ217号10頁は、「本判決は、労災保険制度等の解釈・運用を参考としながら症状が固定したことをもって高度障害状態の発生と解釈すべきものとしている」、「約款の文言からストレートにこのような解釈が導かれるか否かは議論の余地はあろうが、高度障害保険金の支払が約定される趣旨からみて一応は合理性のある解釈といえるであろう」と指摘しています。

　また、東京地裁平成22年9月17日判決（平21（ワ）6086）は、解約による保険契約終了時期が主な争点となった事案において、保険契約者兼被保険者の解約の意思表示によって平成17年7月4日に保険契約が終了したとし、その時点では「左大腿骨頸部の症状について回復の見込みがなくなったとは認められない」という理由により、「両下肢とも、足関節以上で失ったか又は両下肢の用を全く永久に失ったもの」という高度障害状態に該当しないとして、請求を棄却しました。この裁判例について、堅木正人「判批」落合誠一＝山下典孝編『保険判例の分析と展開』金判1386号116頁は、「本件の事案のように解約直後に傷害疾病が生じた場合でも…解約の意思表示の効力を否定する事情があれば各別、そうでない場合には、保険契約者は任意の解約権を自己の意思に基づき行使したのであるから、保険金等の支払いを受けられないことになるのはやむを得ないと思われ、本件判決は妥当である」と指摘しています。

90 | Q & A 第2章 保険金請求権

アドバイス

　死亡の時期は明確であることが多いのに対し、高度障害状態に該当した時期については、判断が難しいことが少なくありません。保険契約によっては、その該当時期によって満期保険金等の金額が変わる可能性があるため、慎重に検討する必要があります。

第3章　遺産分割

Q16　保険金受取人である相続人が相続放棄（又は限定承認）したときに、保険金請求権を行使できるか

Q　Aは、自己を被保険者、死亡保険金額を1,000万円とする生命保険契約を締結していました。この契約では、Aが死亡した場合の保険金受取人を相続人とする旨の指定がありました。

　Aはその後死亡し、Aの相続人は妻であるBと子であるCとDです。Aには多額の借金があったことから、Bらは相続放棄をしようと考えています。相続放棄をすると、保険金の請求ができなくなるのでしょうか。

A　相続人が相続放棄をしたとしても、Bらが生命保険契約により取得した死亡保険金請求権には、その影響は及ばず、死亡保険金請求権を行使できます。Bが取得すべき保険金額は500万円、CとDはそれぞれ250万円となります。

解　説

1　保険金受取人の指定

　生命保険契約においては、特に死亡保険契約では、保険事故は被保険者の死亡ですので、保険契約者は、保険金請求権の帰属先となる保険金受取人を指定する必要があります（第三者のためにする生命保険契約）。保険契約者が保険金受取人を指定しない場合や、指定が何らかの理由で失効したり、無効である場合には、自己を保険金受取人と指定したものとみなされます（自己のためにする生命保険契約）。保

険契約者が保険金受取人を指定した場合には、平成20年改正前商法で
は、受取人変更権が留保されている場合には、保険金受取人を変更す
ることができますし（平成20年改正前商675①但書②）、保険法では、保険
事故が発生する前であれば、いつでも保険金受取人を変更することが
できます（保険43①）。保険金請求権は保険事故発生を条件とする抽象
的権利として、保険契約の締結の際に、指定された保険金受取人に帰
属します。保険金受取人が変更されずに保険事故が発生すると、保険
金受取人の具体的権利として確定し、行使が可能となります。

2　「相続人」を保険金受取人とする指定と固有権性

　保険金受取人の指定は、具体的な個人名をもってなされるのが通常
ですが、「相続人」や「妻」など、ある一定の地位や資格などの属性に
よる指定も有効であると解されています。そのような場合には、その
表示を「合理的かつ客観的に」解釈して、誰が保険金受取人であるか
が確定されます（最判昭58・9・8民集37・7・918）。一般的には、被保険者
死亡時の被保険者の法定相続人を指定した趣旨であると解されること
になります。

　保険金請求権は、保険金受取人の指定が個人名でなされたか、「相続
人」等の属性によりなされたかを問わず、当該保険金受取人の固有の
財産として原始取得されるものと解されています（最判昭40・2・2民集19・
1・1）。言い換えれば、保険金受取人が相続人である場合でも、相続人
は被保険者の保険金請求権を承継的に取得するものではないというこ
とです。

3　相続放棄・限定承認とその効果

　被相続人が多額の債務を抱えて死亡し、相続財産が債務超過である
場合などに、相続人が過大な債務を負うことを回避するために認めら

れている制度が、相続放棄や限定承認（民922）です。相続放棄は、原則として、自己のために相続の開始があったことを知った時から3か月以内に、家庭裁判所に申述する方法により行います（民915①・938）。相続放棄をした者は、相続に関して、初めから相続人とはならなかったものとみなされます（民939）。

限定承認は、相続放棄と同様の期間内に、家庭裁判所に相続財産の目録を提出して申述する方法により行います（民924）。限定承認は、相続によって得た財産の限度においてのみ被相続人の債務及び遺贈を弁済すべきことを留保して、相続の承認をすることですので、相続財産を超える債務の負担を回避することができますが、限定承認は、共同相続人の全員が共同してのみできるものですから（民923）、相続放棄とは異なり、一部の相続人のみが行うことはできません。

4 相続放棄・限定承認と保険金請求権の帰属

「相続人」を保険金受取人とする指定がなされた場合に、相続人が相続放棄を行うと、初めから相続人ではなかったことになりますので（民939）、保険金受取人としての地位も失い、保険金を取得することができないのではないかという疑問が生じます。限定承認の場合も、保険金も相続財産として債務の弁済の対象となるかが問題となります。

前述したように、保険金請求権は保険金受取人の固有の権利として原始取得されるものですから、相続放棄や限定承認の影響を受けることなく、取得して行使することができます。

5 複数の保険金受取人と権利の割合

「相続人」を保険金受取人とする指定がなされた場合に、保険金請求権が、被相続人である被保険者の相続財産として、相続により承継取得されるものではなく、保険金受取人が固有の権利として取得する

ものであるとすると、相続人が複数いる場合には、それぞれどのような割合で保険金請求権を取得するかが問題となります。相続による取得ではありませんので、遺産の相続とは異なり、法定相続割合（民900）によって分割されることにはならないからです。

　平成20年改正前商法、保険法のいずれも、この問題に関する規定が置かれていませんので、民法の一般原則によることになります。一つの債権が複数人に帰属する場合について、民法427条は「別段の意思表示」がない限り、均等の割合によるべきことを定めています。そこで、保険金請求権の帰属についても、この「別段の意思表示」があったか否かを検討する必要があります。

　「相続人」を保険金受取人とする指定には、複数の相続人において「法定相続割合」によって分割する意思まで表示されているとみることができますので、他に保険契約者の意思が表示されている事情がなければ、法定相続割合によって分割すべきであると考えられます（傷害保険契約に関する事例ですが、最高裁平成6年7月18日判決（民集48・5・1233）が同様の判示をしています。）。この点について、生命保険約款に分割割合に関する定めがある場合には、その定めが優先されます。保険者にとっては保険金請求権の帰属を明確にする上で均等割合の方が望ましい場合もあることから、相続人を保険金受取人に指定した場合の権利の割合については、法定相続割合とするものと均等割合とするものに分かれています。

アドバイス

　保険金受取人が被相続人である被保険者の遺産につき、相続放棄や限定承認をした場合でも、保険金請求権は自己固有の権利として取得し、行使することができます。しかしながら、保険事故が発生した後

で、保険金受取人が保険金請求権自体を放棄した場合には、これにより保険金請求権は、その保険金受取人が取得した部分について消滅するものと解されています。保険事故が発生すると、保険金請求権は具体化し、通常の金銭債権と同様になりますので、これを行使するかしないか、あるいは他に譲渡することを含めて、保険金受取人の任意の処分であると考えられるからです。なお、保険金受取人が保険金請求権を放棄した場合には、その部分について消滅しますので、他の保険金受取人の権利には影響はなく、放棄された分だけ割合的に増加することはありません（大阪高判平11・12・21金判1084・44、【事例21】参照）。

96 　 Q＆A 　 第3章 　 遺産分割

Q17 相続人の一人が保険金受取人である場合に、遺留分権利者である他の共同相続人との関係において、受取人指定は遺留分侵害に当たるか

Q 　Aは、自己を被保険者、死亡保険金額を1,000万円とする生命保険契約を締結していました。Aが死亡した場合の保険金受取人には、Aの父親であるBが指定されています。

　Aには、妻Cがいますが子はいません。Cは、上記の生命保険契約についてBを保険金受取人とする指定が、遺留分の侵害に当たるとして、遺留分侵害額の請求ができるでしょうか。

A 　Aの相続人は、妻Cと父Bですので、それぞれ被相続人であるAの相続財産の2分の1について遺留分を有しますが、保険金請求権は遺留分侵害額請求の対象にはなりませんので、Cは、Bが取得する保険金に対して遺留分侵害額請求ができません。

解　　説

1　遺留分とは

　民法では、法定相続人は、一定の割合（法定相続分）で相続財産を承継するものとしています(民900)。もっとも、被相続人は遺言により、遺贈や死因贈与などを行うことによって、法定相続分とは異なる遺産の分配を行うこともできますので、この法定相続分は絶対的に保障されるものではありません。そうすると、相続人であっても、遺言の内容によっては、相続財産を相続できない場合もあり得ることになります。

　そこで、民法は、兄弟姉妹を除く法定相続人に、相続財産に対する最低限度の取り分を保障しています（相続法改正後民1042）。これが「遺留分」です。遺産、すなわち相続財産を形成したのは、あくまで被相続人ですから、遺産の分配についても被相続人の意思は最大限尊重さ

れるべきですが、場合によっては、法定相続人の合理的な期待を害するばかりでなく、近親者である法定相続人の生活の基盤が危うくなることも想定されます。そこで、遺留分について法定相続人の権利を保障することで、被相続人の意思の尊重と、法定相続人の期待の保護・生活保障を調和させることとしたものといえます（内田貴『民法Ⅳ親族・相続〔補訂版〕』（東京大学出版会、2004年）504頁等）。また、相続の平等原則によるものと説明されることもあります（近江幸治『民法講義Ⅶ親族法・相続法』（成文堂、2010年）333頁）。

　遺留分は、兄弟姉妹が法定相続人である場合には認められず、直系尊属のみが法定相続人である場合には遺留分を算定するための財産の価額の3分の1、上記以外の場合、すなわち法定相続人に配偶者や子がいる場合には、2分の1が遺留分となります（相続法改正後民1042）。例えば、本件の場合では、Aが死亡することによる法定相続人は、配偶者であるCと父Bの2名であり、Cの法定相続分はAの遺産のうち3分の2、Bの法定相続分は残り3分の1です。Cの遺留分は、法定相続分の2分の1、つまり3分の1となります。

2　相続人による遺留分侵害額請求権

　相続人が遺留分侵害の主張として、遺留分侵害額請求を行う場合には、相続した財産の額、遺贈や生前贈与など被相続人から受けた特別受益などを考慮に入れて具体的な請求額（遺留分侵害額）が計算されます（相続法改正後民1042～1047）。

　相続法改正後の民法では「遺留分減殺請求」から「遺留分侵害額請求」となりました。

　相続人が受けた遺贈や生前贈与などの特別受益は、遺留分侵害額の算定に当たってはどのような範囲で考慮されるのでしょうか。最高裁平成10年3月24日判決（民集52・2・433）は、以下のように判示して、遺留分減殺請求において、特別受益（民903①）に当たる贈与については、「右贈与が相続開始よりも相当以前にされたものであって、その後の時の経過に伴う社会経済事情や相続人など関係人の個人的事情の変化をも考慮するとき、減殺請求を認めることが右相続人に酷であるなど

の特段の事情のない限り、民法1030条の定める要件を満たさないもの
であっても、遺留分減殺の対象となるものと解するのが相当である」
としています。その理由として、「民法903条1項の定める相続人に対
する贈与は、すべて民法1044条、903条の規定により遺留分算定の基礎
となる財産に含まれるところ、右贈与のうち民法1030条の定める要件
を満たさないものが遺留分減殺の対象とならないとすると、遺留分を
侵害された相続人が存在するにもかかわらず、減殺の対象となるべき
遺贈、贈与がないために右の者が遺留分相当額を確保できないことが
起こり得るが、このことは遺留分制度の趣旨を没却するものというべ
きであるからである」と述べています。遺留分侵害額の請求の対象と
なる「遺贈」や「贈与」に当たるか否かは、遺留分制度の趣旨が強く
影響するものと考えることもできます。

　なお、改正後の相続法の下では、相続人に対する贈与のうち、遺留
分侵害額の算定の基礎となる価額に参入されるのは、相続開始前の10
年間にしたものに限定されますので（相続法改正後民1044③）、上記判例
は変更される余地もあります。また、遺留分権利者は、遺留分義務者
に対し、遺留分侵害に相当する金銭の支払を求めることが定められま
した（相続法改正後民1046①）。

3　保険金請求権に対する遺留分侵害額請求

　それでは、保険金受取人の指定は、遺留分の侵害に当たり、遺留分
侵害額請求の対象となるのでしょうか。遺留分減殺請求についての判
例（最判平14・11・5民集56・8・2069、【事例27】参照）は、「自己を被保険者
とする生命保険契約の契約者が死亡保険金の受取人を変更する行為
は、民法1031条に規定する遺贈又は贈与に当たるものではなく、これ
に準ずるものということもできない」として、保険金請求権は遺留分
減殺請求の対象にはならないとしていました。その理由として、死亡
保険金請求権は、指定された保険金受取人が自己の固有の権利として
取得するのであって、保険契約者又は被保険者から承継取得するもの

ではなく、これらの者の相続財産を構成するものではないこと、そして、死亡保険金請求権は、被保険者の死亡時に初めて発生するものであり、保険契約者の払い込んだ保険料と等価の関係に立つものではなく、被保険者の稼働能力に代わる給付でもないのであって、死亡保険金請求権が実質的に保険契約者又は被保険者の財産に属していたものとみることもできないことが挙げられています。これに対して、学説においては、受取人の指定は実質的には遺贈ないしこれに準じる無償処分とみることを理由に、遺留分減殺請求の対象となるとする見解が有力でした（大森忠夫「保険金受取人の法的地位」大森忠夫＝三宅一夫『生命保険契約法の諸問題』（有斐閣、1958年）59頁等）。このような考え方は、遺留分侵害額請求についても同様です。

アドバイス

　前掲最判平成14年は、あくまで相続人以外の者に受取人変更がなされた（すなわち、共同相続人間の公平を考慮する必要のない）事案に関するものですので、保険金受取人を共同相続人の一人に変更した場合に、死亡保険金請求権が相続法改正後民法1044条3項により相続人に対する贈与として遺留分算定のために算入すべき財産であるといえるかという問題については、直ちにその射程が及ぶものと解することはできません。東京高裁昭和60年9月26日判決（金法1138・37）は、「特別受益分として考慮すべきものとすることは格別」としつつ、前掲最判平成14年と同様の理由付けにより、保険金は遺留分減殺の対象にならないとしています。

　最高裁平成16年10月29日決定（民集58・7・1979）（【事例22】参照）と同様に相続法の趣旨を尊重すべきであるとすれば、特定の相続人に対する遺留分侵害が極めて深刻であり、遺留分制度の趣旨を没却しかねないような特段の事情がある場合には、相続人による遺留分侵害額請求が認められる余地がないとはいえないと思われます。

Q18 受取人変更によって遺留分を侵害されたときは

Q Aは、自己を被保険者、死亡保険金額を1,000万円とする生命保険契約を締結しました。Aは離婚しており、死亡保険金受取人は、長男Bと長女Cが各50％と指定されていました。

Aが死亡し、BとCが相続人となりましたが、遺産はほとんどなく、負債の方が多い状態でした。Aの公正証書遺言により、死亡保険金受取人がB100％へと変更された場合、Cは、遺留分侵害を主張できますか。

A 死亡保険金受取人の変更については遺留分侵害とならないのが原則であり、その例外となる「特段の事情」の有無によって結論が異なります。

解　説

1　遺留分とは

遺留分は、被相続人の財産の中で、法律上その取得が一定の相続人に留保されていて、被相続人による自由な処分（遺贈・贈与等）に対して制限が加えられている持分的利益のことです（潮見佳男『詳解相続法』（弘文堂、2018年）506頁）。

遺留分制度（相続法改正前民1028～1044）は、相続法改正において全面的に見直されました（相続法改正後民1042～1049）。その最大の変更点は、物権的効力が否定され、金銭債権に一本化されたことです（相続法改正後民1046①）。

法定相続人について、民法887条1項は「被相続人の子は、相続人となる」とし、民法900条4号は、子が数人あるときは「各自の相続分は、相等しいものとする」と規定しています。BとCは、いずれもAの子

ですから、法定相続分は各2分の1です。兄弟姉妹以外の相続人には遺留分があり、直系尊属のみが相続人である場合以外の場合の遺留分の割合は2分の1ですから、Cの遺留分の割合は、遺留分を算定するための財産の価額の2分の1に、法定相続分2分の1を乗じた割合（4分の1）になります（相続法改正前民1028、相続法改正後民1042①）。

2　遺言による受取人変更

保険法は、保険金受取人の変更は原則として保険者に対する通知によってするものとしつつ（保険43②）、遺言による受取人変更も認めました（保険44①）。ただし、遺言による受取人変更は、保険契約者の相続人（遺言執行者がいる場合は、遺言執行者でも可）が保険者に対して、変更の旨を通知しなければ、保険者に対抗することができません（保険44②）。

Aの公正証書遺言による受取人変更は、相続人Bが通知することによって保険者に対抗できます。

3　受取人変更による遺留分の侵害

Aが死亡し、BとCが相続人となりましたが、遺産はほとんどなく、負債の方が多い状態です。この負債は、BとCが2分の1の割合で支払うことになるのが原則です。

ところが、死亡保険金1,000万円は、B100％とする受取人変更がされたことによって、Cは取得することができません。もし受取人変更がなければ各50％という指定に基づき500万円を受領できていたことと対比すると、大きな違いがあります。このような場合に、Cは、遺留分侵害を主張できるでしょうか。

遺留分を算定するための財産の価額は、①被相続人が相続開始の時において有した財産の価額に、②その贈与した財産の価額を加えた額

から、③債務の全額を控除した額です（相続法改正前民1029、相続法改正後民1043①）。死亡保険金請求権は、受取人の固有の権利であることからすれば、Aの財産ではなく、Aが「贈与した財産」にも該当しないと考えるのが素直です。

　しかし、最高裁平成16年10月29日決定（民集58・7・1979）（【事例22】参照）は、遺産分割の場面において、保険契約に基づき保険受取人とされた相続人が取得する死亡保険金請求権又は死亡保険金は、民法903条1項（特別受益）に規定する遺贈又は贈与に係る財産には当たらないことを原則としつつ、保険金受取人である相続人とその他の共同相続人との間に生ずる不公平が到底是認することができないほどの著しいものであると評価すべき「特段の事情」が存する場合には、民法903条の類推適用により、死亡保険金請求権は特別受益に準じて持戻しの対象となるとしています。そして、遺留分との関係でも、裁判例は、上記「特段の事情」があるときには例外となることを認めています（東京地判平23・8・19（平18（ワ）11258）、【事例24】参照、東京地判平23・4・21（平19（ワ）19512）、東京地判平26・3・28（平24（ワ）21551））。

　特段の事情の有無は、具体的な事案に応じて判断されますが、その考慮要素としては、保険金の額、この額の遺産の総額に対する比率、同居の有無、被相続人の介護等に対する貢献の度合いなどの保険金受取人である相続人及び他の共同相続人と被相続人との関係、各相続人の生活実態等の諸般の事情があります。

　本件では、遺産はほとんどなく、死亡保険金額1,000万円であることからすると、同居の有無、被相続人の介護等に対する貢献の度合い、遺言による受取人変更がされた理由等によって、「特段の事情」が認められる可能性があります。例えば、CがAと同居し、Aを介護していたのに対し、Bは同居も介護もしていなかった場合や、受取人変更を内容とする遺言の有効性に疑問がある場合等には、BとCの間に生ず

る不公平が到底是認することができないほどの著しいものであると評価すべき場合として、「特段の事情」が認められる可能性があると思います。

アドバイス

　論理を貫くと保護されない場合であっても、裁判例は様々な論理を用いて例外を認めることがあります。

　結論が不当に思われる場合には、条文や最高裁判例があるというだけであきらめず、下級審裁判例や学説等について丁寧に検討することが重要です。

104 　Q＆A　第3章　遺産分割

Q19　保険金受取人に指定された共同相続人の一人が保険金を取得した場合に、遺産分割協議において当該保険金を特別受益として持戻しすべきか

Q　　Aは、自己を被保険者とする生命保険契約を締結していました。Aには、長男Bのほか、CとDという二人の子がいますが、特にAと同居し、介護などを行ってくれたBを、Aが死亡した場合の保険金受取人に指定していました。

　その後、Aが死亡したことから、Bがこの生命保険契約に基づき死亡保険金を受領しました。その後、Bを含む相続人らで行われた遺産分割協議において、共同相続人であるCとDは、Bに対して、Bが受領した保険金は、民法903条1項に定める「特別受益」に当たるとして、持戻しを要求しています。Bが受領した保険金は特別受益に当たるのでしょうか。

A　　ご質問によれば、Bは、Aと同居し、Aの介護を行うなどをしており、そのためにAはBを保険金受取人に指定したという事情が考慮されますので、取得した保険金の額や遺産総額にもよりますが、Bが受領した保険金は特別受益には当たらず、持戻しは認められないものと思われます。

解　説

1　特別受益の持戻し

　民法903条1項は、共同相続人の中に、被相続人から、遺贈を受け、又は婚姻若しくは養子縁組のため若しくは生計の資本として贈与を受けた者があるときは、これを「特別受益」として、相続財産の価額にその贈与等の価額を加えたものを相続財産とみなし、具体的相続分か

らその遺贈又は贈与の価額を控除した残額をもってその者の相続分とする（いわゆる持戻し）と規定しています。この特別受益の持戻しが規定される趣旨は、共同相続人の中に、特別受益を得たものがいる場合、これを考慮せずに遺産分割を行うと、共同相続人間の公平を害し、被相続人の意思に沿わないことになるおそれがあることから、特別受益の額を考慮して、具体的相続分を算定することにより、共同相続人間の実質的公平を図ろうとしたものです。ただし、同条3項は、被相続人による持戻し免除の意思表示を認めていますので、共同相続人間の公平に加えて、被相続人の意思の尊重も考慮されるべきことになります。

　問題は、保険契約者兼被保険者である被相続人が、共同相続人の一部の者を保険金受取人に指定する生命保険契約を締結した場合に、その契約に基づく保険金請求権が、上記の特別受益に該当するかです。その判断に当たって重要となるのが、保険金請求権ないし保険金が、民法903条1項にいう「遺贈」又は「贈与」に当たるか否かです。

2　死亡保険金請求権の固有権性と贈与としての性質

　保険金請求権は、保険契約者により指定された保険金受取人の固有の権利として原始取得されるものであって、被保険者の財産に帰属したものが相続によって承継取得されるものではないというのが、確立された考え方となっています（最判昭40・2・2民集19・1・1）。それに加えて、死亡保険金請求権は、保険契約者の払い込んだ保険料と等価の関係にあるものではなく、被保険者の稼働能力に代わる給付でもないことから、実質的にも保険契約者又は被保険者の財産に属していたものと認めることはできないことから、保険金受取人を指定する行為が、「遺贈」又は「贈与」に当たるとはいえないと解されています（最判平14・11・5民集56・8・2069、【事例27】参照）。

106 Q&A 第3章 遺産分割

　他方で、保険契約者である被相続人が支払った保険料は、死亡保険金と等価関係にあるものではないとはいえ、その責任財産が保険料の出捐の対価として条件付き権利である死亡保険金請求権が与えられるのですから、これを生前贈与と評価することもできないわけではありません。また、保険金受取人が被保険者の死亡によって死亡保険金請求権が具体化し、金銭債権として行使できるようになるのですから、遺贈に類似しているともいえます。これらの点を考慮すれば、死亡保険金請求権を特別受益又はこれに準じたものとみなすべきであるとの見解もあながち不当であるとはいえません。最高裁平成16年10月29日決定（民集58・7・1979）（【事例22】参照）は、原則として、死亡保険金請求権は民法903条1項に規定する遺贈又は贈与に係る財産には当たらないとしながらも、保険金受取人である相続人とその他の共同相続人との間に生ずる不公平が民法903条の趣旨に照らし到底是認することができないほどに著しいものであると評価すべき特段の事情がある場合には、例外的に同条の類推適用により、特別受益に準じて持戻しの対象となるとしています。

3　特別受益の持戻しが認められる「特段の事情」

　死亡保険金請求権が特別受益として持戻しの対象となるのはどのような場合でしょうか。先に述べた最決平成16年は、「保険金の額、この額の遺産の総額に対する比率のほか、同居の有無、被相続人の介護等に対する貢献の度合いなどの保険金受取人である相続人及び他の共同相続人と被相続人との関係、各相続人の生活実態等の諸般の事情を総合考慮して判断すべきである」としていますので、主として考慮されるのは、保険金の額と遺産総額に対する比率ということになります。保険金の額が極めて高額であるとか、遺産総額に対する比率が高い（遺産がない又は少ない場合も含めて）場合には、特段の事情ありとされ

る可能性が高そうです。他方で、被相続人と受取人である相続人、他の共同相続人のそれぞれの関係や生活実態なども考慮されますので、受取人である相続人と被相続人が同居しており、被相続人の生活実態に対する貢献度が高いような場合には、被相続人の意思を尊重して、特別受益には当たらないということになりそうです。

アドバイス

　前掲最決平成16年の決定文を見る限り、「特段の事情」はごく例外的なケースを想定しているように読めますが、これをどの程度広く認めるかは解釈の幅がありそうです。前掲最決平成16年以後の下級審裁判例をみると、特段の事情ありとされたものも少なくありません。家事審判実務においては、その他の様々な事情を考慮した上で柔軟な解決が図られているといえるでしょう。

　死亡保険金請求権が特別受益として持戻しが認められる場合に、その対象となる範囲も問題となります。共同相続人間の公平を考慮すれば、死亡保険金額の全額が持戻しの対象となるというのが簡明ではありますが、被相続人の財産の流出という観点では、保険料額あるいは責任準備金の額などを対象とすることも考えられます。何を持戻しの対象とすべきかは議論の余地もありそうです。

Q20 受取人変更による死亡保険金取得について、特別受益の持戻しは認められるか

Q 　Ａは、自己を被保険者、死亡保険金額を3,000万円とする生命保険契約を締結しました。死亡保険金受取人は、妻Ｂと長女Ｃが各50％と指定されていました。

　Ａが死亡し、ＢとＣが相続しました。主な遺産は、不動産と預貯金です。不動産の時価は2,500万円、預貯金は500万円です。負債はありません。

　Ａの公正証書遺言により、死亡保険金受取人がＢ100％へと変更された場合、Ｃは、特別受益の持戻しを主張できますか。

A 　死亡保険金受取人の変更については特別受益とならないのが原則であり、その例外となる「特段の事情」の有無によって結論が異なります。

解　説

1　特別受益とは

　法定相続について、民法は、血族相続人の第1順位として被相続人の子が相続人となることを認め（民887①）、被相続人の配偶者は常に相続人になるとし、血族相続人がいるときは同順位としています（民890）。そして、子の相続分及び配偶者の相続分は、各2分の1です（民900）。これによるときは、形式的な平等が実現します。

　しかし、実際には、生前贈与や遺贈によって一部の相続人が大きな利益を受けることがあります。特別受益は、このような場合に、実質的な平等を図るための制度です。

　特別受益の対象とされるのは「共同相続人の中に、被相続人から、

遺贈を受け、又は婚姻若しくは養子縁組のため若しくは生計の資本として贈与を受けた者があるとき」です（民903①）。この場合に、相続財産の価額にその贈与等の価額を加えたものを相続財産とみなし、具体的相続分からその遺贈又は贈与の価額を控除した残額をもってその者の相続分とすることを、「持戻し」といいます。ただし、「遺贈又は贈与の価額が、相続分の価額に等しく、又はこれを超えるときは、受遺者又は受贈者は、その相続分を受けることができない」とされており（民903②）、現実に返還することまでは要求できません。

　民法903条3項は、前2項と異なる意思表示をすることを認めており、被相続人による免除の意思表示がされたときは、持戻しは認められません（同項は相続法改正の対象ですが、この内容には変更がありません。）。なお、相続法改正後民法903条4項は、持戻し免除の意思表示を推定する場合を規定していますが、その対象は「その居住の用に供する建物又は敷地」に限られていますから、死亡保険金には影響しません。

2　遺言による受取人変更

　保険法は、保険金受取人の変更は原則として保険者に対する通知によってするものとしつつ（保険43②）、遺言による受取人変更も認めました（保険44①）。ただし、遺言による受取人変更は、保険契約者の相続人（遺言執行者がいる場合は、遺言執行者でも可）が保険者に対して、変更の旨を通知しなければ、保険者に対抗することができません（保険44②）。

　Aの公正証書遺言による受取人変更は、相続人Bが通知することによって保険者に対抗できます。

3 受取人変更による特別受益の持戻し

　Aが死亡し、BとCが相続人となりました。主な遺産は、不動産（時価2,500万円）と、預貯金500万円であり、その合計額3,000万円は、死亡保険金と同額です。このような場合に、Cは、遺言により受取人がB100％へと変更されたことについて、特別受益の持戻しを主張できるでしょうか。

　死亡保険金請求権は、受取人の固有の権利であることからすれば、Aの財産ではなく、Aが遺贈又は贈与した財産にも該当しないと考えるのが素直です。

　しかし、最高裁平成16年10月29日決定（民集58・7・1979）（【事例22】参照）は、遺産分割の場面において、保険契約に基づき保険受取人とされた相続人が取得する死亡保険金請求権又は死亡保険金は、民法903条1項（特別受益）に規定する遺贈又は贈与に係る財産には当たらないことを原則とする一方で、例外を認め、保険金受取人である相続人とその他の共同相続人との間に生ずる不公平が到底是認することができないほどの著しいものであると評価すべき「特段の事情」が存する場合には、民法903条の類推適用により、死亡保険金請求権が特別受益に準じて持戻しの対象になることを認めています。

　特段の事情の有無は、具体的な事案に応じて判断されますが、その考慮要素としては、保険金の額、この額の遺産の総額に対する比率、同居の有無、被相続人の介護等に対する貢献の度合いなどの保険金受取人である相続人及び他の共同相続人と被相続人との関係、各相続人の生活実態等の諸般の事情があります。

　①東京高裁平成17年10月27日決定（家月58・5・94）は、保険金額が遺産総額に匹敵する事案において、それぞれの生活実態や被相続人との関係の推移を総合考慮しても、特段の事情があるとして、持戻しを認めました。また、②名古屋高裁平成18年3月27日決定（家月58・10・66）

Q & A　第3章　遺産分割　　　111

は、死亡保険金額が高額であり、遺産総額の約6割を占める事案におい
て、被相続人と受取人の婚姻期間が3年5か月程度であること等も考慮
し、特段の事情があるとして、持戻しを認めました。これに対して、
③大阪家裁堺支部平成18年3月22日審判（家月58・10・84）は持戻しを否
定しましたが、これは、死亡保険金は合計428万9,134円であり、被相
続人の相続財産全体の6％余りにすぎない事案において、受取人は長
年被相続人と生活を共にし、入通院時の世話をしていたことなどの事
情を考慮したものです。

　本件では、遺産の合計額3,000万円は、死亡保険金と同額ですから、
同居の有無、被相続人の介護等に対する貢献の度合い等によるものの、
上記裁判例①に類似しており、「特段の事情」が認められる可能性が高
いと考えます。

アドバイス

　最高裁判例が「特段の事情」があるときには例外を認めると判断し
ている場面では、その趣旨を理解することに加え、下級審裁判例や学
説等について丁寧に検討することが有意義です。

Q21 被保険者ではない保険契約者が死亡し、相続人の一人が保険契約者の地位を承継する場合、契約者変更や解約はどのような手続で行われるか

Q　Aは、妻であるBを被保険者とする生命保険契約を締結していましたが、その後病気で死亡しました。Aには、妻Bのほか、長男Cと長女Dという二人の子がいます。その後、遺産分割協議で、BがAの遺産を全て相続するという合意が成立しました。この生命保険契約についてはどのような手続が必要でしょうか。

A　相続人が複数である場合については、保険契約者の地位は相続人が共同相続により当然に承継します。また、遺産分割協議によって、この契約の契約者の地位をBが承継するという合意が成立すると、相続開始時からBが保険契約者としての地位を承継しますので、Bは保険者の承諾を待つことなく、単独で契約者変更や解約をすることができます。

解　説

1　保険契約者の死亡による地位の相続

　生命保険契約の保険契約者が死亡した場合には、保険契約者としての地位は、当然に相続財産に含まれるものと解されています。したがって、一旦は、保険契約者の地位は相続財産として共同相続されることになりますが、共同相続人は、遺産分割協議によって、遺産に属する各財産の帰属を定めることができますので（民907①）、遺産分割協議においてAの相続財産の全部をBが相続する合意が成立した場合には、相続財産の一部である保険契約者の地位も相続によって当然にBが承継取得します。

2 保険契約者の地位の相続と名義変更手続

　一般に、約款では、保険契約者を変更して保険契約上の一切の権利義務を第三者に移転するための手続として、被保険者の同意と保険者の承諾が必要であると定められています。そこで、このような手続を取るまでは、Bは保険会社に対して保険契約者であることを主張できないか、言い換えれば、保険契約者としての権利行使ができないかが問題となります。

　一般に、契約上の地位の承継については、特定承継の場合には契約の相手方の承諾が必要であるとしても、相続のような包括承継においては契約の相手方の承諾は不要であり、当然に契約上の地位が移転する、と解されています（内田貴『民法Ⅲ債権総論・担保物権〔第3版〕』（東京大学出版会、2005年）244頁以下）。保険契約者の地位の承継についても、同様に、所定の書類を提出して保険者の承諾を得るという手続を定める約款規定は、保険契約者と第三者との合意のもとで行われる特定承継の場合に適用されるべきものであり、相続のような包括承継の場合には適用がないと解されます（生命保険新実務講座編集委員会＝生命保険文化研究所編『生命保険新実務講座第7巻（法律）』（有斐閣、1991年）107頁）。したがって、Bが約款に定める手続により、保険会社に対して変更手続を行っていなかったとしても、Bは保険会社に対して、自ら保険契約者として、契約者の変更や解約はもちろん、保険金受取人の変更手続を行うことができます。

アドバイス

　遺産分割協議により、この保険契約の契約者の地位を共同相続人であるB、C、Dで共有することになった場合はどうでしょうか。約款では、一般に、保険契約者が複数である場合には、代表者1名を定めて

権利行使すべきことを定め、代表者は他の保険契約者を代理する旨を定めていますので、B、C、Dが協議の上、代表者を定めて、その者に保険契約の内容の変更、解約などの権利行使をさせることが必要となります。さらに、約款の規定によれば、代表者が定まらない場合や各保険契約者が所在不明である場合には、保険者から保険契約者に対して行う通知は、複数の保険契約者のうちいずれかに対して行えば、他の保険契約者についても効力が及びますし、保険契約者としての保険料支払義務については、各保険契約者は連帯して責任を負うことになります。

第4章　遺贈・贈与

Q22　遺言による受取人変更は有効か

Q　Aは、自己を被保険者とする生命保険契約を締結していました。Aが死亡した場合の保険金受取人には、妻であるBが指定されていました。

その後、Aは死亡しましたが、Aは公正証書遺言を作成しており、それには、上記保険契約の保険金受取人をBから長女であるCに変更する旨が書かれていました。保険金請求権はCが有していることになるのでしょうか。

A　ご質問のケースでは、Aは公正証書による遺言によって、BからCへの保険金受取人変更の意思表示を行っていますので、適法な遺言による受取人変更であり、保険金請求権はCに帰属するものと考えられます。ただし、保険会社に対して受取人の変更があったことを通知することが必要です。通知までに保険金がBに支払われたとしても、有効な支払とみなされます。

解　説

1　保険金受取人の変更方法

生命保険契約は、一般に、長期間の契約であるため、その後の事情変更を考慮する必要があることから、平成20年改正前商法においては、保険契約者が保険金受取人を指定するとその後の変更ができないことを前提として、別段の意思表示がある場合、すなわち受取人変更権が留保されている場合には、例外的に保険金受取人を変更することができるとされていました（平成20年改正前商675①但書）。生命保険実務にお

いては、むしろ受取人変更権が留保されているのが通例です。保険法においても、保険事故が発生する前であれば、いつでも変更することができます（保険43①）。ただし、契約によっては、約款上保険金受取人の変更ができないとされている場合もあることに注意が必要です。また、保険金受取人を変更する場合には、被保険者の同意が必要です（平成20年改正前商677②・674①、保険74）。

保険法施行前においては、受取人変更は一方的意思表示によって効力を生じるものとされ、保険者に対する通知のほか、新旧保険金受取人に対する意思表示でもよいとされていました（最判昭62・10・29民集41・7・1527）。そのため、遺言による受取人変更を認めた事例（東京高判平10・3・25判タ968・129等）や、遺言の形式を満たさない遺書による保険金受取人変更が認められた事例もあります（福岡高判平18・12・21判時1964・148、【事例28】参照）。保険法においては、保険金受取人の変更は、原則として保険者に対する通知によってするものとした上で（保険43②）、遺言によっても受取人変更ができるとする定めが置かれました（保険44①）。保険法44条1項の規定は、遡及適用されないことに注意が必要です（保険附則4①）。

2 遺言による保険金受取人の変更

平成20年改正前商法では、遺言による受取人変更は、あくまでも保険契約者の意思表示の一形態として認められるものであるため、遺言の形式を満たしていることが必要か等、明確ではなく、適法な遺言ではない自筆証書遺言のような場合でも、保険契約者の意思が明確である限り、受取人変更の効力が認められた事例がありました（【事例28】参照）。

これに対して、保険法では、「遺言」によって保険金受取人を変更する方法が明定されましたので、受取人変更として有効であるか否かは、遺言が有効であるか否かによります。つまり、民法に定められる遺言の方式（民967以下）を満たしておらず、適法な遺言であるといえない場

Q&A 第4章 遺贈・贈与 117

合には、遺言の効力が生じませんから（民960）、受取人変更の効力も生
じません。また、遺言の撤回がある場合（民1022）や、後の遺言と抵触
する場合（民1023）にも、受取人変更の効力は生じません。

　遺言により保険金受取人の変更が行われる場合には、受取人変更の
効力は、遺言が効力を生じた時、すなわち遺言者である保険契約者兼
被保険者の死亡時ということになります（民985）。

　遺言による受取人変更は、保険契約者の相続人（遺言執行者がいる
場合は、遺言執行者でも可）が保険者に対して、変更の旨を通知しな
ければ、保険者に対抗することができません（保険44②）。

3　遺言の内容

　遺言による受取人変更が認められるためには、民法所定の方式に従
った適法な遺言であることが必要であることは前述したとおりです
が、遺言の内容が、保険金受取人の変更の意思表示であると解するこ
とができなければ、それが適法な遺言であるとしても、有効な保険金
受取人変更であるとは認められません。

　特に問題となるのが、遺言の内容が、保険金を含めた包括遺贈であ
る場合、保険金の遺贈又は死因贈与である場合などです。保険金請求
権（そしてその行使によって取得される保険金）は、あくまで保険金
受取人の固有の財産として取得されるものであり、相続によって承継
取得されるものではないという判例の立場からすると（最判昭40・2・2
民集19・1・1参照）、厳密には、保険契約者が他人の固有の財産である保
険金請求権を譲渡することはできないことになります。しかしなが
ら、最高裁昭和58年3月18日判決（判時1075・115）は、遺言の解釈につい
て、「遺言書の文言を形式的に判断するだけではなく、遺言者の真意を
探究すべきものであり、遺言書が多数の条項からなる場合にそのうち
の特定の条項を解釈するにあたっても、単に遺言書の中から当該条項
のみを他から切り離して抽出しその文言を形式的に解釈するだけでは
十分ではなく、遺言書の全記載との関連、遺言書作成当時の事情及び

遺言者の置かれていた状況などを考慮して遺言者の真意を探究し当該条項の趣旨を確定すべきものであると解す」べきであるとしています。当初の保険金受取人以外の第三者に保険金を取得させたいという保険契約者の意思が外部からみて明確である場合には、受取人変更の効力が認められるとした事例もあります（東京高判平22・2・4（平21（ネ）3701））。少なくとも、受取人の地位を巡る紛争の当事者の間では、遺言者である保険契約者の真意を探求して、受取人変更の効力を決することが望ましいと思われます。

アドバイス

　保険法は、保険者に対する通知と遺言という二つの受取人変更の方法を規定していますので（保険43②・44①）、保険法が適用される生命保険契約においてはそれ以外の方法での受取人変更は認められないことになります。それでは、保険契約者が適法な遺言（本件では、BからCに変更）を作成した後に、それとは異なる内容の保険金受取人変更（例えば、BからDに変更）を、保険者に対して通知して、被保険者が死亡した場合には、誰が保険金受取人となるのでしょうか。

　保険者に対する通知による受取人変更の効力は、保険者への通知の到達を条件として、発信時に生じます（保険43③）。これに対して、遺言による場合は、先に述べたように、遺言の効力発生時に受取人変更の効力も生じるものと解されますので、受取人変更の意思が確定した時点とその効力とが逆になります。保険契約者の受取人変更行為自体は、遺言書の作成の後に、それと異なる内容を保険者に通知しているわけですから、民法1023条2項の規定を適用又は類推適用することにより、後になされた保険者への通知によって遺言が撤回されたものと解するべきでしょう。したがって、この場合には、保険者に対する通知によってなされた受取人変更により、Dが保険金受取人になるものと考えられます。

Q&A 第4章 遺贈・贈与 119

Q23 保険契約者兼被保険者の遺言により、保険金受取人が妻から不倫相手である女性に変更された場合、受取人変更は有効か

Q Aは、自己を被保険者とする生命保険契約を締結していました。Aが死亡した場合の保険金受取人には、妻であるBが指定されていました。

ところが、Aには不倫相手がいたようで、Aが遺した遺言書には、保険金受取人をその不倫相手であるCに変更する旨が書かれていました。保険金請求権はCが取得するのでしょうか。

A 保険契約者であるAと不倫相手であるCとの関係や生活実態等を総合的に考慮して、保険金受取人の変更が不倫関係の維持継続を目的としたものであると評価される場合には、受取人変更は公序良俗に反し無効となります（民90）。その場合、受取人変更の効力が否定され、旧受取人であるBが保険金請求権を取得します。

解　説

1　保険金受取人の資格

平成20年改正前商法においては、保険金受取人の資格を制限する規定はありませんので、理論上は、誰でも保険金受取人とすることができます。諸外国の立法においては、保険契約者・被保険者と保険金受取人との間に、一定の利害関係、親族関係などが要求されるものもあります（かつては、わが国においても、親族関係にあることが要求されていましたし、現在の実務上も、特別の事情がない限り、債権者や二親等内の親族以外の者を保険金受取人とする契約は引き受けていないようです。（山下友信＝米山高生編『保険法解説―生命保険・傷害疾病定額保

険』（有斐閣、2010年）289頁〔山野嘉朗〕）。

　このほか、被保険者以外の者が保険金受取人である場合、その変更についても、被保険者の承諾が必要となります（平成20年改正前商法674本文、保険45）。

　保険金受取人の資格制限がないとはいっても、法律行為として、私法における一般法理による制限を受けることはいうまでもありません。本件のように、不倫関係にある相手方を保険金受取人に指定することは、公序良俗に反して無効（民90）とされる可能性があります。

2　不倫関係の相手方に対する遺贈

　ところで、不倫関係をめぐる紛争において、ある法律行為が公序良俗違反を理由に無効であるか否かが問題となるのが、遺産の遺贈や生前贈与です。大審院昭和18年3月19日判決（民集22・185）は、「妾関係の維持継続を条件とするものにして善良な風俗に反する事項を目的とする」ものとして、遺贈を無効としました。他方で、亡Aは妻がいたにもかかわらず、Yと死亡時まで約7年間いわば半同棲のような形で不倫な関係を継続していたところ、Yとの関係は早期の時点でAの家族に公然となっており、Aと妻の夫婦としての実体はある程度喪失していたことに加えて、遺言の作成前後に両者の親密度が特段増減したという事情もなかったという事実関係のもとで、「本件遺言は不倫な関係の維持継続を目的とするものではなく、もっぱら生計を亡Aに頼っていたYの生活を保全するためにされたものというべきであり、また、右遺言の内容が相続人らの生活の基盤を脅かすものとはいえないとして、本件遺言が民法90条に違反し無効であると解すべきではない」として、原審の判断を正当とした事例（最判昭61・11・20民集40・7・1167）もあります。

　このような遺贈に関する判例からは、不倫関係を維持継続すること

を目的とした遺贈は無効であるという基本的な考え方に立ちつつも、不倫関係の相手方の生活を保全する目的でなされたものであれば、必ずしも無効ではないこと、さらに、相続人の生活の基盤を脅かすものでないかという点も配慮されることが分かります。

3　不倫相手を保険金受取人とする指定は公序良俗に反するか

　不倫関係の相手方を保険金受取人に指定した生命保険契約を締結することが、公序良俗に反するというのであれば、そもそも保険契約自体が無効となるとも考えられます。しかしながら、下級審での裁判事例においては、契約自体を無効とするのではなく、先に紹介した遺贈の有効性に関する判断枠組みを用いて、指定の有効性を検討しています。

　例えば、東京高裁平成11年9月21日判決（金判1080・30）では、被保険者が不倫相手に金銭的援助をしていたわけではなく、その生活の保障を主目的として行われていたと認めることができないことや、保険契約の締結が、生命保険会社の営業職員であった不倫相手の成績向上を図る趣旨であったとも認められないこと等から、「本件保険契約の死亡保険金の受取人に指定したことは、不倫関係の維持継続を目的としたものであったと認めるほかはない」と判断しています（【事例1】参照）。

　一般に、保険金受取人とする指定が不倫関係の維持継続を目的としていると評価されれば、その指定は無効となります。他方で、専ら相手方の生活を保全することを目的としたものであれば、不倫関係の維持継続を目的としたものではなく、無効ではないとされる場合もあります。実際に、相手方の生活を保全すべき実態があるような場合など、保険金の取得を認めるべき場合もあり得ます。このように、不倫関係の維持継続を目的としたものか否かの判断は容易でありません。

　また、判決理由においては、不倫関係の維持継続という不法な目的

が公序良俗違反による無効の原因とされていますが、実質的な理由は、むしろ不倫相手が保険金受取人として保険金を受領する必要性（生活の保全など）がない、つまり対価関係がないことにあります。そこで、学説では、保険金受取人とする指定を無効とするのではなく、その対価関係が公序良俗違反により無効であるとして、諾約者である保険契約者に不当利得返還請求権を認めることで解決を図るべきであるとする見解も有力です（山下友信『現代の生命・傷害保険法』（弘文堂、1999年）48頁）。

アドバイス

　先に述べたように、保険契約者と保険金受取人に指定された者が重婚的内縁関係にある場合でも、その生活実態によっては、違法なものと評価されないこともあり得ます。例えば、配偶者によるDVから逃れるために、その婚姻関係を解消することができず、他の者と内縁関係にあるとしても、違法なものとはいえないでしょう（広島高岡山支判平17・5・24（平16（ネ）214）、遠山聡＝山下友信・事例研レポ206号5頁）。

Q&A　第4章　遺贈・贈与　　　　　　　　　123

Q24　遺言書添付の生命保険目録が、自書でなかったときは（相続法改正）

　　Aは、被保険者をA、死亡保険金受取人を妻Bとする生命保険契約を締結しました。二人の間には、子Cがいます。

　しかし、Aは、Bと不仲になり、Cに全ての財産を相続させることを内容とする自筆証書遺言をしました。その遺言には、パソコンで作成した目録が付されており、そこには保険契約の内容が記載されていました。

　Aが死亡した場合、Cは、死亡保険金を請求できますか。

　　　　相続法改正により目録は自書することを要しないことになりました。Cは、遺言の効力によって受取人となりますので、その旨を保険会社に通知することによって、死亡保険金を請求することができるようになります。

　　解　説

1　遺言とは

　遺言は単独行為であり、遺言者の死亡の時からその効力を生じます（民985①）。民法は法定相続人について規定していますが、それは絶対的なものではなく、遺言を活用することによって柔軟な対応をとることが可能です。

　この点については、上川陽子法務大臣が相続法改正に関する国会審議において「事実婚の関係にある方々につきましてはどうかといいますと、この保護につきましては、相互に相続権を持たないということでございますが、遺言を活用すれば貢献に報いたり生活を保護する措置を講じたりすることが可能であるわけでございまして、本法律案に

つきましても、遺言の利用を促進する方策、これにつきましては講じているところ」と説明したことが参考になります（平成30年6月28日参議院法務委員会会議録19号12頁）。

2 遺言による受取人変更

保険金受取人の変更は、遺言によっても、することができます（保険44①）。これは、遺言による保険金受取人の変更について平成20年改正前商法には規定がなかったところ、保険契約者の意思を尊重するために、これを明文によって認めたものです（Q6参照）。

遺言による保険金受取人の変更も、遺言者（保険契約者）の死亡の時に効力が生じます。ただし、遺言による保険金受取人の変更は、その遺言が効力を生じた後に、保険契約者の相続人がその旨を保険会社に通知しなければ、これをもって保険会社に対抗することができません（保険44②）。これは、保険会社としては、通知がない限り、遺言による保険金受取人の変更を知り得ないためです。

3 相続法改正による方式緩和

自筆証書遺言は「全文、日付及び氏名」を全て自書しなければならないとされています（民968①）。しかし、例えば、多くの不動産を所有しているときなどは、全文を自書することはかなりの労力を伴います。そこで、相続法改正後民法968条2項前段は、「自筆証書にこれと一体のものとして相続財産（第997条第1項に規定する場合における同項に規定する権利を含む。）の全部又は一部の目録を添付する場合には、その目録については、自書することを要しない」と規定しました。これは、財産目録は財産の特定に関する形式的な事項が記載されているものであり、これを全部自書しなければならないことが遺言者にとってかなり負担になっていることに配慮したものです。

Q&A 第4章 遺贈・贈与 125

　ただし、相続法改正後も、遺言書の全てをパソコン等で作成することはできません。遺言書の本文部分、日付及び氏名については自書することが必要です。遺言書の本文部分（誰に何を相続させるかなどという内容を記載した部分）や日付等については自書を要求することは、遺言者の真意に反する遺言書を作成することを防止するため必要である上、財産目録に比べれば自書しても負担が少ないためです。

　また、目録について自書しないときについて、相続法改正後民法968条2項後段は、「遺言者は、その目録の毎葉（自書によらない記載がその両面にある場合にあっては、その両面）に署名し、印を押さなければならない」と定めています。これは、偽造や変造の危険性が高まることのないよう、自書に代わる方法を講ずることにしたものです。この改正は、相続法改正の中では一番早く、平成31年1月13日から施行されています。

　なお、相続法改正後民法968条3項は、自筆証書遺言（相続法改正後民法968条2項の目録を含みます。）の加除その他の変更は、遺言者において、「その場所を指示し、これを変更した旨を付記して特にこれに署名し、かつ、その変更の場所に印を押さなければ効力を生じない」と規定しています。これは、一般的な契約書等の修正方法と比べて厳格なものとなっていますが、遺言書は遺言者の死後にその効力が問題となるため、遺言書の変更については、その記載自体から遺言者の真意によるものであることを明らかにする必要性が高いためです。一般的な取引では個々の財産を対象とするのが通常であるのに対して、遺言では全財産を対象とする遺贈がされることもあり、類型的に重大な効果を伴うことが多いことも考慮されています。遺言者の真意によらない変更を防ぐことは重要ですから、改正法も、変更については遺言書の加除その他の変更について厳格な方式を維持しているのです。

アドバイス

保険金受取人の変更は遺言によることも認められていますが、その場合、その効力が生じるためには遺言として有効であることが前提になりますから、相続法改正の内容についても正確に理解する必要があります。

輿石進「保険金受取人の変更」金澤理監修『新保険法と保険契約法理の新たな展開』（ぎょうせい、2009年）264頁では、「保険法で保険金受取人の変更が遺言事項とされたことにより、従来は法的に不安定であったものについて法的安定性が確保され、利用者にしてみると安心して利用できるようになったといえる。しかし、他方で要件が明確化されたことにより、その要件を満たさないと認められないこととなった。前述のとおり、遺言においては適法な方式であることが要件となっているので、方式が適法か否かの確認が保険者にとって必要となるとともに、遺言についての遺言者の真意探求のための文言解釈が重要となる。したがって、遺言による受取人変更においては、所定の請求書に基づく生前の保険金受取人変更よりはるかに慎重な対応が保険者には求められる」と指摘されています。

Q25 自筆証書遺言の保管制度とは（相続法改正）

Q Aは、被保険者をA、死亡保険金受取人を妻Bとする生命保険契約を締結しました。二人の間には、子Cがいます。

しかし、Aは、Bと不仲になり、子Cに全ての財産を相続させること、及び、保険金受取人をBからCに変更する自筆証書遺言をしました。

Aは、その遺言書を公的機関に保管してもらえますか。

A 現時点では、自筆証書を公的機関が保管することはできません。相続法改正において新法が制定されましたので、それが施行される令和2年7月10日以降は、遺言書を法務局に保管してもらえるようになります。

解　説

1　自筆証書遺言のリスク

自筆証書遺言は簡易な方式の遺言であり、自書能力さえ備わっていれば他人の力を借りることなく自らの意思に従って作成することができ、特別の費用もかからず、遺言者にとって手軽かつ自由度の高いものです。

しかし、自筆証書遺言を自宅において保管している場合、その遺言書が紛失してしまったり、あるいは同居家族等によって遺言書が改ざんされるといったような、紛争が起きる可能性があります。実際に、自筆証書遺言が相続人の一人により破棄又は隠匿されたために裁判手続に提出されなかったとの事実認定がされた裁判例（東京高判平9・12・15判夕987・227）があるほか、自筆証書遺言の有効性が争われた裁判例もあります（例えば、東京高判平12・10・26判夕1094・242）。

また、中間試案補足説明44頁は、「相続人は、『自己のために相続の開始があったことを知った時から3箇月以内』に相続を承認するか、放棄するかを決めなければならないが（民法第915条第1項）、相続開始後速やかに遺言の有無及び内容を確認することができなければ、その判断を適切に行うことは困難である。さらに、被相続人が自筆証書遺言を作成していた場合であっても、相続人が遺言書の存在を把握することができないまま遺産分割が終了し、あるいは遺言書が存在しないものとして進められた遺産分割協議が遺言書の発見により無駄になるおそれもある。このほかにも、複数の遺言書が発見された場合や、一部の相続人が遺言書の偽造又は変造を主張した場合には、遺言書の作成の真正等をめぐって深刻な紛争が生ずることになる。これらの問題は、自筆証書遺言を確実に保管し、相続人がその存在を把握することのできる仕組みが確立されていないことがその一因になっている」と指摘しました。

2　新しい保管制度の概要

法務局における遺言書の保管等に関する法律（以下「遺言書保管法」といいます。）は、自筆証書を保管する制度を創設することにして、そのような紛争を防止するということにより、自筆証書遺言を利用しやすくするために制定されました。そこでは、民法968条の自筆証書によってした遺言に係る遺言書の法務局における保管及び情報の管理に関し必要な事項を定めるとともに、その遺言書の取扱いに関し特別の定めがされています。

遺言書保管法においては、手軽で自由度が高いという自筆証書遺言の利点を損なうことなく、他方で、法務局における遺言書の保管及びその画像情報の記録や、保管申請の際に法務局の事務官が行う自筆証書遺言の方式に関する遺言書の外形的確認などにより、自筆証書遺言

に伴うリスクを軽減した制度が新設されています。

3　無封のもの

　遺言書保管法4条6項は、遺言書の保管の申出は、遺言者本人に限りすることができるものとし、それ以外の者による保管申出は認めないこととしています。これは、遺言者以外の者による偽造及び変造をできる限り防止するためには、保管手続の申出資格は遺言者本人に限定する必要性が高いためです。

　遺言書保管法4条2項は保管の申請をすることができる遺言書は、法務省令で定める様式に従って作成した無封のものでなければならないこととしています。

　この遺言を「無封のもの」でなければならないこととした趣旨は、まず、保管の申請があった際に、遺言書保管官が、遺言書が民法968条の定める方式に適合するか否かについて外形的な確認を行うこと、それから、遺言書の作成名義人と申請人の同一性を確認することを可能にするという点にあります。

　また、遺言書保管官が遺言書に係る情報の管理（遺言書保管法7）として、遺言書の画像情報等を磁気ディスクをもって調製する遺言書保管ファイルに記録することを可能にする、という点にもあります。

4　保管の申請の撤回

　遺言書保管法8条1項は、いつでも遺言書の保管の申請を撤回することができるものとしています。これは、遺言者において、事後の事情変更等により当該遺言書を撤回するなどの必要が生ずることが想定されることに対応したものです。これについても、遺言者本人のみに認められています。

これに対し、相続開始後には、相続人等（相続人、受遺者及び遺言執行者等）が遺言書原本の返還を求めることはできないものとしています。これは、仮に原本の返還を認めるとすると、複数の相続人による返還請求が競合した場合の対応が困難となる上、特定の相続人が遺言書原本の返還を受けた後にこれを隠匿するなどのおそれもあること等を考慮したものです（部会資料17・18頁）。したがって、相続人等については遺言書原本の閲覧と写しの交付のみが認められます。

5 保険金受取人の権利

遺言書保管法9条（遺言書情報証明書の交付等）は、「次に掲げる者（以下この条において「関係相続人等」という。）は、遺言書保管官に対し、遺言書保管所に保管されている遺言書（その遺言者が死亡している場合に限る。）について、遺言書保管ファイルに記録されている事項を証明した書面（第5項及び第12条第1項第3号において「遺言書情報証明書」という。）の交付を請求することができる」と規定しています。

そして、同条2号は、「前号に掲げる者のほか、当該遺言書に記載された次に掲げる者又はその相続人（ロに規定する母の相続人の場合にあっては、ロに規定する胎内に在る子に限る。）」とし、そのトには、「保険法（平成20年法律第56号）第44条第1項又は第73条第1項の規定による保険金受取人の変更により保険金受取人となるべき者」と規定されています。

これは、保険金受取人の変更により保険金受取人となるべき者において、相続開始後に遺言書の内容を確認することは不可欠と考えられることから、相続人等が法務局において遺言書原本の閲覧をすることができるものとしたものです（部会資料17・17頁）。また、その遺言書の写しを交付するということもできるところ、これは、遺言書情報証明書とされています。

Q&A　第4章　遺贈・贈与　　　　131

　ただし、保険金受取人の変更により保険金受取人となるべき者が、法務局において被相続人作成の遺言が保管されているか否かを照会することができる時期は、相続開始後に限定されています。これは、「遺言者のプライバシーを保護する必要性がある（遺言の存在を他者に知らせるか否かは遺言者自身の意思に委ねられるべきである）ことと、現行法上、遺言は遺言者の死亡の時からその効力が生ずるもので、かつ、遺言者においていつでも撤回することができるとされている（民法第985条第1項）ため、相続開始前に遺言者以外の者（推定相続人等）にその存否を把握させる必要性は認められないことを理由とする」ものです（部会資料17・18頁）。

アドバイス

　自筆証書遺言についても保管制度が設けられることによって、公正証書遺言との差異が小さくはなりますが、専門家である公証人の作成によることの安心感は相続法改正後も変わりません。

　公証役場が近くにある場合などには、公正証書遺言を作成することも選択肢とすることが有意義です。

Q26 遺言の撤回について錯誤があったときは（債権法・相続法改正）

　　Aは、被保険者をA、死亡保険金受取人を妻Bとする生命保険契約を締結しました。二人の間には、子Cがいます。
　Aは、Bと不仲になり、保険金受取人をBからCに変更する自筆証書遺言（遺言書①）をしました。
　ところが、Aは、飲食店で知り合った女性Dに好意を持つようになり、Dに結婚をほのめかされて、「保険金受取人をBからCに変更する遺言は取り消す。保険金受取人は、Dに変更する」という自筆証書遺言をしました（遺言書②）。
　遺言書②がAの錯誤による場合、Cは、遺言書①に基づいて、死亡保険金を請求できますか。

　　遺言書②がAの錯誤による場合、Cは、遺言書①に基づいて、死亡保険金を請求できます。

解　説
1　遺言の撤回
　遺言は、遺言者（被相続人）の最終意思を尊重し、これを実現するものです。人は、単独の意思表示（遺言）をすることにより、例えば生前に自らに尽くしてくれた者に報いるなど、自分の死後の法律関係を定めることができます。遺言が効力を生じるのは遺言者の死亡の時からです（民985①）。
　遺言者は、いつでも、遺言の方式に従って、その遺言の全部又は一部を撤回することができます（民1022）。この趣旨について、潮見佳男『詳解相続法』（弘文堂、2018年）414頁は、「遺言は表意者の最終意思

に対して法秩序が効力を与えようとしたものであるから、その裏返しとして、遺言者の生存中には、遺言によりおこなわれた意思表示を撤回するのは自由である」と説明しています。民法1022条が「遺言の方式に従って」とするのは、後日の紛争を避けるために、撤回の意思表示の方式を、遺言に限定したものです。

ただし、遺言書の方式に従わない場合であっても、表意者が撤回の意思表示をしたものと評価できる場合があるため、民法は以下のとおり規定しています。

前の遺言が後の遺言と抵触するときは、その抵触する部分については、後の遺言で前の遺言を撤回したものとみなされます（民1023①）。このことは、遺言が遺言後の生前処分その他の法律行為と抵触する場合であっても同様です（民1023②）。

遺言者が故意に遺言書を破棄したときは、その破棄した部分については、遺言を撤回したものとみなされます。このことは、遺言者が故意に遺贈の目的物を破棄したときも同様です（民1024）。

2　錯　誤

錯誤とは、表示行為から推測される意思と表意者の真実の意思が食い違っていることに、表意者自身が気付いていない場合です。内田貴『民法Ⅰ総則・物権総論〔第4版〕』（東京大学出版会、2008年）64頁は「表意者を保護する必要が大きいといえるが、余り表意者の保護を大きくすると、取引の安全が害されるので、両者の調整が非常に難しい問題を提起している」と指摘しています。

「錯誤」の効力について、債権法改正前民法95条は、無効としています。これは、意思の不存在理解から導かれました。この場合、何もしなくても効力はないのであり、誰でも無効を主張できるのが原則です。

ところが、錯誤無効については、最高裁昭和40年9月10日判決（民集19・6・1512）が、表意者自身に錯誤による無効を主張する意思がない場

合に、第三者が錯誤無効を主張することは許されないとしていました。これは民法95条が表意者保護のための規律であるためであり、その結果として、取消しに近づいていました。

　そして、債権法改正（令和2年4月1日施行）により、動機の錯誤が明文化された（これによって意思の不存在ではないものも対象に含まれた）ことを受けて、錯誤の効果は「取り消すことができる」に変更されます。そのため、主張権者は表意者又はその承継人に限られ（債権法改正後民120②）、取消権の行使期間の制限（民126）に服します。ただし、取消しには遡及効がありますから（民121）、意思表示がされた後は無効と同じことになります。

　無効から取消しに改めたことについて、大村敦志『新基本民法1総則編』（有斐閣、2017年）104頁は「従来から、錯誤無効の効果は取消しに近づきつつあったことに加えて、動機の錯誤も考慮に入れるとなると、錯誤＝意思の不存在＝無効という図式を維持することは無用（さらに言えば不適切）になることによる」と指摘しています。また、筒井健夫＝松村秀樹編著『一問一答民法（債権関係）改正』（商事法務、2018年）20頁は「より表意者の帰責性が乏しい詐欺について意思を否定することができる期間は『取消し』であるため制限されていたこと（民法126条）とのバランスを考慮」したことも指摘しています。

3　遺言の撤回行為の否定

　相続法改正後民法1025条本文は、①一旦遺言がされたものの、②当該遺言が撤回され（以下「撤回行為」といいます。）、その後、③撤回行為の効力が否定された場合について、上記①の遺言は復活しないという原則（以下「非復活主義」といいます。）を定めています。これは、上記①の遺言の撤回行為が効力を失った場合の取扱いは、本来、遺言者の意思によって決定されるべきところ、遺言者の意思は明らかでな

いことが少なくなく、真意が不明の場合には上記①の遺言を復活させない方が妥当な（遺言者の意思に反しない）結論となる可能性が高いためです。

　相続法改正後民法1025条ただし書は「錯誤、詐欺又は強迫による場合は、この限りでない」として非復活主義の例外を定めています。これは、撤回行為が錯誤、詐欺又は強迫を理由に取り消された場合には、撤回行為が遺言者の真意に出たものではないことが明らかであり、上記①の遺言を復活させる方が妥当な（遺言者の意思に反しない）結論となるためです。

　相続法改正は「錯誤」を対象に加えたものですが、その理由は、「債権法改正後の民法においては、錯誤に基づく意思表示は、詐欺、強迫とともに、取消しの対象とされたが、第1025条の規律を実質的に改める必要性は特に見当たらない」と説明されました（部会資料24－2・26頁）。この説明からすると、相続法改正前は、錯誤は無効であるため原則が適用されていなかったところ、錯誤の効果が取消しとなった（詐欺・強迫と同じ効果となった）ことにより反対解釈の可能性が生じることを考慮し、例外に明示することによって同じ結論を確実に導いていることになります。なお、相続法改正後民法1025条の施行日は、令和2年4月1日です。

アドバイス

　遺言による受取人変更についても、撤回がされたり、撤回行為が否定されたりする場合があります。遺言書の記載だけで判断せず、十分な情報を集めることが必要です。

Q27　遺言に基づいて契約者となることができるか

Q　Aは、被保険者をB、保険金受取人をAとする生命保険契約を締結しました。

Aは、本件保険契約における保険事故（Bの死亡）が発生する前である平成8年9月4日に死亡しました。

自宅で自筆証書遺言が発見され、その遺言書に、保険契約者の地位を含むAの遺産の全部をCに相続させることが記載されていた場合、Cは、保険会社に対して、保険契約者となることを主張できますか。

A　Aは保険契約者であり、その地位について遺言することもできますから、Cは、保険会社に対して、保険契約者の地位の変更を主張できます。

解　説

1　遺言をすることができる事項

遺言をすることができる事項は、民法その他の法律によって限定されています。その理由について、潮見佳男『詳解相続法』（弘文堂、2018年）360頁は、「遺言は、遺言者の死亡後に、既に権利主体でなくなった遺言者の一方的な意思表示のみでその効果意思どおりの効力を発生させるものである。しかし、その時点で遺言者の真意を確定することには、しばしば困難が伴う。しかも、遺言の内容が利害関係人や社会公共の利益に与えることも少なくない。そこで、民法その他の法律は、遺言の明確性を確保するとともに、後日の紛争を予防するため」と指摘しています。

なお、東京地裁平成24年8月21日判決（平24（ワ）1948・平24（ワ）16212）は、「本件各保険契約における受取人の地位は、保険契約者兼被保険者

であるＡの死亡により、保険金の支払理由が発生し、受取人を変更する余地がなくなった時点で確定するものであり、Ｂが死亡時に有していたのは、Ａが自由に受取人を指定変更することにつき、何らの異議を述べることもできず、抽象的死亡給付金請求権について何の処分権もない受取人の地位にすぎないのであるから、これが、Ｂの相続財産を構成する財産であるとはいえず、これを保険契約者ではないＢが遺言により第三者に移転することができないことは明らかである」と判示しました（【事例31】参照）。ここでは、遺言による権利移転を否定する理由として、遺言者Ｂが「保険契約者ではない」ことが指摘されており、逆に言えば、保険契約者であれば遺言により権利移転をすることができることが含意されています。

2 保険契約が遺言により承継される場面

保険契約者の地位は、当該地位を有していた者の死亡により相続財産となり、相続によって相続人に当然に承継されるものであるため、遺贈（民964）の対象となります。民法は包括遺贈及び特定遺贈を認めており、遺言者は、包括又は特定の名義で、その財産の全部又は一部を処分することができます（民964）。これは相続法改正の対象ですが、この内容には変更がありません。

東京地裁平成23年5月31日判決（平22（ワ）41189）は、保険契約者の地位が相続の対象となることを認めた上で、「亡Ａが有していた本件保険契約の保険契約者の地位は、亡Ａの死亡によりＣとＤが共同相続した上で、本件遺産分割協議により相続開始時からＣのみが相続したことになる。よって、現在はＣが本件保険契約の保険契約者の地位を有しているものと認められる」と判示し、遺産分割協議の対象となることも認めました。

保険金受取人の変更については、「遺言によっても、することができ

る」と規定されています（保険44①）。これは、保険金受取人の権利は相続財産ではなく遺贈（民964）の対象とならないため、遺言をできる事項であることを明確にし、保険契約者の意思を尊重するために明文によって認めたものです。これに対して、保険契約者の地位については、保険契約者の地位は遺贈（民964）の対象となるため、保険法には規定がありません。

遺言は単独行為であり、遺言者の死亡の時からその効力を生じますから（民985①）、保険契約者の地位の遺贈も、遺言者（保険契約者）の死亡の時に効力が生じることになります。もっとも、遺言は被相続人の単独の意思表示（単独行為）であり、受遺者との合意に基づくものではないため、受遺者は、遺言書の死亡後、いつでも、遺贈の放棄をすることができます（民986①）。遺贈の放棄は、遺言者の死亡の時に遡ってその効力を生じます（民986②）。

本件のCは、遺贈を放棄せずに保険契約者となったときには、保険料支払義務を負い、契約内容を変更する権利を取得します。受取人の変更もでき、解約することも可能です。

アドバイス

生命保険契約も相続の対象になります。もっとも、被保険者と保険契約者が同一であるときは、保険事故が発生するため、死亡保険金請求権が具体化し、生命保険契約は終了します。

遺言書を作成する際には、生命保険契約の内容を検討し、それに応じた内容を具体的に記載することが有意義です。

Q&A 第4章 遺贈・贈与 139

Q28 家族を被保険者として生命保険契約を締結した場合に、贈与となるか

Q Aは、長女Bを被保険者とする医療保険契約を締結しました。契約上、手術給付金や入院給付金などについては、Bが受取人となっています。Aの契約締結は贈与に当たるのでしょうか。

A 生命保険契約によって取得する保険金請求権は贈与によって取得される財産には当たりません。保険契約者の長女を被保険者として、契約に基づく給付金を受領させることを目的とする契約の締結は、同様に贈与には当たりません。

解　説

1　第三者を被保険者とする契約と贈与

　保険契約上の利益を自分以外の者に享受させることを目的とする契約は、第三者のためにする契約（民537）であり、生命保険契約では、このような第三者を保険金受取人に指定する契約は、第三者のためにする生命保険契約（保険42）と呼ばれます。また、保険契約者が、自分以外の者を被保険者として締結された生命保険契約は、他人の生命の保険契約と呼ばれます。例えば、学資保険のように将来の支出に備えるためであったり、本件のように、手術や入院などの医療保障を与えるために、長女など自分の家族を被保険者や保険金受取人として生命保険契約を締結することも少なくありません。

　このような契約を締結することは、自ら保険料を負担することによって、他人に生命保険契約上の利益を得させることを目的としていますので、実質的にみれば、保険契約者と被保険者との間でなされた贈与の性質を有するという一面があります。しかしながら、被保険者が

同時に保険金受取人として保険金請求権を取得する場合でも、保険契約者が負担する保険料を直接の対価として提供される財産ではありませんので、これをもって贈与ということはできないでしょう（形式上、長女が保険契約者兼被保険者となる形で生命保険契約が締結され、両者の間では、保険料の負担約束がなされる場合にも、贈与の対象となる財産は、あくまで保険料そのものであり、保険契約上の利益ではないと思われます。）。

アドバイス

　家族を被保険者として死亡保険契約が締結されるケースでは、契約の有効要件として、被保険者の同意が要求されます。被保険者の同意がない死亡保険契約は無効です。被保険者が未成年者である場合もありますが、意思能力のない未成年者である場合には、被保険者から同意を得ることが難しく、法定代理人である親権者が代理して同意するしかありません。そこで、被保険者が15歳未満である場合には、引受可能な死亡保険金額を1,000万円とする等の自主規制の基準が設けられています（金融庁「未成年者・成年者の死亡保険について」平成20年7月3日、生命保険協会「未成年者を被保険者とする生命保険契約の適切な申込・引受に関するガイドライン」平成21年1月29日）。

Q&A 第4章 遺贈・贈与 141

Q29 長女が生命保険契約を締結した場合に、父親に保険料を請求できるか

Q 父Aは、離婚しており、長女Bと同居しています。Bは、まだ結婚していません。Bが、被保険者をB、死亡保険金1,000万円、死亡保険金受取人をAとする生命保険契約を締結することを検討しています。

　Bは、来年4月に社会人になる予定です。Aは、生命保険契約を締結するのであれば、保険料相当額のお小遣いを10年間毎月与えることをBに伝え、Bはこれを承諾しました。これは口頭で約束したものであり、贈与契約書はありません。

　Bが生命保険契約を締結した場合、BはAに対して保険料相当額を請求できますか。

A BはAに対して、原則として、保険料相当額のお小遣いを毎月、請求できます。しかし、Aが履行する前に贈与契約を撤回した場合等には請求できません。

解　説

1　生命保険契約の当事者

　生命保険契約について、保険法2条8号は「保険契約のうち、保険者が人の生存又は死亡に関し一定の保険給付を行うことを約するもの（傷害疾病定額保険契約に該当するものを除く。）」と定義しており、同条3号は、「保険契約の当事者のうち、保険料を支払う義務を負う者」を保険契約者と定義しています。

　被保険者をB、死亡保険金1,000万円、死亡保険金受取人をAとする生命保険契約を締結したのはBですから、保険会社に対して保険料を

142　Ｑ＆Ａ　第4章　遺贈・贈与

支払う義務を負う者（保険契約者）はＢです。

2　贈与とは

　贈与は、当事者の一方（贈与者）が自己の財産を無償で相手方（受贈者）に与える意思を表示し、相手方が受諾することによって、その効力を生じます（民549、債権法改正により、令和2年4月1日から「自己の」が「ある」に改められます。）。これは債権法改正の対象ですが、この内容には変更がありません。これは贈与は合意のみで成立する諾成契約であることを意味します。

　Ａは、生命保険契約を締結するのであれば、保険料相当額のお小遣いを10年間毎月Ｂに与える意思を表示し、Ｂはこれを承諾しました。これは口頭で約束したものですが、贈与は諾成契約ですから、書面がなくても成立します。その理由について、中田裕康『契約法』（有斐閣、2017年）265頁は、「贈与契約の成立について、原則として公証人の関与する書面を求めるなど要式契約とする法制が少なくない。明治民法起草者は、人々が公証制度に慣れておらず、そのような手数を求めることは従来の慣習に反することから、また、『自由契約』を尊重し、諾成契約とした」と説明しています。

　ＡとＢが締結した贈与契約は、無条件にお小遣いを与えるものではなく、被保険者をＢ、死亡保険金1,000万円、死亡保険金受取人をＡとする生命保険契約をＢが締結するという停止条件が付されています。停止条件付法律行為は、停止条件が成就した時から、その効力を生じます（民127①）。

　Ｂが上記生命保険契約を締結した場合、停止条件が成就しますから、ＢはＡに対して保険料相当額のお小遣いを10年間毎月請求できるのが原則です。

Q&A 第4章 遺贈・贈与 143

3 書面によらない贈与の特則

AとBが締結した贈与契約は、口頭で約束したものであり、贈与契約書はありません。上記2のとおり口頭でも贈与契約は成立しますが、このような書面によらない贈与は、各当事者が撤回をすることができます。ただし、履行の終わった部分については、撤回はできません（民550、債権法改正により、令和2年4月1日から「撤回」が「解除」に改められます。）。

したがって、Aが履行する前に贈与契約を撤回した場合には、Bはお小遣いを請求できなくなります。

大村敦志『新基本民法5契約編』（有斐閣、2016年）184頁は、「口頭の贈与で未履行のものは解除できるということは、逆に言うと、解除できない贈与とは、書面による贈与か履行済みの贈与であるということになる。つまり、方式の具備か物の引渡しのどちらかがない限り、贈与は解除可能なわけである。これは、実質的には、贈与を要式又は要物の契約にしたのと変わりない」と指摘しています。そして、同書192頁は、このように契約の拘束力が弱い理由について「成立したとはいえ無償契約は、反対給付の存在しない契約である」「無償契約の保護の程度は有償契約に比べれば低い」と説明しています。

4 定期贈与の特則

AとBが締結した贈与契約は、AがBに対し、保険料相当額のお小遣いを10年間毎月与えることを内容としています。

これは「定期の給付を目的とする贈与」（定期贈与）ですから、贈与者A又は受贈者Bの死亡によって、その効力を失います（民552）。

この規定について、中田・前掲279頁は、「当事者の通常の意思を推測したもの」とし、この「推測は、特に終期の定めのない定期贈与において妥当する。当事者双方が生存中は給付するが、一方が死亡した場合、相続人にまで承継させるつもりはないのが通常だからである。

もっとも、期間の定めのある場合に、552条が適用されないわけではない」と説明しています。

アドバイス

　贈与契約は口頭でも成立しますが、書面がないときは、履行するまで撤回（債権法改正後は「解除」）が可能です（民550）。そのため、法的効力を確実に生じさせるためには、書面を作成するべきです。

　ここにいう「書面」は、贈与契約書には限られません。大村・前掲185頁は、「必ずしも契約書ではなくてもよいとされている。たとえば、農地所有権移転許可申請書や調停調書などでもよい」としています。

　しかし、紛争を避けるためには、贈与契約書を作成し、贈与者の履行義務の内容や、受贈者がすべき条件等の内容を、具体的に記載することが有意義です。

Q&A　第4章　遺贈・贈与　　145

Q30　生命保険契約を贈与する旨の契約が贈与の当事者間で成立している場合、契約者変更を保険会社に主張できるか

Q　Aは、自己を被保険者とする生命保険契約を締結していました。この契約に基づく満期保険金受取人には、A自身が指定されていました。Aには妻Bと長女C、次女Dがいます。

　Aは、満期保険金を長女Cに取得させたいと考え、Cに対して、この生命保険契約をCに贈与すると伝え、Cもこれを了承し、その後はCが保険料を負担していたようです。Cを保険契約者又は保険金受取人に変更する手続はされないまま、満期を迎え、その後間もなくAが死亡しました。Cは、上記生命保険契約上の権利義務は全て贈与によりCに移転したと主張しています。Cは死亡保険金を取得できるのでしょうか。

A　AとCとの間で合意された贈与契約のみでは、生命保険契約上の権利義務はCに移転しません。したがって、満期保険金請求権は、Aに帰属した後、Aの死亡により、Aの相続人が相続によって承継取得することになります。

解　説

1　保険契約者の変更

　保険法は、保険契約者の変更の効力について定めていませんので、約款の規定によることになります。一般に、生命保険契約において、保険契約者を変更するには、被保険者の同意があることを証明する書面等を提出して、保険会社の承諾を得ることが必要であるとする定めがあります。したがって、少なくとも、保険会社との関係においては、

贈与契約の当事者間の合意のみによって保険契約者の変更の効力が発生するものと解することができませんので、Cは保険会社に対して、自らを保険契約者とする主張ができないことになります。

2　生命保険契約の贈与と契約上の権利

　保険契約者が生命保険契約上の一切の権利義務関係を贈与する契約を締結した場合でも、前述のように、保険会社との関係では、受贈者は自らを権利者として主張することはできません。では、第三者に対してはどうでしょうか。

　通常、保険契約者の権利には、経済的な利益を享受する権利として、解約権とそれに伴う解約返戻金請求権があります。保険契約者が解約をした後に、その権利を贈与する契約を締結したような場合には、少なくとも実質的には、解約返戻金相当額を受領すべき権利があるといえますから、相続人間で争いが生じた場合には、権利を主張することができる場合もあると思われます。他方、保険金請求権は、指定された保険金受取人の固有の権利であると解されていますので、保険金受取人と保険契約者が異なる場合には、保険契約者であっても贈与の対象とすることはできません。

　本件では、満期保険金の受取人は保険契約者自身であったことから、生命保険契約上の地位が包括的に贈与された場合には、満期保険金請求権も贈与の対象に含まれるものと解することができます。そして、満期が到来した後に、被保険者が死亡していますので、満期保険金請求権は具体化しており、実質的にはCが贈与により取得したものと評価することができます。したがって、Cは、保険会社に対して自らが満期保険金の受取人であることは主張できないとしても、相続人間においては、満期保険金の取得を主張できると解されます。

Q&A 第4章 遺贈・贈与 147

アドバイス

　生命保険契約に基づく保険金を取得させるためには、保険金受取人の変更手続を行うことが確実ですが、様々な事情により、保険契約外において権利を移転させたいという場合もあると思われます。約款上の手続を踏んでいない場合には、取引の安全に対する配慮から、受贈者は保険会社に対して自らの権利を主張することは難しいと思われますが、共同相続人間における遺産分割協議の中で、自らの権利を主張する余地がないわけではありません。

　贈与は口頭での約束に過ぎない場合でも有効ですが、贈与者が約束を撤回したものと認められるケースもあり、紛争に発展することもあり得ます。贈与契約書を作成するなど、贈与契約の成立を証明する書面を用意することが望ましいと思われます（民550、債権法改正により、令和2年4月1日から「撤回」が「解除」に改められます。）。仮に、本件のように、満期保険金請求権の贈与があったことが証明される場合でも、共同相続人間の公平を害するような場合には、特別受益として持戻しの対象となることや、遺留分侵害額請求の対象となることがあることには注意すべきでしょう。

148 Q&A 第4章 遺贈・贈与

Q31 養老保険契約の満期保険金受取人である被保険者が同請求権を長女に遺贈したことは、死亡保険金受取人との関係において有効か

Q Aは、自己を被保険者とする養老保険契約を締結していました。満期保険金受取人はA、死亡保険金受取人は妻Bが指定されています。Aは、死亡する直前に満期保険金を長女Cに贈与する旨の遺言を作成していました。

その後、Aは、この契約の満期を迎える前に死亡しました。保険金は誰が受け取れるのでしょうか。

A Aは満期を迎える前に死亡していますので、Cは、満期保険金請求権を行使することができません。指定受取人であるBが、死亡保険金を受領できることになります。

解　説

1　満期保険金請求権の贈与

養老保険契約は、生存保障と死亡保障がセットされた生死混合保険である生命保険契約の一種です。そのため、保険契約に基づく権利として、契約期間中の死亡を保険事故とする死亡保険金請求権がある一方、契約期間満了（満期）時に生存している場合には、死亡保険金は支払われませんが、それと同額の満期保険金請求権を行使できます。いずれの保険金請求権についても、保険契約者は保険金受取人を指定することができ、それぞれ別の者を指定できます。

満期保険金請求権は、上記のように、満期時の生存を条件とする抽象的な権利にすぎませんので、満期前にはこの権利を行使して保険金を受領することはできませんが、満期前であっても贈与（譲渡）する

ともできると解されています。ただし、これは満期保険金受取人の固有の権利ですから、保険契約者と満期保険金受取人が異なる場合には、保険契約者が贈与することはできず、保険契約者は保険金受取人の変更手続によって、第三者にその権利を贈与（譲渡）することができることになります。

2　死亡保険金受取人の指定との関係

　満期保険金請求権と死亡保険金請求権は、どちらかが行使できる場合には、他方は消滅するという表裏一体の関係にあります。つまり、満期到来前に被保険者が死亡すると、死亡保険金請求権が具体化して行使可能になる一方、満期保険金請求権は消滅します。逆に、満期が到来した時点で被保険者が生存していれば、満期保険金請求権が具体化し、死亡保険請求権は消滅します。

　満期保険金請求権をその受取人が譲渡した場合でも、死亡保険金受取人の指定には影響がありませんから、被保険者が保険期間中に死亡するか否か、言い換えれば、いずれの請求権が具体化するかによって、誰が保険金を受領できるかが決まることになります。

　本件では、Ａの遺言が有効であるとしても、その効力が生じる時点では満期が到来していませんから、満期保険金請求権は具体化せずに消滅することになり、Ｃへの贈与は成立しません。そのため、Ｃは、満期保険金を請求することはできず、死亡保険金受取人であるＢが保険金を請求できることになります。

アドバイス

　Ａの遺言は、この養老保険契約に基づく保険金を長女Ｃに受領させることを目的としたものであったとも考えられます。仮にそうであれ

ば、Aは、満期保険金受取人と死亡保険金受取人のいずれもCとする手続をとる必要がありました。なお、死亡保険金受取人の変更は、遺言によってもすることができますが（保険44①）、本件のように、死亡保険金受取人を第三者であるBと指定している場合には、死亡保険金請求権は、B固有の権利であり、Aの財産ではありません。そのため、Aが「死亡保険金をCに贈与する」という内容の遺言を作成したとしても、死亡保険金受取人の変更とは評価できないことがありますので、注意が必要です（Q32参照）。

Q32 死亡保険金請求権を遺贈又は死因贈与した場合、これを受取人変更の意思表示と解し得るか

Q Aは、自己を被保険者とする生命保険契約を締結していました。Aが死亡した場合の保険金受取人には、当初妻であるBが指定されていました。

その後、Aは死亡し、Aの遺言書には、「私が死んだら生命保険契約の死亡保険金はCにやる」と記載されていました。Aは生前長女のCにこのようなことを話していたようです。この生命保険契約の死亡保険金は、誰が取得するのでしょうか。

A 生命保険契約に基づく保険金請求権は、保険金受取人の固有財産ですので、AがCに贈与することはできません。

問題は、Aの遺言が保険金受取人をBからCに変更する旨の意思表示であると解することができるかです。「私が死んだら生命保険契約の死亡保険金はCにやる」という表現では、保険金受取人の変更の意思表示として認められず、受取人変更の効力は生じないと思われます。

解　説

1　遺贈と死因贈与

特に遺言などがない場合には、遺産は相続によって承継され、遺産分割協議によって分割されることになりますが、相続人は誰か（法定相続人）、相続財産をどのように相続するか（法定相続割合）などについて、民法の定めによることになります。そこで、法定相続人ではない第三者に遺産を取得させるために用いられるのが、遺贈や死因贈与です。

遺贈（民964）とは、遺言によって、遺贈者の財産の全部又は一部を、

受遺者に無償で贈与することをいいます。他方、死因贈与（民554）とは、無償で財産を与えることを内容とする贈与者と受贈者との契約であり、贈与者が死亡した場合にその効力が生じます。遺贈は単独行為ですので、受遺者が財産の受取りを拒否することもできますが、死因贈与は贈与者と受贈者との合意に基づく契約ですので、受贈者の意思のみで財産の受取りを拒否することができません。遺贈は遺言によることが必要ですが、死因贈与は不要であるなどの違いがあります。

　生命保険契約に基づく死亡保険金も、保険契約者兼被保険者にとっては自らの財産を特定の者に取得させるという認識であることが少なくなく、本件のように、「死亡保険金をやる」という表現を用いた遺贈や死因贈与の形式で、保険金を取得させる意思を表示する場合もあります。遺言が有効であれば、遺贈の形式的要件は満たされることになりますし、本件では、生前から受贈者となるＣとの間で、生命保険金に関する合意があったと評価できることから、死因贈与も成立するといえそうです。しかしながら、後述のように、遺贈や死因贈与が成立することから、直ちにＣが死亡保険金請求権を取得することにはなりません。

2　遺言による保険金受取人の変更

　生命保険契約に基づく保険金請求権は、被保険者の相続財産に帰属したものが相続によって承継されるのではなく、保険金受取人の固有財産として原始取得すると解されています（最判昭40・2・2民集19・1・1）。したがって、厳密には、保険金請求権はＡの責任財産に属するものではなく、よってＡが贈与の対象とする財産には当たりません。

　ところで、保険金受取人の変更権は、保険契約者の権利であり、その変更は、保険者に対する通知（保険43②）のほか、遺言によってもすることができます（保険44①）。そこで、Ａの遺言が保険金受取人をＢ

からＣに変更する旨の意思表示であると解することができれば、Ｃは
死亡保険金請求権を取得することになります。遺言による受取人変更
が有効なものと評価されるためには、遺言が適法になされたものであ
ること、並びに、Ａの保険金受取人変更の意思が表示されていること
が要件となります。本件では、「私が死んだら生命保険契約の死亡保
険金はＣにやる」という表現ですが、これはＡ自身の財産である死亡
保険金をＣに贈与するという内容であって、保険金受取人を変更する
旨の意思表示であると解することは難しいものと思われます。したが
って、このような内容の遺言がなされたとしても、保険金受取人の変
更の意思表示として認められないものと考えられます。また、遺言が
有効でなく、Ａと長女Ｃとの間に死因贈与契約が成立していたと評価
できるにすぎない場合には、たとえ保険契約者であるＡの意思が明確
であるとした場合でも、保険金受取人変更の要件を満たしていない以
上、受取人変更の効力は生じません。なお、学説においては、このよ
うに受取人変更の形式ではない場合であっても、実質的にみれば受遺
者であるＣに保険金を取得させる意思が明確に表示されており、この
ような遺言者の意思を尊重して、受取人変更として認めるべきである
とする見解もあります（山下友信『保険法』（有斐閣、2005年）501頁）。

アドバイス

　保険金受取人が不明確であることは、保険者にとっては二重支払の
リスクが生じかねないという問題も生じます。遺言の内容が不明確で
あるために、保険金受取人を確定できない場合には、保険者は、債権
者不確知（民494）として保険金を供託することによって対応すること
も考えられます（山下友信＝米山高生編『保険法解説―生命保険・傷害疾病定
額保険』（有斐閣、2010年）321頁〔山野嘉朗〕）。

第5章　課税関係

Q33　生命保険契約をめぐる税務の取扱いで注意すべき点は

Q 　Aは、妻と子どもに財産を遺す手段として生命保険が有効であると勧められ、この度、保険契約を締結することにしました。しかし、契約形態によっては、贈与税など想定外の税金がかかると聞き、契約に踏み切れません。生命保険の契約に当たって、注意しておかなければならないことがありますか。

A 　満期保険金を受け取ったとき、保険契約者や被保険者が死亡したときは、保険契約者と被保険者及び受取人の関係性によって相続税、所得税（及び住民税）、贈与税いずれかの税金がかかります。また、状況によっては、全く課税されないというケースもあります。

解　説

1　死亡保険金を受け取ったときの課税関係

　被保険者が亡くなって、受取人が死亡保険金を受け取ったときの課税関係は下記のとおりです。

保険契約者 （保険料負担者）	被保険者	受取人	課税関係
夫	夫	妻（又は子）	相続税（生命保険非課税の適用あり）
夫	夫	孫（相続人以外の人）	相続税（生命保険非課税の適用なし）
夫	妻	夫	所得税と住民税
夫	妻	子	贈与税

Q&A 第5章 課税関係 155

① 保険契約者と被保険者が同じ場合、受け取った保険金は「みなし相続財産」として、非課税限度額を超える部分が相続税の課税対象になります。非課税限度額は、下記の算式で計算します（相税3・12・15）。

> 非課税限度額＝500万円×法定相続人の数

　相続の放棄をした人がいても、放棄はなかったものとして法定相続人の数を計算します。また、法定相続人の数に含める養子の数は、実子がいるときは一人、実子がいないときは二人までです。孫など、相続人以外の人を受取人に指定している場合は、生命保険の非課税は適用できないので、注意してください。

② 保険契約者と受取人が同じ場合、受取人が受け取った保険金は、受取人本人の一時所得として、所得税と住民税が課税されます。一時所得の金額は下記の算式で計算できます（所税22・34）。

> 一時所得の金額＝（保険金＋配当金－払込保険料－50万円）×1/2

　一時所得の金額は、給与所得や不動産所得など受取人の他の所得と合算して、所得税及び住民税を計算します。

　保険契約者と被保険者、受取人がそれぞれ異なる場合は、受け取った保険金の全額が、保険契約者から受取人への贈与とみなされ、贈与税が課税されます。相続税のように生命保険の非課税枠もありませんし、所得税のように、支払った保険料を控除することもできません（相税21の2・21の5・21の7、租特70の2の4）。

> 贈与税の課税価格＝受け取った金額－110万円（贈与税の基礎控除額）

2　被保険者ではなく、保険契約者本人が死亡したとき

　保険契約者と被保険者が異なる場合、被保険者ではなく保険契約者本人が亡くなった場合の課税関係は、次のとおりです。

保険契約者 (保険料負担者)	被保険者	受取人	課税関係
夫	妻	夫（又は子）	相続税（生命保険契約に関する権利）

　保険契約者が死亡してしまった場合は、被保険者などがその保険を継続するか、解約して解約返戻金を受け取ることになります。このように、相続開始の時において、まだ保険事故が発生していない保険のことを、「生命保険契約に関する権利」といいます。生命保険料契約に関する権利は、生命保険と違って本来の相続財産に該当するので、生命保険の非課税は適用されません。

　生命保険契約に関する権利の価額は、相続開始の時においてその契約を解約するとした場合に支払われることとなる解約返戻金の額によって評価します（相税3①三、評基通214）。

3　満期保険金を受け取ったときの課税関係

　満期保険金を受け取った場合の課税は、次の表のとおりです。

保険契約者 (保険料負担者)	受取人	課税関係	備　考
夫	夫	所得税と住民税（一時所得）	一時金で受け取る場合
夫	夫	所得税と住民税（雑所得）	年金で受け取る場合
夫	妻（又は子）	贈与税	一時金で受け取る場合
夫	妻（又は子）	贈与税（1年目） 所得税と住民税（2年目以降）	年金で受け取る場合

Q&A　第5章　課税関係　　　157

　保険契約者と受取人が同じ場合は、受け取った保険金と払い込んだ
保険料の差額が、一時所得として所得税と住民税の課税対象となりま
す。一時所得の計算方法は、前記1の死亡保険金を受け取った場合と
同じです。一時金ではなく年金で受け取る場合は、その年中に支払を
受けた年金の額から、その金額に対応する払込保険料又は掛金の額を
差し引いた金額が、「公的年金等以外の雑所得」として課税されます（所
税35・203の2・204）。

　ただし、一時払養老保険等で保険期間等が5年以下のもの、また保険
期間等が5年超で5年以内に解約されたものは、源泉分離課税が適用さ
れ、源泉徴収だけで課税関係が終了します（所税174・209の2・209の3）。

　保険契約者と受取人が異なる場合は、受け取った保険金に贈与税が
課税されます。所得税の場合と違い、支払った保険料は控除されませ
ん。贈与税の計算方法は、前記1の死亡保険金の場合と同じです。

　一時金でなく年金として受け取る場合も、契約者が受取人に年金を
受け取る権利を贈与したとみなされ、贈与税が課税されます。ただし、
贈与税がかかるのは初年度のみです。2年目以降は、課税部分が階段
状に増加していく方法により計算した金額が、「公的年金等以外の雑
所得」として所得税及び住民税の課税対象となります。なお、既に贈
与税が課税されている部分については、所得税や住民税は課税されま
せん（所税35、所税令185・186）。2年目以降の詳しい計算方法については、
Q35で詳しく説明しています。

4　個人年金保険の受取人が死亡したときの課税関係

　個人年金保険の被保険者（年金受取人）が死亡し、遺族がその年金
受給権を取得した場合には、保険契約者（保険料負担者）、被保険者と
年金受給権の取得者の関係性により、年金受給権の取得者に対する課
税が変わります。

保険契約者 (保険料負担者)	被保険者 (年金受取人)	年金受給権の 取得者	課税関係
夫	夫	妻（又は子）	相続税
夫	妻	子	贈与税（1年目） 所得税と住民税（2年目以降）

　死亡した人（年金受取人）が保険料の負担者であった場合には、取得した年金受給権については、相続により取得したものとみなされて相続税の課税対象となります。

　死亡した人（年金受取人）及び年金受給権の取得者が保険料負担者ではない場合には、取得した年金受給権は、贈与により取得したものとみなされて、贈与税の課税対象となります。満期保険金を年金で受け取った場合と同じように、贈与税がかかるのは初年度だけで、2年目以降は所得税及び住民税が課税されます。

5　給付金が非課税となる場合

　生命保険契約には、様々な特約がついていることが多く、死亡保険金や満期保険金の他に、入院給付金や手術給付金などの「給付金」が、被保険者の生前に支払われることがあります。これらの給付金を受け取った場合は、原則、税金は課税されません。疾病により重度障害の状態になったことなどに基因して支払われる保険金は、所税令30条1号に掲げる「身体の傷害に基因して支払われる」保険金に該当する（所基通9-21）ためです。

　また、リビングニーズ特約による生前給付金も非課税です。リビングニーズは、死亡保険金の前払的な性格を有していますが、被保険者の余命が6か月以内と判断されたことを支払事由としており、死亡を

Q&A　第5章　課税関係　159

支払事由とするものではないことから、重度の疾病に基因して支払われる保険金に該当すると認められるからです。

　アドバイス

　生命保険契約においては、被保険者の変更はできませんが、保険契約者と受取人は変更することが可能です。贈与税は、相続税や所得税に比べて税率も高いので、贈与税が課税されるような形態の保険契約は早急に見直しが必要です。

　とはいえ、慌てて名義変更をする前に、実際に想定される税金の額についてのシミュレーションが必要です。各税法には非課税枠があり、必ずしも高額な税金が課税されるとは限らないからです。

① 一時所得の計算

　所得税が課税されるのは、受け取った保険金から払い込んだ保険料の合計額を差し引いた金額です。一時所得は、更に50万円の特別控除額を引いて計算します（所税22・34）。税金の額は保険金額の多寡ではなく、あくまで支払った保険料との差額で判断してください。

② 相続税の計算

　生命保険の非課税枠が、法定相続人一人当たり500万円ほどあります。また相続税には3,000万円プラス法定相続人一人当たり600万円の基礎控除額があります（相税12・15）。

③ 贈与税の計算

　贈与税にも、110万円の基礎控除額があります。また一定の要件を満たせば、相続時精算課税制度を適用でき、その場合は110万円に代えて、2,500万円の特別控除額を使用することができます（相税21の2・21の5・21の9〜21の16・28・33の2、租特70の2の4）。

160　　Q&A　第5章　課税関係

Q34　保険契約者と実質的な保険料負担者が異なる場合、課税にどのような違いが生じるか

Q　　Aは、10年満期の養老保険を、子B（16歳）名義で契約しました。被保険者、満期保険金受取人は、いずれも子Bです。毎月の保険料3万5千円はAの口座から引き落とされており、年末調整の際もAが生命保険料控除を受けてきました。

　この度、満期保険金500万円を子B（26歳）が受け取りました。保険会社から届いた支払調書は子B名義になっているので、受け取った保険金について、一時所得として子Bが確定申告をすればよいでしょうか。

A　　保険の契約者はBですが、本件では保険料の実質的な負担者はBではなくAだと認められます。保険料負担者と満期保険金の受取人が異なっている場合、満期保険金500万円はAからBへの贈与とみなされ、Bに贈与税が課税されます。

解　　説

1　保険契約者と保険金受取人が同じ場合

　保険契約者と保険金受取人が同じ場合、養老保険の満期保険金には、所得税が課税されます。所得税は、事業所得や不動産所得、給与所得など10種類の所得に区分されており、それぞれ税金の計算方法が異なります。満期保険金の受取は、10種類のうち一時所得に該当し、下記の計算式で課税所得を計算します（所税22・34、所基通34-1）。

　一時所得の金額を計算するときは、まず満期保険金の金額から払い込んだ保険料の合計額をマイナスし、更に一時所得の特別控除額50万円をマイナスします。これに2分の1を掛けた金額が、一時所得の金額になります。

一時所得の金額＝(満期保険金の額－払込保険料の合計額－特別控除額50万円)×1/2

　上記の算式で計算した一時所得の金額は、更に給与所得や事業所得など他の所得と合算し、その年の所得の合計額を計算します。そこから基礎控除や扶養控除、生命保険料控除など各種控除額をマイナスして課税すべき所得金額を計算します。所得税は累進課税制度を採用しているので、課税所得に応じた税率をかけて所得税（住民税）を計算することになります。

課税所得金額＝(一時所得の金額＋他の所得金額)－各種控除額 納付すべき所得税額＝課税所得金額×所得税率－控除額

【所得税の税率（所得税法89条）】

課税される所得金額	税　率	控除額
195万円以下	5%	―
195万円超　330万円以下	10%	97,500円
330万円超　695万円以下	20%	427,500円
695万円超　900万円以下	23%	636,000円
900万円超　1,800万円以下	33%	1,536,000円
1,800万円超4,000万円以下	40%	2,796,000円
4,000万円超	45%	4,796,000円

　本件で、もし保険契約者である子Ｂが保険料を負担していると仮定すれば、Ｂには一時所得の金額が課税されます。その場合は、受け取った保険金500万円から、払い込んだ保険料の合計額420万円（＝3万5千円×120か月）と特別控除額50万円を差し引き、これに1/2を掛けて

計算した15万円を、Bの他の所得と合算して所得税（住民税）を納税することになります。Bに満期保険金以外の収入がない場合には、基礎控除額38万円（※）の範囲内に収まりますので、納付すべき所得税額は0円となります。

一時所得の金額　（500万円－420万円－50万円）×1/2＝15万円

課税所得の金額　15万円－38万円＝0円

所得税の金額　　0円

※所得税の基礎控除額

　　平成30年度の税制改正において、令和2年1月1日から所得税法の基礎控除額が次のように変更されています。合計所得金額が2,400万円を超える場合は、所得金額に応じて控除額が逓減し、合計所得金額が2,500万円を超える場合は、基礎控除の適用はありません（所税86）。

【所得税の基礎控除額】

個人の合計所得金額	控除額
2,400万円以下	48万円
2,400万円超2,450万円以下	32万円
2,450万円超2,500万円以下	16万円
2,500万円超	0円

2　実質主義の原則

　税法では、名義の如何にかかわらず、誰が実質的に経済的利益を受けたかで判定されます。これは実質主義の原則といいます。実質主義の原則とは、租税公平主義を根拠とする課税サイドにおける基本的な考え方で、担税力に応じた税負担を納税者に求めることで、課税における平等の原則を実現しようというものです（所税12、相税13、所基通12-1）。

一般的には保険契約者が保険料負担者であると推定され、本件では、保険契約者は子Bですから、表面的には保険契約者と満期保険金受取人が同一と見えます。

しかし、未成年者である子Bに保険料を支払う経済力がないと認められれば、実際に親であるAが毎月の保険料を負担し、かつ、年末調整の生命保険料控除も受けていることから、実質的な負担者はAであると判断されます。

すると保険料負担者と満期保険金の受取人が異なるケースに該当するため、満期保険金の全額についてBに贈与税が課税されます。

3 特例贈与と一般贈与

贈与税額の計算は、その年の1月1日から12月31日までの1年間に贈与によりもらった財産の合計額を計算し、基礎控除額110万円を差し引いた金額に、税率を掛けて計算します。所得税を計算するときのように、支払った保険料の金額は控除することができないので、注意してください（相税21の2・21の5、租特70の2の4）。

> 課税価格＝その年中に受け取った満期保険金の合計額－基礎控除額110万円
> 納付すべき贈与税額＝課税価格×税率－控除額

このとき贈与した人（贈与者）と贈与を受けた人（受贈者）との関係性によって、贈与税の税率が異なります。父母や祖父母などの直系尊属が、子や孫（財産の贈与を受けた年の1月1日において20歳以上の者に限ります。）にする贈与を「特例贈与」といいます。それ以外の贈与、具体的には直系尊属以外の親族（夫、夫の父や兄弟など）や他人からの贈与、又は直系尊属からの贈与の場合でも受贈者の年齢がその年の1月1日現在において20歳未満の者の場合を、「一般贈与」といいます（相税21の7、租特70の2の5）。

① 特例贈与の場合の税率

課税価格	税　率	控除額
200万円以下	10%	―
400万円以下	15%	10万円
600万円以下	20%	30万円
1,000万円以下	30%	90万円
1,500万円以下	40%	190万円
3,000万円以下	45%	265万円
4,500万円以下	50%	415万円
4,500万円　超	55%	640万円

② 一般贈与の場合の税率

課税価格	税　率	控除額
200万円以下	10%	―
300万円以下	15%	10万円
400万円以下	20%	25万円
600万円以下	30%	65万円
1,000万円以下	40%	125万円
1,500万円以下	45%	175万円
3,000万円以下	50%	250万円
3,000万円　超	55%	400万円

4　納付すべき贈与税の金額

　本件は、特例贈与に当たりますので、贈与税の金額は、48万5千円となります。

Q&A　第5章　課税関係　　165

【贈与税の計算】

贈与税の課税価格	500万円－110万円＝390万円
納付すべき贈与税額	390万円×0.15－10万円＝48万5千円

　このように、同じ収入金額でも、贈与税と所得税では、支払う税額が大きく異なります。特に一時所得の計算をする時は、収入金額から保険料を控除でき、かつ2分の1を掛けて所得金額を計算することができるからです。

5　名義保険と生命保険料控除

　本件のように、契約者の名義は子どもであるにもかかわらず、実質的には親が保険料を負担している保険を「名義保険」といい、近年、税務当局も名義保険の課税に神経をとがらせています。

　収入のない妻や子ども名義の保険料を夫が負担し、年末調整時に夫が生命保険料控除を受けているケースは、数多く見受けられます。生命保険料控除の対象となる保険契約は、実際に誰が保険料を払っているかで判断され、契約者が誰であるかは要件ではないため、名義人ではない夫が控除を受けること自体は問題ではありません（国税庁ホームページ・タックスアンサーNo.1140「生命保険料控除」）。

　しかし実質的な保険料負担者以外の人が、満期保険金を受け取ると、受け取った全額が贈与税の課税対象となりますので、安易な名義保険は禁物です。

　　　アドバイス

　名義保険がある場合は、保険料を負担する者を保険契約者（満期保険金受取人）に変更し、契約者と負担者を一致させることが重要です。その場合は、受け取った満期保険金を、実質的負担者が支払った保険

料の合計額と保険契約者が負担した保険料の合計額の割合で按分します。前者は贈与税、後者は所得税の計算を行うことになります。

保険契約者に、保険料を負担する経済力がない場合は、保険契約者の名義と満期保険金受取人のいずれも、実質的負担者に変更します。その場合は、受け取った保険金を按分することなく、全部を一時所得として計算することができます。

または保険料の引落口座を子に変更し、毎月保険料相当額を親から子に送金するという方法もあります。その上で、当該金額を親から子へ贈与するという内容の贈与契約書を毎年交わすことで、保険料の実質的負担者と保険契約者を一致させることも可能です。毎年の保険料の合計額が贈与額の基礎控除額110万円を超える場合は、子が贈与税の申告をします。その場合、親は年末調整の生命保険料控除を受けることはできません。

Q&A　第5章　課税関係　　167

Q35　死亡保険金を一時金で受け取ったときと、年金で受け取ったときの課税の違いは

Q　Aは、夫Bの死亡に伴い、生命保険金を受け取ることになりました。一時金か年金かを自由に選択することができるのですが、どちらを選択した方がよいか迷っています。一時金を選択する場合は1,800万円、年金で受け取る場合は10年間、毎年225万円ずつが振り込まれることになっています。なお、支払った保険料の総額は800万円です。

　一時金で受け取った場合と、年金で受け取った場合、税金の計算がどのように違うのか教えてください。

A　死亡保険金を一時金で受け取った場合は、生命保険の非課税枠を控除した残額が、相続税の課税対象となります。

　死亡保険金を年金で受領する場合には、相続開始の時点での年金受給権評価額に対して相続税が課税されるとともに、毎年支払を受ける年金について、年金支給初年は全額非課税、2年目以降は課税部分が階段状に増加していく方法により、所得税（住民税）が課税されます。

解　説

1　相続税の課税

　被相続人の死亡によって取得した生命保険金や損害保険金で、保険料の全部又は一部を被相続人が負担していたものには、相続税が課税されます（相税3①一・三・12・15）。

　生命保険を一時金で受け取る場合は、保険金（本件においては1,800万円）から、生命保険の非課税限度額をマイナスした金額を他の相続財産に加算して、全体の相続税を計算することになります。

　年金方式で受け取る場合は、保険金を受け取る権利（＝年金受給権）

が相続税の課税対象となります。

　年金受給権には、定期金の契約に応じて、①一定期間を区切って給付を約束する有期定期金、②給付期間が決まっていない無期定期金、③年金受給権者が死亡するまで給付を約束する終身定期金の3種類があります。

　年金受給権は、上記年金受給権の種類に応じて、まず下記の方法で評価します。（相税24、相基通24-2～24-4）。次に、評価した年金受給権の金額から、生命保険の非課税限度額をマイナスした額を他の相続財産に加算し、全体の相続税を計算することになります。

【年金受給権の評価方法（相続税法24条）】

(1)　有期定期金（①～③のうちいずれか多い金額）
①　解約返戻金相当額
②　一時金で受け取ることができる場合は、その一時金相当額
③　給付を受けるべき年金の1年当たりの平均額×残存期間に応じた予定利率による複利年金現価率
(2)　無期定期金（①～③のうちいずれか多い金額）
①　解約返戻金相当額
②　一時金で受け取ることができる場合は、その一時金相当額
③　給付を受けるべき年金の1年当たりの平均額÷予定利率
(3)　終身定期金（①～③のうちいずれか多い金額）
①　解約返戻金相当額
②　一時金で受け取ることができる場合は、その一時金相当額
③　給付を受けるべき年金の1年当たりの平均額×その目的とされた者に係る平均余命に応じた予定利率による複利年金現価率

※予定利率とは、保険契約の運用利回りのことをいいます。契約先である

Q&A 第5章 課税関係　　169

保険会社に尋ねて確認します。

※複利年金現価率とは、毎年、一定の金額を一定期間受け取れる年金の現在価値を求める際に用いられる率のことをいいます。複利年金現価率は、国税庁のホームページで確認することができます。

※平均余命は、厚生労働省のホームページに掲載されている完全生命表を用いて計算します。この表にあてはめる年齢は、その目的とされた者が年金受給権を取得した時点での満年齢です。

2　所得税の課税

　相続や遺贈により取得した年金受給権に係る生命保険契約や損害保険契約に基づき年金の支払を受けている場合、年金として受け取った金額は、雑所得として所得税の課税対象となります。

　しかし、将来年金を受け取る権利については、既に相続税が課税されており、この部分についても所得税が課税されてしまうと、同一所得に対して二重課税されるという問題が発生します。そこで、年金受給額を、既に相続税の課税対象となった元本部分（非課税部分）と、運用益部分（課税部分）とに振り分けた上で、所得税の計算を行います（所税35、所税令185・186）。

　このような二重課税排除の方式は、下記のようなケースに適用されます。

① 　死亡保険金を年金形式で受給している場合

② 　学資保険の保険契約者が死亡したことに伴い、養育年金を受給している場合

③ 　個人年金保険契約に基づく年金を受給している場合

3　所得税の具体的な計算方法

　雑所得の金額は、①課税部分の年金収入額から、②課税部分に対応する保険料（掛金）の額を控除して計算します（所税35②）。

年金収入額は、年金支給初年は全額が非課税、2年目以降は課税部分が階段状に増加していきます。

雑所得の金額＝課税部分の年金収入額－課税部分に対応する保険料(掛金)の額

本件は、1の表の(1)の有期定期金に該当し、一時金が最も高い金額だと仮定して、評価額1,800万円として計算します。

① 課税部分の年金収入額

【ステップ1】相続税評価割合を求めます。

相続税評価割合＝相続税評価額÷年金の支払総額
　　　　　　＝1,800万円÷2,250万円＝80％

【ステップ2】課税される年金収入金額の総額を求めます。

課税される年金収入総額＝年金の支払総額×相続税評価割合に応じた課税割合(※)

　　　　＝2,250万円×20％（相続税評価割合80％に応じた課税割合）

　　　　＝450万円

※相続税評価割合に応じた課税割合は、国税庁のホームページで確認することができます（タックスアンサーNo.1620「相続等により取得した年金受給権に係る生命保険契約等に基づく年金の課税関係」参照）。

【ステップ3】1課税単位当たりの金額を求めます。

1課税単位当たりの金額＝課税される年金収入総額÷課税単位数(※)
　　　　　　　　　　＝450万円÷45＝10万円

※課税単位数＝残存期間年数×（残存期間年数－1年）÷2
　　　　　　＝10×（10－1）÷2＝45

【ステップ4】課税される年金収入額を求めます。（6年目と仮定）

課税される年金収入額＝1課税単位当たりの金額×経過年数（支払開始日からその支払を受ける日までの年数）

　　　　＝10万円×5＝50万円

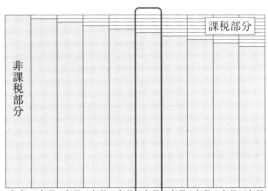

(出典:国税庁ホームページ・タックスアンサーNo.1620「相続等により取得した年金受給権に係る生命保険契約等に基づく年金の課税関係」)

② 年金収入からマイナスする課税部分に対応する保険料(掛金)の額

【ステップ5】課税部分に対応する保険料(掛金)の金額を計算します。

課税部分に対応する保険料(掛金)の額 = 課税される年金収入額 × (支払保険料総額 ÷ 年金の支払総額)

= 50万円 × (800万円 ÷ 2,250万円) = 177,778円

③ 雑所得の金額

【ステップ6】雑所得の金額を計算します。

雑所得の金額 = 課税される年金収入額 − 課税部分に対応する保険料(掛金)の額

= 500,000円 − 177,778円 = 322,222円

ここで計算した雑所得の金額322,222円を給与所得や不動産所得など他の所得と合算し、その年の総所得金額を計算します。総所得金額から、基礎控除や扶養控除など所得控除の金額をマイナスして、課税所得金額を計算し、これに所得税率を掛けて納付すべき所得税(住民税)の金額を計算します。

課税所得金額 = (雑所得の金額 + 他の所得金額) − 各種所得控除額
納付すべき所得税額 = 課税所得金額 × 所得税率(※)

※所得税率の計算は国税庁ホームページ・タックスアンサーNo.2260「所得税の税率」を参考にしてください。

アドバイス

　保険金を一時金で受け取る場合は、相続税だけの課税で済みますが、受け取る保険金の金額は、年金形式で受け取る金額より少ないのが一般的です。

　一方、年金で受け取る場合は、年金受給権に対する相続税に加えて、毎年の年金のうち運用益部分が雑所得として課税されます。雑所得は、総合課税ですから、他の給与所得や不動産所得などに合算して課税され、雑所得の分だけ税率自体も高くなります。課税所得が大きくなれば、それに応じて住民税や国民健康保険料の金額も増加することになります。しかし、受け取る年金の総額は、一時金で受け取るときより金額が多いのが一般的です。

　相続税も所得税も、累進課税を採用しているので、一概にどちらが得とはいえませんが、年金以外に不動産収入など他の所得がないか少ない場合で、課税所得の金額が195万円以内に収まるようなら、所得税率が5％で済みますので、年金形式で受け取った方がメリットがあると思われます（所税89）。

　本件でも、この年金収入以外に遺族年金しかないと仮定したら、雑所得の金額322,222円は基礎控除額(38万円、Ｑ34参照)以下ですので、所得税（住民税）は課税されないことになります。

Q&A 第5章 課税関係 173

Q36 保険金受取人を妻から孫に変更したことで、課税はどのように変化するか

Q Xは、30年連れ添った妻と離婚することになりました。

現在Xは、次の二つの生命保険に加入しており、離婚に伴って、保険金受取人の変更を考えています。Xには息子が一人いますが、息子ではなく、生まれたばかりの孫Yを受取人にしたいと考えています。

Xに万が一のことがあった場合、孫にはどのような税金がかかりますか。

	契約者	被保険者	受取人	保険金の額	保険料
A生命保険	X	X	Xの妻	3,000万円	月額10万円
B生命保険	X	Xの妻	X	1,000万円	月額4万円

A Xの死亡に伴って、孫にA生命保険金が支払われた場合、孫が受け取った保険金は相続財産とみなされ、本来の相続財産と合算して、相続税が課税されます。ただし、孫は相続人ではないので、生命保険の非課税枠を使うことはできません。

B生命保険の場合は、Xが死亡しても保険事故はまだ発生していないので、保険金は支払われません。しかし、B生命保険に関する権利を孫が相続することになるので、Xの死亡時の解約返戻金相当額が、相続税の課税対象になります。

解　説

1 みなし相続財産

相続開始時に被相続人本人が所有していた財産にかかる一切の権利

義務は、死亡と同時に被相続人から相続人に移転します。これらの権利義務は、墓や位牌、仏壇など一定のものを除いて、全てが相続税の課税対象となります。

また、死亡時には被相続人に帰属していた財産ではないけれど、被相続人の死亡を原因として発生し、受け取ることになった財産は、本来の相続財産と変わりがないため、相続税法上は相続財産とみなして、相続税が課税されます。このような財産を「みなし相続財産」といい、代表的なものとして、生命保険と死亡退職金があります。

2　生命保険の非課税限度額

死亡保険金の受取人が相続人の場合、受け取った保険金のうち一定の金額については、相続税の課税対象に含めなくてよいこととされています。生命保険の非課税限度は、下記の算式で計算します（相税12五）。

> 非課税限度額＝500万円×法定相続人の数

全ての相続人が受け取った保険金の合計額が、非課税限度額を超える場合に限り、その超える部分を本来の相続財産に加算して、相続税を計算することになります。保険金を受け取っていない相続人も含めて、非課税枠の計算をすることができますが、相続を放棄した人や相続権を失った人は含みません（相税3）。

生命保険の非課税枠が適用できる保険は、保険契約者と被保険者が同一であり、死亡保険金の受取人が相続人である場合に限ります。相続人以外の人が取得した死亡保険金については、非課税の適用はありません。

また、医療保険など死亡を原因とする保険金以外の保険金で、被相続人が受取人であったものは、本来は生前に受け取るべきものを死亡

後に受け取ったにすぎないので、本来の相続財産に該当し、非課税枠の適用はありません。

　本件では、孫は相続人には該当しないので、A生命保険を受け取った場合に非課税枠を使うことはできません。

3　生命保険契約に関する権利

　「生命保険契約に関する権利」とは、その契約に関する権利を取得した時に、まだ保険事故が発生していない保険契約に関する権利のことをいい、相続開始の時においてその契約を解約するとした場合に支払われることとなる解約返戻金の額によって評価します。被相続人が生きていれば受け取ったであろう「解約返戻金」や、「満期保険金」を、相続によって相続人が受け取ることになるからです（相税3①三、評基通214）。

　したがって、いわゆる掛捨て保険で、解約返戻金のないものは評価する必要がありません。

　被相続人死亡時の解約返戻金相当額が分からないときは、契約先である生命保険会社等に照会して確認します。

4　相続税額の2割加算

　相続や遺贈、相続時精算課税にかかる贈与によって財産を取得した人が、被相続人の一親等の血族及び配偶者以外の人である場合には、本来の相続税額の2割に相当する金額が加算されます（相税18）。

　なお、被相続人の養子は、一親等の法定血族に該当するので、2割加算の対象とはなりません。ただし、被相続人の孫が養子となっている場合は、被相続人の子が相続開始前に死亡したときや相続権を失ったため、その孫が代襲して相続人となっているときを除き、2割加算の対象になります。

代襲相続とは、本来相続人になるはずだった人がすでに亡くなっていたような場合に、相続人となるべき人の子や孫、ひ孫（直系卑属）が、代わって相続人になる制度のことをいいます。

具体的には、被相続人から相続又は遺贈により財産を取得した人で、下記のような人に適用されます。

① 被相続人の配偶者、父母、子ではない人

（被相続人の兄弟姉妹や、甥・姪として相続人になった人、遺言書などで遺贈を受けた内縁の妻や息子の嫁）

② 被相続人の養子として相続人となった人で、その被相続人の孫でもある人のうち、代襲相続人にはなっていない人

5 保険契約者等の異動に関する調書

本件のように、契約者が死亡しただけで、まだ保険事故が発生していない場合も、契約者が変更される時点で、「保険契約者等の異動に関する調書」の提出が、義務付けられました。調書には、相続開始時点での解約返戻金相当額や、死亡した保険契約者等の払込保険料等の金額が記載されます（相税59②）。

アドバイス

孫を生命保険金の受取人にすると、妻や子どもなどに相続させる場合に比べて、どうしても相続税の金額が高くなります。対策としては、孫を養子にすることが考えられます。養子にすれば、孫も法定相続人になりますから、相続税の計算をする際に、基礎控除額の枠と生命保険の非課税枠を、その分だけ増やすことができます。

養子が増えることによって、相続税の計算が有利になるのは、下記の理由によります。

理　由	内　容
基礎控除額	3,000万円＋600万円×法定相続人の数
相続税の総額の計算	累進課税のため、法定相続人の数が多ければ総額が安くなる
生命保険金等の非課税限度額の計算	500万円×法定相続人の数
退職手当金等の非課税限度額の計算	500万円×法定相続人の数

　ただし、相続税法15条2項の規定により、法定相続人に含めることができる養子の数には、下記のような制限があります。税の負担を不当に減少させる目的で養子縁組をしたと認められる場合には、その原因となる養子の数は、法定相続人の人数に含めることはできないので、注意してください。

①　被相続人に実子がいる場合は1人まで

②　被相続人に実子がいない場合は2人まで

　また、孫が養子になっても、相続税の2割加算は適用されます。

178　　Q & A　第5章　課税関係

Q37　法人から個人へ契約者変更したときの課税と経理処理は

Q　Xは、発行済株式の全部を所有する法人Yの代表取締役です。節税のために、自己を被保険者とする生命保険Aと、従業員Zを被保険者とする生命保険Bを契約していました。この度、業績悪化に伴い、生命保険Aの名義を自己に、生命保険Bの名義をZに変更する予定です。いずれの保険についても、法人Yは支払った保険料のうち半分を前払費用として資産計上しており、残りの半分を保険料として損金経理しています。

名義変更に伴って、代表取締役X及び従業員Zに税金が発生しますか。

名義変更前と後の保険の内容は以下のとおりです。

【変更前】

生命保険A		生命保険B	
契約者	法人Y	契約者	法人Y
被保険者	代表取締役X	被保険者	従業員Z
受取人	法人Y	受取人	法人Y

【変更後】

生命保険A		生命保険B	
契約者	代表取締役X	契約者	従業員Z
被保険者	代表取締役X	被保険者	従業員Z
受取人	Xの妻	受取人	Zの妻

Q&A 第5章 課税関係 179

A 法人契約から個人契約に名義変更すると、保険契約上の全ての権利が個人に譲渡されたことになります。法人は計上している保険積立金・前払保険料など科目の如何を問わず、資産として帳簿に計上している金額を、取り崩します。保険契約は、変更時の解約返戻金相当額で法人から個人に譲渡されたことになるので、資産として計上されていた金額との差額は雑収入又は雑損失となります。

名義変更時の解約返戻金相当額を、個人が法人に支払わなければ、当該金額は個人に対する現物給与とみなされ、所得税及び住民税を負担することになります。

この場合、従業員Zに対する現物給与は法人の損金になりますが、代表取締役に対する現物給与は法人税の計算上、損金の額に算入することはできません。

<u>解　説</u>

1　法人契約から個人契約に名義変更するときの経理処理及び課税

(1)　名義変更に伴う法人側の経理処理

契約者及び保険金受取人が法人である生命保険契約について、名義を当該役員や従業員に、保険金受取人を本人やその家族に変更した場合は、生命保険契約を時価で譲渡したことになります（所基通36-37）。このときの時価は、変更時の解約返戻金相当額（配当金を含みます。）と考えるのが妥当です。したがって、保険を譲り受ける個人は、解約返戻金相当額を法人に支払って保険契約を買い取ることになります。

法人は、資産として計上している保険積立金や前払保険料を取り崩します。譲渡金額である解約返戻金相当額との差額が発生した場合は、差額を雑収入又は雑損失として処理します（法税22、企業会計原則「正規の簿記の原則」）。

(2)　無償で個人に譲渡する場合の課税

個人が解約返戻金相当額を法人に支払わないときは、法人はその役

180 Q&A 第5章 課税関係

員や従業員に対して、解約返戻金相当額の賞与を払ったという扱いになります。そこで法人は、賞与に対する源泉所得税を計算し、本人から徴収しなければなりません（所税6・36）。賞与に対する税金の計算は、賞与支給月の前月の給与によって税率が異なるので、国税庁が公表している「賞与に対する源泉徴収税額の算出率の表」（平24・3・31財務告115別表第三）を参考にします。

　所得税の税率は、所得に応じて税率が高くなる累進課税方式が採用されています。解約返戻金相当額は、高額になることが想定されるので、その年の所得税率がアップし、年末調整や確定申告時に所得税の徴収不足が発生する可能性があります。また、当該賞与にかかる住民税は、翌年度に賦課徴収されることになります。

2　役員に対する賞与

　保険契約を譲り受けた人が役員の場合は、個人に対する所得税及び住民税が課税される一方で、法人税の計算上、役員賞与を損金に計上することはできません。

　損金とは法人税の計算上、益金から控除することができる費用のことをいいます（法税34）。法人税は、企業会計上の利益を元に計算しますが、「法人税の利益」と「企業会計の利益」は必ずしも一致しません。企業会計は法人の経営成績を正しく開示するのが目的ですが、法人税法は適切な課税を目的としているからです。

　そのため企業会計と法人税法では、次のように使用する用語が異なります。

① 　企業会計

　　利益＝収益－費用

② 　法人税

　　所得＝益金－損金

Q&A 第5章 課税関係 181

したがって、企業会計では費用として計上したものでも、法人税の計算をするときは、費用として認められないものがあり、役員賞与などがその代表例です。

法人税法では、役員に対する給与のうち「定期同額給与」、「事前確定届出給与」又は「業績連動給与」のいずれか一つに該当するものだけが損金に算入できます（法税34、国税庁ホームページ・タックスアンサーNo.5211「役員に対する給与（平成29年4月1日以後支給決議分）」）。

定期同額給与とは、1か月以下の一定の期間ごとに同額を支給する給与のことをいいます。事前確定届出給与とは、定時株主総会等で支給する金銭の額や支給日等を定めておき、所轄の税務署に「事前確定届出給与に関する届出」を提出した場合に限り認められるものです。また、業績連動給与とは、利益の状況を示す指標、株式の市場価格の状況を示す指標など、その法人及びグループ法人全体の業績を示す指標を基礎として算定される給与で、損金として認められるためには、算定方法の内容が報酬委員会による算定方法の決定等の日以後遅滞なく有価証券報告書に記載されている等、厳しい条件が付されているものです。

上記のいずれにも該当しない場合、役員に譲渡した保険にかかる解約返戻金相当額は法人税の損金には算入できないことになり、その分だけ法人税が高くなってしまいます。

3 退職に伴って名義変更する場合

保険契約者の名義変更が、役員や従業員の退職に伴って行われる場合は、解約返戻金相当額を退職金として処理することができます。

その場合は、解約返戻金相当額に対する退職所得にかかる税金を計算し、本人から徴収します。退職金は、賞与や給与と異なり、分離課税方式が採用されているので、他の所得と合算して税金を計算する必

要はありません。退職所得に対する所得税は、下記のように計算します。退職所得控除の金額がマイナスされた上に、更に2分の1をかけて計算するので、退職金にかかる税金は他の所得に比べて有利な計算方法になっています。

課税される退職所得の金額＝（退職金の金額－退職所得控除額）×1/2

退職所得の金額をもとに、所得税と住民税をそれぞれ計算します。他の所得のように、住民税が翌年に賦課課税されることもありません（所税30・199・201・202、地税50の2・50の3）。

4 役員に対する退職金

賞与と違って、役員退職金も法人税の損金に計上できますが、不相当に高額と認められた場合は、過大部分を損金に計上することはできません（法税34②）。

適正な役員退職金について、法律で定められた計算方法はありませんが、功績倍率法という方法が一般的です。功績倍率法とは、役員の退職直前に支給した給与の額（最終報酬月額）に、その役員が法人の業務に従事した期間（役員在任期間）と役員の職責に応じた倍率（功績倍率）を乗じて計算する方法のことをいいます。

役員退職金＝最終報酬月額×役員在任年数×功績倍率

この時、役員ごとに異なる功績倍率を用いることになりますが、何倍が妥当な倍率なのかは判断の難しいところです。過去の判決によると、同業類似法人の役員退職給与等と比較して、計算すべきとされています。

例えば、東京高裁平成25年7月18日判決（税資263（順号12261））では、特段の事情がない限り、「同業類似法人の役員退職給与の額を、その退

Q&A　第5章　課税関係　　183

職役員の最終月額報酬に勤続年数をかけた金額で割った倍率の平均値」を功績倍率として適用すべきと示されています。

　しかし、非上場の民間企業が同業類似法人の功績倍率を調べるのは、現実的には困難です。東京地裁昭和55年5月26日判決（税資113・442）及び控訴審である東京高裁昭和56年11月18日判決（税資121・355）、上告審である最高裁昭和60年9月17日判決（税資146・603）において、社長の功績倍率は3.0が妥当であるとの判断が示されており、税務の現場では、3倍という数値が基準の一つとなっています。

　　アドバイス

　法人契約を個人に変更する場合、特に役員に変更する場合は、注意が必要です。役員の場合、臨時的な現物給与は定期同額給与に当てはまらないため役員賞与として取り扱われ、法人の損金に計上することができないからです。

　そのため、経済的利益を受けた役員と、経済的利益を供与した法人の両方に課税されることになります。

　名義変更時の解約返戻金相当額を、個人が法人に支払うことで、想定外の税金の発生を回避することができます。

　ただし、退職に伴って役員に名義変更する場合は、解約返戻金相当額を法人に支払わなくても、当該金額を退職金として処理することが可能です。

　その場合、退職金の額が適正であるかどうかがポイントとなります。適正な額を超えた退職金については、法人税の計算上、損金の額に算入できないからです。

　適正な役員退職金の計算方法としては功績倍率法が一般的です。功績倍率に対する明確な基準はなく、3倍を超えたら即、否認されるというものではありません。

経済情勢の変動に伴い、功績倍率も変化するものであり、また、創業社長といわゆる雇われ社長を同じテーブルで評価できるものではありません。最近では4倍～5倍という倍率が認められる判決もでており（東京地判平29・10・13（平27（行ウ）730）裁判所ウェブサイト）、各社の個別事情で判断すべきものです。

税務調査で、役員退職金を否認されないためには、あらかじめ役員退職金規程を作成し、代表取締役は○○倍・専務取締役は○○倍などと、役職に応じた功績倍率を規定として定めておき、根拠を明確にしておくことが重要です。

Q&A 第5章 課税関係 185

Q38 法人から個人へ契約者変更した後で保険を解約したときの所得税の申告は

Q Xは、自己が発行済株式の全部を所有するY株式会社の代表取締役です。この度、節税目的で加入していた自己を被保険者とする低解約返戻金型逓増定期保険Aの名義を、Y会社から個人に変更することにしました。名義変更までにY会社が支払った保険料は2,000万円で、うち半分の1,000万円を前払保険料として資産に計上しています。名義変更に当たって、Xは変更時の解約返戻金相当額(=時価)300万円を、Y会社に支払いました。

名義変更後、Xは個人で保険料500万円を支払い、低解約返戻金型逓増定期保険Aを解約し、解約返戻金2,100万円を受け取りました。解約返戻金よりも、これまでに支払った保険料の合計額2,500万円の方が多いので、所得税の申告は不要だと考えて問題ありませんか。

A 法人契約から個人契約に名義変更するときは、変更時の解約返戻金相当額を時価とみなして、譲渡金額を計算します。

個人に譲渡した後に個人が保険契約を解約すると解約返戻金は個人に支払われることになります。所得税の計算上、法人が負担した保険料を控除することはできないので、解約返戻金の金額が、個人が負担した金額よりも多いときは、申告・納税が必要です。

解　説

1 解約返戻金を受け取ったときの税務

生命保険を解約したときの解約返戻金は、保険契約者が受け取ります。保険契約者と受取人が同じなので、一時金で受け取るときは一時所得として、年金方式で受け取るときは雑所得として課税されること

になります。

　一時所得の金額は、下記の算式で計算します（所税22②二・34）。

> 一時所得の金額＝(解約返戻金の額－必要経費(支払保険料の合計額)－
> 50万円の特別控除額)×1/2

　雑所得の金額は、下記の算式で計算します（所税35）。

> 雑所得の金額＝その年の受取年金額－必要経費（その年の受取年金額に
> 対応する払込保険料の額）

　ただし、いずれの場合も、受け取った保険金の額が、支払った保険
料の金額よりも下回っている場合は、申告の必要はありません。

2　一時所得の計算上、必要経費に算入できる金額

　本件では、保険契約に対する支払保険料の総額は2,500万円であり、
解約返戻金の額2,100万円よりも多いため、通常であれば申告する必
要はないことになります。

　しかし、支払保険料総額2,500万円のうち2,000万円は、名義変更前
のY会社が負担しており、実際にXが支払った保険料は500万円に過
ぎません。解約返戻金にかかる所得税（及び住民税）を計算する際は、
「その収入を得るために支出した金額」の合計額を、必要経費として
控除することができます（所税34②）が、Xが負担しなかった分が、「そ
の収入を得るために支出した金額」に該当するかどうかが、問題とな
ります。

　名義変更前に法人が負担した保険料は、保険金受取人が実質的に負
担したものではないから、満期生命保険金に係る一時所得の計算上、
必要経費には算入できないとした事例（平18・6・30裁決　裁事71・299）や
保険金収入に対する一時所得の計算上控除対象となる必要経費の範囲

に、保険契約の名義変更前の契約者が負担した保険料は認めないとした事例（札幌高判平29・4・13（平28（行コ）31））、また満期保険金に係る一時所得の計算上、法人が負担し損金経理した支払保険料は、「その収入を得るために支出した金額」には該当しないとした事例（最判平24・1・13民集66・1・1）などの判例等によると、「その収入を得るために支出した金額」とは、それが当該収入を得た個人において自ら負担して支出したものといえる場合でなければならないと解されています。したがって、Xの一時所得の計算に当たって、法人が負担した保険料2,000万円を控除することはできません（所基通34-4）。

一方で、名義変更に当たってXが法人に支払った解約返戻金相当額300万円は、文言どおり「その収入を得るために支出した金額」に該当し、一時所得の必要経費として、受け取った保険金から控除することができます。

本件においては、解約返戻金を一時金で受け取った場合の一時所得の金額は625万円となり、給与所得など他の所得と合わせて、所得税や住民税が課税されることになります。

$$\{2,100万円 - (300万円 + 500万円) - 50万円\} \times 1/2 = 625万円$$

3　契約者変更の支払調書記載義務化

生命保険会社等は、生命保険金や給付金を支払った場合、翌年1月31日までに、所轄の税務署に「生命保険契約等の一時金の支払調書」を提出します。支払調書とは、支払をした事業者側が、誰にいくら払ったかを税務署に報告する書類のことで、税務署は受け取った側が正しく申告しているかどうかをチェックするために利用します。

原則として、1回の支払金額が100万円を超える場合に提出義務があり、「保険金等の金額」や「既払込保険料等の金額」だけでなく、「直

前の保険契約者等」、「契約者変更の回数」も記載することになっています（相税59②・相税規30）。

アドバイス

　低解約返戻金型逓増定期保険とは、保険契約後の4、5年目までの解約返戻率が極端に低く設定されており、5〜6年目から急激に解約返戻率が増えるタイプの保険です。

　契約当初は多めに保険料を払うことで、これを前払保険料として積み立てておき、保険期間の後半はこの前払保険料を不足する保険料に充当します。解約時には、積み立てられた前払保険料が解約返戻金として戻ってくる仕組みです。

　解約返戻率が小さいうちに名義を個人に変更し、返戻金の率が高くなってから解約するという役員のための節税商品です。一時所得の計算上、会社が負担した保険料を控除することはできませんが、役員報酬としてもらうよりも一時所得の方が税金は安くなるので、その分の税務メリットがあります。

事　例　編

190

事 例 第1章 受取人の指定・変更 191

第1章 受取人の指定・変更

【事例1】 不倫相手を受取人とする指定の公序良俗違反該当
　　　　 性

　保険契約者Aが、自らを被保険者とする生命保険契約につい
て、Aの不倫関係の相手方であるXを保険金受取人に指定した
ことは公序良俗に反し無効であるとされた事例

（東京高判平11・9・21金判1080・30）

事案の概要

① 　A（保険契約締結当時、50歳）は、会社経営者である。X（保険
　契約締結当時、52歳）は、Y生命保険会社の保険外交員であり、ア
　ルバイト先のスナックに客として来ていたAと知り合い、程なく性
　的関係を持つようになった。Xは、Aに妻子があることを当初から
　知っていた。

② 　Aは、平成5年4月1日、Yとの間で、契約者兼被保険者をAとし、
　25年の生存若しくは25年間経過前の死亡を保険事故とする養老保険
　（生死混合保険）に加入した（以下「本件保険契約」という。）。死
　亡保険金（及び生存保険金）の額は700万円であり、死亡保険金の受
　取人にはXが指定されている。本件保険契約の申込書の作成などの
　締結手続は、Aに依頼されたXが行った。

③ 　Aは、平成9年3月に病で倒れ、入退院を繰り返した後、平成10年
　3月11日、死亡した。そこで、XはYに対し、死亡保険金の支払を求
　めたが、Yは、受取人の指定が公序良俗に反し無効であること等を
　理由に、その支払を拒んだ。

④ 　原審（東京地判平11・3・11金判1080・33）は、本件保険契約締結の日

的がＸの老後の生活の保全にある可能性があり、また、ＸがＹの保険外交員であることからすれば、本件保険契約締結の目的が、Ｘの保険外交員としての成績を上げることであった可能性もあり、本件保険契約締結が、不倫な関係の維持継続を目的とするもの、不倫な関係の維持継続と対価性を有するものと認めるに足りないこと、保険料は1か月2万円足らずであり、本件保険契約締結がＡの妻等法定相続人の生活の基礎を脅かすものであるとする事情も証拠上窺えないこと等を理由として、Ａが、Ｘを死亡保険金の受取人に指定したことが、公序良俗に反すると認めるに足りないとして、Ｘの請求を認容した。そこで、Ｙが控訴した。

当事者の主張

◆保険金受取人（Ｘ）の主張

受取人の指定はＡのＸに対する無償の好意によるもので、不倫関係との対価性はなく、ＸはＡの家族関係に割り込む意思はなかったのであり、受取人の指定は公序良俗に反しない。

◆保険会社（Ｙ）の主張

ＡとＸとの間には、不倫関係以外に特別な生活関係はなく、Ｘの将来の生活の保全をＡに依存するという経済的な事情はなかった。また、Ｘの保険外交員としての成績を上げるためであるならば、妻を受取人と指定すれば足りるはずである。したがって、ＡがＸを死亡保険金の受取人に指定したことは、不倫関係の維持継続を目的とするもの以外になく、右指定は、公序良俗に反し無効である。

裁判所の判断

本件保険契約が締結された平成5年3月当時、ＡとＸとは約2年間愛

事　例　第1章　受取人の指定・変更　　193

人関係にあったものである。もっとも、AはXに対し金銭的援助をしていたわけではなく、Xを死亡保険金の受取人に指定することがXの生活の保障を主目的として行われたと認めるに足りる事情はない。また、Aは、本件保険契約の締結以外、Xが保険契約を獲得することに協力した事実は認められず、本件保険契約の締結がXの保険外交員としての成績向上を図る趣旨であったとも認められない。結局、先に認定したAとXの関係によれば、AがXを本件保険契約の死亡保険金の受取人に指定したことは、不倫関係の維持継続を目的としたものであったと認めるほかはない。

　Xは、受取人の指定はAのXに対する無償の好意によるもので、不倫関係との対価性はなく、XはAの家族関係に割り込む意思はなかったと主張する。しかし、Xが妻あるAと愛人関係にあることは、婚姻秩序を害するものであって、愛人関係にあることと本件の受取人の指定との間には関係がなく、右指定に好意以上のものがないとするXの主張も採用し難い。

　そうすると、本件の死亡保険金の受取人の指定は、不倫関係の維持継続を目的とし、不倫関係の対価としてされたものであり、公序良俗に反し無効であるといわざるをえない。

コメント

1　保険金受取人の指定

　本件では、不倫関係の相手方を保険金受取人とする指定の有効性が争点となりました。本判決は、AがXを死亡保険金の受取人に指定したことは、不倫関係の維持継続を目的とするものであり、この指定は、公序良俗に反し無効であるとするYの主張を認めました。XとAは不倫関係にあったものの、金銭的な援助を受けていたなどの経済的な結

び付きはなく、Xには保険金を受領する実質的な理由がありません。本判決の結論は妥当なものといえるでしょう。

　実務的には、モラルリスクの防止などの配慮から、特別の事情がない限り、債権者や二親等内の親族以外の者を保険金受取人とする契約は引き受けていないようです（山下友信＝米山高生編『保険法解説—生命保険・傷害疾病定額保険』（有斐閣、2010年）289頁）。本件では、Yの保険外交員であったXが、保険契約者との続柄につき「内縁の妻」であり、2、3年同居していると記載したことで、Yによる本件保険契約の引受けがなされたようです（本判決は、このような虚偽の記載をした行為は、Yにおける職務上の義務に違反したものであるとして、Xによる保険金請求は信義則に反し許されないとしています。）。

2　不倫関係の相手方を保険金受取人とする指定と公序良俗

　本判決は、Xを保険金受取人とする指定が不倫関係の維持継続を目的としていること、Xの生活の保障を主目的としていないことを理由としていることから、遺贈に関する判例（最判昭61・11・20民集40・7・1167）の考え方を当てはめたものといえます。不倫関係の相手方を保険金受取人に指定した場合であっても、不倫関係の維持継続を目的としたものではなく、専ら相手方の生活を保全することを目的としたものと評価できる場合には、指定は無効ではないといえそうですが、その線引きは容易ではありません。本件でも、原判決と本判決とで結論が分かれているように、不倫関係の維持継続を目的としたものか否かの判断は容易でなく、保険者との関係では、取引の安全を害するおそれもあります。

　また、不倫関係の相手方である保険金受取人に保険金請求を認めることは公序良俗に反して許されないとしても、そこから直ちに保険者との関係においてなされた法律行為が無効であると解してよいかも問題です。そこで、学説では、保険金受取人とする指定を無効とするの

ではなく、その対価関係が公序良俗違反により無効であるとして、保険契約者が保険金受取人に対して不当利得返還請求権を認めることで解決を図るべきであるとする見解も有力です（山下友信『現代の生命・傷害保険法』（弘文堂、1999年）48頁）。

＜参考判例＞

○不倫関係の相手方を保険金受取人とする指定は、公序良俗に反し無効であり、保険金受取人は保険契約者自身と解すべきであるから、保険金請求権は相続により相続人が承継取得するとした事例（東京地判平8・7・30金判1002・25）

○生命保険契約の保険契約者兼被保険者が、妻との離婚後、愛人の妹と養子縁組をし、保険金受取人を妻から同人に変更したことにつき、不倫関係の維持目的でされたとはいえないとされた事例（東京地判平16・4・7（平14（ワ）14869））

○夫が重婚的内縁関係にある者を保険金受取人に変更したとしても、既に夫婦関係の実態が失われていた場合には、不法な動機によるものとはいえず、公序良俗に違反した違法無効なものとはいえないとされた事例（広島高岡山支判平17・5・24（平16（ネ）214））

196 事　例　第1章　受取人の指定・変更

【事例2】 保険金受取人が死亡したがその相続人又はその順次の相続人が不存在の場合の保険金受取人

　AがY生命保険会社との間で、被保険者をA、死亡保険金受取人をBとする内容の生命保険契約を締結していたところ、Bが死亡した後、A（Bの第1順位の唯一の相続人）も保険金受取人を変更しないまま死亡した。そこで、Bの第2順位の相続人又はその順次の相続人となる兄弟姉妹又はその子や孫であるXらが、商法676条2項の適用ないし準用により保険金受取人になると主張して、Yに対し死亡保険金を請求した事例

（名古屋地判平12・12・1判タ1070・287）

事案の概要

① 　Aは、Yとの間で、昭和57年8月1日、被保険者をA、死亡保険金受取人をB（Aの父）、死亡保険金1,000万円とする内容の生命保険契約（以下「本件保険契約」という。）を締結した。

② 　Bは、昭和58年1月29日死亡し、その相続人は、同人の子であるAであった。

③ 　Xらは、Bの兄弟姉妹又はその子、孫である。

④ 　Aは、本件保険契約の受取人を変更することなく、平成10年11月27日死亡した。なお、Aには相続人が存在しない。

当事者の主張

◆第2順位の相続人又はその順次の相続人（Xら）の主張

　保険契約者が保険金受取人の唯一の相続人であり、かつ、保険契約者が死亡したときに、保険金受取人の相続人又は順次の相続人で生存

事例　第1章　受取人の指定・変更　　197

しているものがいないときは、次の理由により保険契約者の相続放棄の意思を推定し、相続放棄があったものとみなして、保険金受取人の死亡時に第2順位の相続人又はその順次の相続人が保険金受取人となると解すべきである。

①　他人のためにする生命保険契約の保険契約者の意思はできる限り尊重されるべきであり、第三者を保険金受取人とする生命保険契約を締結する者の現時の一般的意識を前提とするときは、保険金受取人が指定受取人の法定相続人である保険契約者自身に変更されるものとされる場合でも、保険の性質が保険契約者自身のためにするものに変わるものではないと解すべきである（最高裁第二小法廷平成4年3月13日判決・民集46巻3号188頁参照）。

②　保険金受取人の唯一の相続人である保険契約者（兼被保険者）が保険金受取人の再指定の権利を行使せず、かつ、保険金受取人の死亡後に婚姻や養子縁組をしたり、子をもうけたりしなかったときは、保険金受取人の第2順位の相続人に保険金を取得させる意思が積極的ではなくとも、いくらか存するのが通常である。

◆保険会社（Ｙ）の主張

　指定受取人が被保険者より先に死亡した場合については、商法676条に規定があり、保険金額を受け取るべき者の相続人とは、指定されていた死亡保険金受取人の死亡の時における相続順位に従い相続人となった者のことであり、その相続人がまた死亡したときは、相続人の相続人若しくは順次の相続人にして生存する者をもって受取人となす趣旨であると解されている。

　本件では、指定受取人であるＢが死亡したことにより、同人の死亡の時における相続順位に従い相続人となる者、すなわち同人の子であるＡが受取人となる。そして、その後Ａが死亡したので、Ａの相続人若しくは順次の相続人にして生存する者が新たな受取人になるところ

であるが、Aの相続人もその順次の相続人も存在しない。

第三者を指定受取人とする生命保険契約は、第三者のためにする契約である。第三者のためにする契約において、第三者が死亡し、商法の規定によっても捕充できず、第三者が欠けるに至るときは、生命保険契約は、本則に戻り、自己のためにする契約となると解される。即ち、死亡保険金請求権は、保険契約者に帰属することになる。

本件死亡保険金請求権は、Aの遺産であり、その相続財産管理人の請求により支払われるべきものである。

裁判所の判断

1 商法676条2項にいう「保険金額を受取るべき者の相続人」とは、保険契約者によって保険金受取人として指定された者（指定受取人）の法定相続人（指定受取人死亡時における相続順位に従う）又はその順次の法定相続人であって、被保険者の死亡時に現に生存するものをいうと解すべきである（大審院大正11年2月7日判決・民集1巻1号19頁、最高裁平成5年9月7日判決・民集47巻7号4740頁参照）。

本件においては、指定受取人死亡時における相続順位に従った法定相続人はAであり、A又はその順次の法定相続人で被保険者（本件保険契約ではA）の死亡時に現に生存するものが、商法676条2項の保険金受取人となるべきところ、該当者が存在しない。

2 確かに、Xらが主張するように、他人のためにする生命保険契約の保険契約者の意思はできる限り尊重すべきであり、保険金受取人が指定受取人の法定相続人である保険契約者自身に変更される場合でも、直ちに保険契約者自身のためにする生命保険契約に変わるものではないといえる。

しかしながら、商法676条2項により指定受取人の相続人が保険金

事　例　第1章　受取人の指定・変更　199

請求権を取得するのは、指定受取人の地位の相続の効果によるものではないこと、そもそも相続放棄については、民法938条により家庭裁判所に申述する方式を定めていることからすると、保険金受取人の唯一の法定相続人である保険契約者が保険金受取人の再指定の権利を行使せずに死亡したからといって、相続放棄の意思を当然に推定できるものではなく、相続放棄があったとみなすこともできないこと、また、保険金受取人の唯一の相続人である保険契約者か保険金受取人の再指定の権利を行使せず、かつ、保険金受取人の死亡後に婚姻や養子縁組や子をもうけたりしなかった（保険金受取人となるべく保険契約者の法定相続人を創設しなかった）ことをもって、保険金受取人死亡時における相続順位とは異にする保険金受取人の第2順位の相続人又はその順次の法定相続人に保険金を取得させるのが、保険契約者の通常の意思であるとまではいえないこと、その他保険契約者の債権者の利益なども考慮すると、保険金受取人の死亡時に第2順位の相続人又はその順次の相続人に対しても、商法676条2項を適用ないし準用すべきであるとするXらの主張は採用できない。

コメント

1　第2順位の相続人又はその順次の相続人の保護

本件では、保険金受取人Bの死亡後に同人の唯一の相続人である保険契約者兼被保険者Aも死亡し、その者に相続人が存在しない場合について、受取人Bの第2順位の相続人又はその順次の相続人が保険金請求権を取得するかが争われました。

本判決は、保険金受取人の死亡時に第2順位の相続人又はその順次の相続人に対しても、平成20年改正前商法676条2項を適用ないし準用

すべきであるとするＸらの主張を否定したものです。その理由は具体
的であり、基本的な考え方は、類似事案に関する参考判例と同趣旨の
ものです。

2　保険法施行後の事案への影響

　保険法46条は、保険金受取人が保険事故の発生前に死亡した場合に
ついて、保険金受取人の相続人の全員が保険金受取人になると規定し
ています。これは、平成20年改正前商法676条2項と同趣旨のものです
から、本判決は、保険法施行後の事案においても参考になると思われ
ます。

＜参考判例＞

○商法676条2項（旧商法428条の3第2項）は、保険金を受け取る者を保険金
　受取人の相続人その人に限る趣旨ではなく、受取人の相続人もまた保険
　契約者が指定権を行使しないで死亡した以前に死亡したときは、相続人
　の相続人又は順次の相続人で、被保険者の死亡時に現に生存するものを
　受取人とする趣旨であるとした事例（大判大11・2・7民集1・19）

○商法676条2項にいう「保険金額を受取るべき者の相続人」とは、保険契約
　者によって保険金受取人として指定された者（指定受取人）の法定相続
　人（指定受取人死亡時における相続順位に従う）又はその順次の法定相
　続人であって、被保険者の死亡時に現に生存する者をいうと解すべきで
　あり、このことは、指定受取人の法定相続人が複数存在し、保険契約者兼
　被保険者がその法定相続人の一人である場合においても同様であるとし
　た事例（最判平5・9・7民集47・7・4740）

事　例　第1章　受取人の指定・変更　　201

【事例3】　全労災の個人定期生命共済の「配偶者」に重婚的内縁も含まれる余地の有無

　共済契約者・被共済者Ａの内縁の配偶者Ｘが、ＡとＹ₁の間の法律上の婚姻関係は既に実体を失っているなどの特段の事情があるから、個人定期生命共済の規約にいう「配偶者」に該当するのはＸであると主張し、法律上の妻Ｙ₁と共済組合Ｙ₂に対して、共済金請求権を有することの確認を求めた事例

（大阪地判平13・8・30判タ1097・277）

事案の概要

① 　Ａは、昭和42年12月28日、Ｙ₁と婚姻した。両者の間に子はいない。

② 　Ｘは、昭和56年5月から昭和57年7月まで、Ａと同じ職場に勤務していた。Ｘには、法律上の配偶者はいない。

③ 　Ａは、遅くとも昭和57年8月頃には、Ｙ₁と別居し、Ｘと同居生活を開始した。

④ 　Ｙ₁は、Ａと別居した後、定職に就き、自己の収入で生活していた。Ａから生活費等の仕送りは受けておらず、Ａとの間に経済的な依存関係はない。Ｙ₁は、昭和58年3月頃、夫婦関係調整の調停事件の申立てをしたが、不成立に終わった。

⑤ 　Ａは昭和59年10月に定職を失い、その後のＡとＸの生活は基本的には、Ｘが働いて得た収入で支えられていた。

⑥ 　Ａは、昭和63年9月1日、Ｙ₂との間で、Ａを共済契約者兼被共済者とする個人定期生命共済契約（以下「本件共済契約」という。）を締結した。本件共済契約に適用される事業規約（以下「本件事業規約」という。）9条1項2号は、被共済者となることのできる者として「共済契約者の配偶者（内縁関係にある者を含む。ただし、共済契約者

または内縁関係にある者に婚姻の届出をしている配偶者がいる場合を除く。以下同じ。）」と定め、同10条3項1号は、被共済者と同一人である共済契約者が死亡した場合の第1順位の死亡共済金受取人を「共済契約者の配偶者」と定めている。

⑦　Aは、平成10年7月13日、持病の肝臓疾患が原因で、55歳で死亡した。Xは、250万円以上の葬儀費用を負担して、Aの葬儀を執り行い、Xから連絡を受けたY₁も葬儀に参列した。

当事者の主張

◆内縁の妻（Ⅹ）の主張

本件事業規約10条3項1号の共済契約者の「配偶者」に該当するのは、内縁の妻Xである。Y₁とAの婚姻関係は実体が失われて形骸化していたから、重婚的内縁ではない。

◆戸籍上の妻（Y₁）の主張

AとY₁の婚姻関係の実体は失われていなかった。

◆共済組合（Y₂）の主張

本件事業規約9条1項2号にいう共済契約者の「配偶者」からは、重婚的内縁的配偶者が除外されている。このことに照らすと、死亡共済金の受取人としての配偶者（本件事業規約10条3項1号）においても、重婚的内縁的配偶者は、これに当たらないものと解するのが相当である。

裁判所の判断

本件事業規約10条3項1号によれば、死亡共済金の受取人は共済契約者の「配偶者」とされているところ、本件共済契約の趣旨・目的に照らすと、その「配偶者」とは、共済契約者と社会通念上、夫婦として共同生活を営んでいた者を指すと解するのが相当である。

事例 第1章 受取人の指定・変更　　203

　ところで、民法が法律婚主義を採用していることに照らすと、上記「配偶者」は、原則として、戸籍上の配偶者を指すものと解すべきであるが、その配偶者の婚姻関係が既に実体を失っているなどの特段の事情が存する場合には、例外的に、重婚的内縁的配偶者を指すものと解する余地があるというべきである。

　この点、Y_2は、本件事業規約9条1項2号において、共済契約者の「配偶者」からいわゆる重婚的内縁的配偶者が除外されていることに照らし、同規約10条3項1号の解釈においても、死亡共済金の受取人としての「配偶者」には、重婚的内縁的配偶者は含まれないものと解すべきであると主張する。しかしながら、かかる規定は、戸籍上の配偶者がある場合には、通常、その者が共済契約者と共同生活を営んでいることが多いことを考慮したものにすぎず、既に婚姻関係の実体が失われている戸籍上の配偶者についてまで、その者を死亡共済金の受取人とする趣旨を含むものとは解されないから、上記規定の存在は、何ら前記の解釈を妨げるものではない。

　本件においては、AとY_1との婚姻関係が、Aの死亡時において、既に実体を失っていたものと認めるべき特段の事情が存するから、共済契約者であるAと共同生活を営んでいた内縁的配偶者であるXが、本件事業規約10条3項1号の共済契約者の「配偶者」に該当するものと解すべきである。

　コメント

1　共済規約にいう「配偶者」の意義

　一般的な生命保険契約では、死亡保険金受取人を誰にするかは、保険契約者が定めることができます。これに対して、本件共済契約に適用される本件事業規約では、被共済者と同一人である共済契約者が死

亡した場合の第1順位の死亡共済金受取人を「共済契約者の配偶者」と定めていました。本件では、この「配偶者」に、内縁の配偶者Xが該当するかが争われました。

本判決は、「配偶者」とは、共済契約者と社会通念上、夫婦として共同生活を営んでいた者を指すと解するのが相当であるとした上で、民法が法律婚主義を採用していることからすれば戸籍上の配偶者を指すものと解するのが原則であるとしつつ、その配偶者の婚姻関係が既に実体を失っているなどの特段の事情が存する場合には、例外的に、重婚的内縁的配偶者を指すものと解する余地があると認めました。

これは、類似事案に関する参考判例と同趣旨のものであり、適切な判断と思われます。

2 生命保険契約において「配偶者」と指定した場合

本判決は、共済規約における「配偶者」の解釈に関するものですが、その判断は、生命保険契約において契約者が受取人を「配偶者」と指定した場合にも参考になるでしょうか。

この点、山下友信『保険法』（有斐閣、2005年）490頁には、「たとえば、たんに『妻』というような抽象的な指定がなされた場合には、離婚の成立により指定は失効するものと考えられるが、そうであっても事実上破綻状態に陥ったような場合にまで指定が失効すると解するのは困難であろう」とあります。

保険会社において夫婦の実体を判断することは困難ですから、簡単には例外を認めないことが妥当と考えます。

＜参考判例＞
○遺族に属する配偶者は、組合員等との関係において、互いに協力して社会通念上夫婦としての共同生活を現実に営んでいた者をいうものと解す

るのが相当であり、戸籍上届出のある配偶者であっても、その婚姻関係が実体を失って形骸化し、かつ、その状態が固定化して近い将来解消される見込のないとき、すなわち、事実上の離婚状態にある場合には、もはや右遺族給付を受けるべき配偶者に該当しないものというべきであるとした事例（最判昭58・4・14民集37・3・270）

○国家公務員等共済組合法にいう配偶者について前掲・昭58最判と同様の判断を示した事例（東京地判昭63・12・12判時1311・60）

○小規模企業共済法にいう配偶者について前掲・昭58最判と同様の判断を示した事例（東京地判平3・10・30判時1418・95）

○地方公務員等共済組合法にいう配偶者について前掲・昭58最判と同様の判断を示した事例（東京地判平7・10・19判タ915・90）

206 　事　例　第1章　受取人の指定・変更

【事例4】　簡易生命保険法55条1項の受取人先死亡の規定の適用

　保険契約者が相続人なくして死亡した事案において、簡易生命保険法55条1項の受取人先死亡の規定について「受取人が死亡し更に保険金受取人を指定しない場合」に該当しないとして、相続財産管理人が死亡保険金を請求した事例

(東京高判平17・9・29判タ1221・304)

事案の概要

① 　Aは、昭和60年11月6日、国との間で、契約者兼被保険者兼保険金受取人をA、保険金額500万円とする簡易生命保険契約（以下「本件保険契約1」という。）を締結した。

② 　Aは、平成4年4月20日、国との間で、契約者兼被保険者兼保険金受取人をA、5年を経過する前の死亡保険金額300万円とする簡易生命保険契約（以下「本件保険契約2」という。）を締結した。

③ 　Aは、平成11年8月6日に死亡した。Aには相続人が存在しないため、平成11年10月7日、相続財産管理人Xが家庭裁判所によって選任された。

④ 　Xは、本件保険契約1及び2について、平成13年6月29日、国に対し、保険金を請求した。

⑤ 　日本郵政公社Yは、平成15年4月1日、日本郵政公社法により現に郵政事業に関して国が有する権利義務を承継した。

当事者の主張

◆相続財産管理人（X）の主張

保険金受取人が保険契約者自身である生命保険契約は、自己のため

事 例　第1章　受取人の指定・変更　　　207

にする保険契約であって、保険金受取人が被保険者でもある場合には、その者の死亡による保険金請求権が相続財産を構成する。

　保険契約者が、相続人なくして死亡した場合にまで簡易生命保険法55条1項の適用を認めるならば、Yは、死亡保険金の一切の支払義務が免責され、結局は、その時効消滅を待ってYの配当原資の一部となってしまうが、このことは当事者間の公平を害する。保険契約者兼保険金受取人が相続人なくして死亡した場合には、民法等の一般規定により保険金を支払うべきであり（具体的には、民法951条により、相続財産法人となるべき財産となる。）、保険金請求権は、Xに帰属する。

◆日本郵政公社（Y）の主張

　Aの死亡は、「保険契約者の指定した保険金受取人が死亡し更に保険金受取人を指定しない場合」（簡易生命保険法55条1項括弧書）に該当するから、本件各保険契約に係る死亡保険金は被保険者であるAの遺族が、その固有の権利としてこれを原始取得する（同法55条1項2号）。したがって、上記死亡保険金がAの相続財産を構成することはない。

裁判所の判断

　本件各保険契約においては、いずれも被相続人が保険契約者兼被保険者であり、かつ保険金受取人となっているところ、本件各保険契約に適用される簡易生命保険法55条1項は、終身保険、定期保険、養老保険又は財形貯蓄保険の保険契約（特約に係る部分を除く。）においては、被保険者の死亡により保険金を支払う場合について、保険契約者が保険金受取人を指定しないとき（保険契約者の指定した保険金受取人が死亡し更に保険金受取人を指定しない場合を含む。）は、被保険者の遺族を保険金受取人とするとの趣旨を定めており、同条2項は、上記

の遺族について、被保険者の配偶者（届出がなくても事実上婚姻関係と同様の事情にある者を含む。）、子、父母、孫、祖父母及び兄弟姉妹並びに被保険者の死亡当時被保険者の扶助によつて生計を維持していた者及び被保険者の生計を維持していた者とする旨定め、さらに、同条5項では、2項に規定する遺族が数人あるときは、同項に掲げる順序により先順位にある者を保険金受取人とする旨定めている。

そうすると、本件各保険契約においては、被相続人の死亡によって、簡易生命保険法55条1項括弧書の「保険契約者の指定した保険金受取人が死亡し更に保険金受取人を指定しない場合」に該当することになるから、本件各保険契約に係る死亡保険金は同法55条1項2号により被保険者の遺族がその固有の権利としてこれを原始取得するものであり、上記死亡保険金が被相続人（被保険者）の相続財産を構成するものでないことは明らかである。

Xは、保険金受取人が保険契約者自身の生命保険契約は自己のためにする保険契約であって、被相続人たる者が保険金受取人であり被保険者である場合は、その者の死亡により、それが相続財産を構成することは自明のことであると主張するが、これは簡易生命保険法55条1項の文言に反する独自の見解であって採用することはできない。

なお、本件は、最高裁において、上告受理申立てが不受理とされた（樫出努＝中西正明＝竹濵修・事例研レポ228号10頁）。

コメント

1 旧簡易生命保険法の意義

簡易生命保険は、旧簡易生命保険法の規定により国（平成15年以降は国営の公社である日本郵政公社）が行う生命保険です（旧簡易生命保険法2）。平成19年のいわゆる郵政事業の民営化によって、旧簡易生命

保険法は平成19年10月1日から廃止されました（郵政民営化法等の施行に伴う関係法律の整備等に関する法律（平17法102）2四）。ただし、簡易生命保険法が廃止される前に効力が生じていた簡易保険契約は、独立行政法人郵便貯金簡易生命保険管理・郵便局ネットワーク支援機構に承継されており、これらの契約には、旧簡易生命保険法の規定（一部を除きます）が適用されます（郵政民営化法等の施行に伴う関係法律の整備等に関する法律附則16〜19）。

　本判決は、旧簡易生命保険法55条の文言に即した解釈を示したものであり、類似事案に関する参考判例とも整合的なものと考えられます。

2　生命保険との異同

　一般的な生命保険契約では、死亡保険金受取人を誰にするかは、保険契約者が定めることができます。保険法46条は保険金受取人が保険事故の発生前に死亡した場合について、その相続人の全員が保険金受取人になると規定しているところ、裁判例は、同時死亡の場合についても、保険金受取人が先に死亡した場合に準じた処理をしてきました（その詳細については、Q5の解説を参照）。

　これに対して、簡易生命保険については、保険契約者の指定した保険金受取人が死亡し更に保険金受取人を指定しない場合について「被保険者の遺族」を保険金受取人とするとされています（旧簡易生命保険法55①）。その理由について、簡易保険法規研究会監修『簡易生命保険法逐条解説』（財団法人簡易保険文化財団、2001年）248頁は、保険契約者が保険金受取人を指定していない場合に「被保険者の遺族」が保険金受取人となる趣旨について、簡易生命保険においては、保険契約の目的は、多くの場合、保険事故が発生した場合に被保険者の遺族の経済生活の安定を確保することにあるものと認められることを指摘しています。また、「簡易生命保険が被保険者の生活の安定又は被保

者の死後における遺族の生活の安定を目的として利用されることが一般的であることから、遺族主義を徹底しており、相続人とはなりえない事実上婚姻関係にある配偶者や生計維持関係者が『遺族』に含まれるとされていることから…一般の生命保険の相続人主義よりも社会生活の実態に配慮した規定であると言える」という指摘もあります（樫出努＝中西正明＝竹濵修・事例研レポ228号19頁）。

＜参考判例＞
○保険金受取人が保険契約者兼被保険者である自己のためにする簡易生命保険契約において、その者が死亡した場合に、簡易生命保険法55条1項を適用し、被保険者の遺族が保険金受取人になるとした事例（最判平9・6・5（平9（オ）80））
○保険契約者兼被保険者がA、保険金受取人がB（Aの弟）とする簡易生命保険契約において、Bの死亡後に同人の唯一の相続人であるAが保険金受取人の再指定をする前に死亡した場合に、旧簡易生命保険法55条1項2号、同条2項を適用し、被保険者の遺族及び遺族に類する者が保険金受取人になるとして、Aの相続財産管理人の請求を棄却した事例（大阪地判平19・12・27（平18（ワ）11837））
○旧簡易生命保険法55条は同条2項に定める遺族が存在しないときは適用されないとする主張を否定した事例（東京高判平27・2・25（平26（ネ）5431）【事例10】）

事　例 第1章　受取人の指定・変更 211

【事例5】　被共済者と共済金受取人の同時死亡の場合の共済金請求権の帰属

　共済契約者兼被共済者と死亡共済金受取人及び両名の子の死亡の先後が不明である場合には、同時死亡したものと推定され、互いに相続がなされない結果、死亡共済金受取人の相続人が死亡共済金請求権を取得するとされた事例

（最判平21・6・2判時2050・148）

事案の概要

① 　Aは、平成13年6月25日、Y組合との間で、被共済者をA、死亡給付金（死亡共済金）受取人を同人の妻であるBとする年金共済契約（以下「本件契約」という。）を締結した。

② 　本件契約に適用される年金共済約款には、次のような規定がある。
　㋐ 　共済契約者は、死亡給付金の支払事由が発生するまでは、死亡給付金受取人を変更することができます（33条1項）。
　㋑ 　死亡給付金受取人の死亡時以後、死亡給付金受取人の変更が行われていない間に死亡給付金の支払事由が発生したときは、死亡給付金受取人の死亡時の法定相続人（法定相続人のうち死亡している者があるときは、その者については、その順次の法定相続人）で死亡給付金の支払事由の発生時に生存している者を死亡給付金受取人とします。この場合に、死亡給付金受取人となった者が二人以上いるときは、その受取割合は、均等とします（33条3項。以下「本件条項」という）。

③ 　A、B及び両名の子であるCは、平成16年3月18日に死亡したが、その死亡の先後は明らかではない。

212　　事 例　第1章　受取人の指定・変更

④　AとBとの間にはC以外に子はおらず、Xは、Bの母であり、B
　の父は既に死亡しており、XがBの唯一の相続人である。Aの父母
　は既に死亡しており、Aには、姉であるD及びE、兄であるF、既
　に死亡した兄Gの養子であるHがいる（以下「Dら」という。）。
⑤　Xは、Yに対して、Aが死亡したことに基づく死亡給付金を請求
　したが、Yは、X及びDらが死亡給付金受取人であるとして、Xに
　対する全額の支払を拒んだ。そこで、Xが本件訴えを提起した。
⑥　第一審（札幌地滝川支判平18・12・13金判1271・61）及び控訴審（札幌高
　判平19・5・18金判1271・57）は、いずれもXの請求を認容した。そこで、
　Yが上告した。

当事者の主張

◆共済金受取人の相続人（X）の主張

　A、B及びCの死亡の先後は明らかではないから、上記3名は同時に
死亡したものと推定される。したがって、A及びCはいずれもBの法
定相続人とはならない。

　したがって、本件条項の規定に照らせば、死亡給付金受取人である
Bの死亡時の法定相続人はXのみであり、Xが本件契約の唯一の死亡
給付金受取人である。

◆組合（Y）の主張

　死亡給付金受取人と被共済者が同時に死亡した場合には、受取人が
先に死亡した場合と同様に扱うべきである。したがって、死亡給付金
受取人であるBの死亡時の法定相続人はAとCである。

　本件条項の規定に照らせば、本件契約の死亡給付金受取人は、A及
びCの法定相続人又は順次の法定相続人のうち、A死亡時に現に生存
しているX及びDらの5名であり、本件条項の規定に照らして、その受
取割合は均等（各5分の1）となる。

事　例　第1章　受取人の指定・変更　　　213

裁判所の判断

　本件条項は、指定受取人と被共済者とが同時に死亡した場合にも適用されるべきものであるところ、本件条項にいう法定相続人は民法の規定に従って確定されるべきものであって、指定受取人の死亡の時点で生存していなかった者はその法定相続人になる余地はない（民法882条）。したがって、指定受取人と当該指定受取人が先に死亡したとすればその相続人となるべき者とが同時に死亡した場合において、その者は、本件条項にいう「死亡給付金受取人の死亡時の法定相続人」に当たらず、その者の相続人が、本件条項にいう「その順次の法定相続人」として、死亡給付金受取人になることはないと解すべきである。そして、指定受取人と当該指定受取人が先に死亡したとすればその相続人となるべき者との死亡の先後が明らかでない場合に、その者が共済契約者兼被共済者であったとしても、民法32条の2の規定の適用を排除して、指定受取人がその者より先に死亡したものとみなすべき理由はない。

　そうすると、前記事実関係によれば、民法32条の2の規定により、被共済者であるAと指定受取人であるBとは同時に死亡したものと推定され、AはBの法定相続人にはならないから、Aの相続人であるDらが死亡給付金受取人となることはなく、また、BとCも同時に死亡したものと推定され、CもBの法定相続人にはならないから、本件契約における死亡給付金受取人は、本件条項により、Bの母であるXのみとなる。

コメント

1　同時死亡の推定と同時存在の原則

　民法32条の2は、数人の者が死亡した場合において、そのうちの一人

が他の者の死亡後に生存していたことが明らかでないときは、これらの者は、同時に死亡したものと推定することを規定しています（いわゆる同時死亡の推定）。震災や洪水、船舶・航空機の事故、一家心中など、同一の危難に遭遇して死亡した場合に、その死亡の先後が明らかでないことが少なくありません。全く同一の時点で死亡することは厳密にはあり得ませんが、これらの者が同時に死亡したものと推定することが法的解決として望ましいとの配慮によります。もちろん、死亡した者の先後が証明された場合には、この推定は覆されることになります。

　同時死亡が推定される結果、同時死亡者は互いに相続しないと解されています。民法882条は、相続は、死亡によって開始すると規定しており、相続法においては、相続が発生するためには、相続開始の時点で相続人が存在していなければならず、被相続人が死亡した時点で生存していなかった者は、相続人になる余地はありません（同時存在の原則）（内田貴『民法Ⅳ親族・相続〔補訂版〕』（東京大学出版会、2004年）335頁）。代襲相続に関する民法887条2項が、被相続人の子が相続の開始以前に死亡したときは、子は被相続人を相続せず、代襲相続が行われる旨を規定していますが、これも同時死亡の場合には、相続が生じないことを前提としています。

2　同時死亡における本件条項の適用

　本件条項は、死亡給付金受取人の死亡時以後、死亡給付金受取人の変更が行われていない間に死亡給付金の支払事由が発生したときは、死亡給付金受取人の死亡時の法定相続人（法定相続人のうち死亡している者があるときは、その者については、その順次の法定相続人）で死亡給付金の支払事由の発生時に生存している者が死亡給付金受取人

事　例　第1章　受取人の指定・変更　　　215

となること、そして、この場合に、死亡給付金受取人となった者が二人以上いるときは、その受取割合は均等とすべきことを規定しています。これは平成20年改正前商法676条2項と同条に関する判例理論を踏まえて作られた約款です。

　平成20年改正前商法676条2項は、保険金受取人の変更権が留保されている場合に、保険契約者がこれを行使せずに死亡したときは、保険金受取人の「相続人」を保険金受取人とする旨規定していましたが、この保険金受取人の「相続人」の意義については、最高裁平成4年3月13日判決（民集46・3・188）並びに最高裁平成5年9月7日判決（民集47・7・4740）は、指定された保険金受取人の「法定相続人又は順次の法定相続人であって被保険者の死亡時に現に生存する者」をいうとした上で、これにより保険金受取人が複数となる場合には、各保険金受取人が取得すべき保険金請求権の割合は、民法427条の規定により、均等の割合となるとしています。法定相続人を保険金受取人に指定した場合とは異なり、権利の割合についての「別段の意思表示」があったとはいえないからです。上記判決を受けて、生命保険や生命共済実務では、均等割合とする約款と、法定相続割合とする約款とに分かれています。

　本件は、共済契約に関する事案であるため、平成20年改正前商法676条2項には直接触れていませんが、本件条項が同時死亡の事案にも適用されるか否かが争われています。本判決は、「本件条項は、指定受取人と被共済者とが同時に死亡した場合にも適用されるべきものである」とした上で、「本件条項にいう法定相続人は民法の規定に従って確定されるべきものであって、指定受取人の死亡の時点で生存していなかった者はその法定相続人になる余地はない」としていますので、平成20年改正前商法676条2項に関する解釈と同様であるといえます（【事例6】参照）。

216 　事　例　第1章　受取人の指定・変更

＜参考判例＞

○生命共済契約の被共済者が第1順位の共済金受取人に故殺され、同人も同
　時に死亡したものと推定される事案において、故殺者である受取人に後
　順位の受取人がある場合であっても、免責となるとされた事例（東京地判
　平元・2・2判時1341・152）

事　例　第1章　受取人の指定・変更　　217

【事例6】　約款に受取人先死亡の規定がある場合の同時死亡における保険金請求権の帰属

　　生命保険契約の指定受取人が被保険者と同時に死亡したものと推定される場合には、商法676条2項の規定が類推適用されるが、互いに相続しないことから、指定受取人の相続人のみが死亡給付金を請求し得るとされた事例

（最判平21・6・2民集63・5・953）

事案の概要

①　Aは、昭和62年8月12日、Y生命保険会社との間で、Aを被保険者とし、死亡給付金受取人をBとする生命保険契約（積立年金保険）を締結した。

②　BはAの妻であり、AとBの間には子はなく、Aの両親及びBの両親はいずれも既に死亡している。Bには兄のX以外兄弟姉妹はおらず、Aにも弟のC以外に兄弟姉妹はいない。

③　平成13年7月20日、AとBが死亡した。両名の死亡の先後は不明であり、同日午後5時頃、同時に死亡したものと推定される。

④　本件契約に適用されるYの積立年金保険普通保険約款には、保険契約者が死亡給付金の受取人として指定した者が死亡した後、受取人の変更が行われていない間に死亡給付金支払事由が生じた場合についての定めがない。

⑤　Yは、Xに対し、XとCの2名が本件給付金を取得したので、Xに対しては本件給付金の2分の1に相当する金額を支払う旨の通知をしたことから、Xがこれを不服として、本件訴えを提起した。

⑥　第一審である神戸地裁平成20年3月25日判決（金判1337・19）、控訴審である大阪高裁平成20年10月31日判決（金判1337・13）は、いずれも

A（ひいてはC）はBの相続人でないから、Xのみが本件給付金の請求権を取得するとして、Xの請求を認めたことから、Yが上告した。

当事者の主張

◆保険金受取人（X）の主張

　保険契約者兼被保険者と指定受取人が同時に死亡したものと推定される場合にも商法676条2項が適用され、指定受取人の法定相続人又は順次の法定相続人であって被保険者の死亡時に生存する者が保険金の受取人となる。本件において、保険契約者兼被保険者であるAと指定受取人であるBは同時に死亡したものと推定され、AはBの相続人とはならないから（民法882条）、Xのみが本件給付金の受取人となる。

◆保険会社（Y）の主張

　商法676条2項の規定は、保険契約者の意思を実現するために、受取人の順位を決定した補充規定である。指定受取人である妻が保険契約者兼被保険者である夫より先に死亡した場合の保険契約者（夫）の合理的意思解釈として、妻の法定相続人から夫を排除し、夫側の遺族が請求権を取得するのを拒否したと認めることはできない。

　保険契約者兼被保険者である夫と指定受取人である妻が同時に死亡したものと推定される場合にも、保険契約者（夫）に妻側の遺族の生活保障のみを考え、受取人から夫側の遺族を排除する意思があったと認めることはできず、このような場合にも商法676条2項を準用し、指定受取人が保険契約者兼被保険者より先に死亡した場合と同様の処理をするのが保険契約者の合理的意思に合致し、また、夫側及び妻側の双方の遺族の生活保障を確保することができて合理的である。本件においては、同項を準用する結果、Bが先に死亡し、Aが後に死亡したものと扱われ、この限りで民法32条の2の適用は排除されるというべ

事　例　第1章　受取人の指定・変更　　　　219

きであり、その結果、Aは、Bの死亡時には生存していたものとして、Xと共に受取人の地位に立つが、Aの死亡により同人の順次の法定相続人であるCが受取人の地位を原始取得したものと解すべきである。したがって、本件給付金の受取人は、Bの相続人であるXとAの相続人であるCの2名となり、その権利の割合は各2分の1である。

裁判所の判断

　商法676条2項の規定は、保険契約者と指定受取人とが同時に死亡した場合にも類推適用されるべきものであるところ、同項にいう「保険金額ヲ受取ルヘキ者ノ相続人」とは、指定受取人の法定相続人又はその順次の法定相続人であって被保険者の死亡時に現に生存する者をいい（最高裁平成2年（オ）第1100号同5年9月7日第三小法廷判決・民集47巻7号4740頁）、ここでいう法定相続人は民法の規定に従って確定されるべきものであって、指定受取人の死亡の時点で生存していなかった者はその法定相続人になる余地はない（民法882条）。したがって、指定受取人と当該指定受取人が先に死亡したとすればその相続人となるべき者とが同時に死亡した場合において、その者又はその相続人は、同項にいう「保険金額ヲ受取ルヘキ者ノ相続人」には当たらないと解すべきである。そして、指定受取人と当該指定受取人が先に死亡したとすればその相続人となるべき者との死亡の先後が明らかでない場合に、その者が保険契約者兼被保険者であったとしても、民法32条の2の規定の適用を排除して、指定受取人がその者より先に死亡したものとみなすべき理由はない。

　そうすると、前記事実関係によれば、民法32条の2の規定により、保険契約者兼被保険者であるAと指定受取人であるBは同時に死亡したものと推定され、AはBの法定相続人にはならないから、Aの相続人

であるＣが保険金受取人となることはなく、本件契約における保険金受取人は、商法676条2項の規定により、Ｂの兄であるＸのみとなる。

コメント

1 平成20年改正前商法676条2項と同時死亡

本件は、【事例5】と同様に、保険契約者兼被保険者と保険金受取人が同時に死亡した場合に、誰が保険金請求権を取得するかが争われた事案です。

保険契約者兼被保険者と保険金受取人が同時に死亡した場合には、平成20年改正前商法676条2項が適用されるか、そしてそれにより保険金受取人となる者の範囲が問題となります。学説の多くは、本判決と同様に、平成20年改正前商法676条2項（保険法46条）の規定の類推適用を認めた上で、「（法定）相続人」の範囲は、民法の相続法の規定によると解しています（山下友信＝米山高生編『保険法解説—生命保険・傷害疾病定額保険』（有斐閣・2010年）339頁〔竹濵修〕等）。他方で、民法32条の2の適用を排除して、同時死亡の場合も、保険金受取人が先に死亡したものとみなして、法定相続人の範囲を決定すべきとする見解もあります（山下典孝「判批」金判1271号66頁等）。その理由としては、主に、保険契約者の相続人も保険金受取人の範囲に含めることにより、保険金受取人の相続人が保険金を独占するという不都合を回避することにありますが、本判決はこれを明確に否定しています。

2 保険法46条と同時死亡

保険法46条は、保険金受取人が保険事故の発生前に死亡したときは、その相続人の全員が保険金受取人になると規定しています。これは、平成20年改正前商法676条2項と同じく、保険金受取人の相続人は、相

続によってではなく、法の規定により、新たな保険金受取人として保険金請求権を原始取得するものと解されています。保険法46条は、平成20年改正前商法676条2項とは異なり、「保険事故発生前」に保険金受取人が死亡した場合に適用されますので、文言上は直接適用できませんが、同条の類推適用を認める見解が多数です（山下＝米山編・前掲338頁〔竹濵修〕）。保険法のもとで作成された約款においても、本判決は維持されるものと思われます。

＜参考判例＞

○保険契約者兼被保険者が保険金受取人と同時に死亡した場合にも、約款により受取人の相続人が受取人とみなされ、右相続人が死亡保険金請求権を原始取得するとされた事例（東京高判昭58・11・15判時1101・112）

○保険契約者兼被保険者（夫）と保険金受取人（妻）が共に鉄道に飛び込み自殺したことから、同時に死亡したものとされる場合には、保険金受取人が先に死亡した場合に準じて保険金受取人の法定相続人が固有の権利として保険金請求権を取得するとされた事例（東京高判平5・5・13文研生保判例集7・238）

222　　事　例　第1章　受取人の指定・変更

【事例7】 保険金受取人変更に関する保険者の内規とその効力

保険金受取人変更に関する保険者の内規とその効力について、親族でない者にも変更できる、内規に違反しても無効ではないとした事例　　（東京地判平22・7・8（平21（ワ）20786））

事案の概要

① Aは、昭和63年6月1日、Yとの間で、保険契約者兼被保険者をA、保険金受取人をB（Aの母）、死亡保険金額4,000万円とする生命保険契約を締結した（以下「本件保険契約」という。）。

② Aは平成15年頃、本件保険契約の保険金受取人をCに変更するとともに、死亡保険金額を2,500万円に変更した。Cは、Aの弟Eの妻であり、Eが死亡した後の平成8年頃にはAと男女関係にあったが、婚姻届は提出されなかった。

③ Aは、平成19年11月21日、死亡した。

④ Bは、平成20年4月10日、死亡した。Bの相続人は、子X_1、子X_2及び子X_9、子Dの子X_7及びX_8、並びに子Eの子F及びGの計7名である。

⑤ X_1は、本訴提起後の平成21年11月7日、死亡した。X_1の相続人は、妹X_2及び妹X_9、妹Dの子X_7及びX_8、並びに弟Eの子F及びGの計6名である。

⑥ X_2は、平成21年12月26日、死亡した。X_2の相続人は、夫X_3、子X_4、子X_5、及び子X_6の計4名である。

事例 第1章 受取人の指定・変更　　223

当事者の主張

◆旧受取人の相続人（Xら）の主張

1　Yでは、本件保険契約を含む生命保険契約一般（法人役員生命保険を除く。）において、保険金受取人として親族以外の第三者を指定することを認めておらず、Cへの受取人変更は、受取人となり得る資格のないものへの変更手続であり無効であるから、Xらが保険金請求権を順次相続している。

2　Y会社（営業職員であるH）は、平成19年7月26日、X₂からCがAの妻でないと聞いた時点において、直ちにAに連絡を取り、事実関係を確認した上で、Y会社では親族以外の第三者を受取人に指定することは実務運用上認めておらず、Cへの受取人変更は手続上問題があることを告知すべき契約上の附随義務を負っていたが、当該義務の履行を怠った。

◆保険会社（Y）の主張

1　Cへの受取人変更は、保険契約者Aの意思表示に基づくものであり、有効である。

2　契約上の附随義務に関するXらの主張には理由がない。

裁判所の判断

1　本件保険契約に係る約款において、保険契約者は、被保険者の同意を得て、保険金受取人を指定し、又は変更することができるとされているところ、本件保険契約の保険契約者兼被保険者であるAは、平成16年3月26日、Yに対し、本件保険契約の死亡保険金受取人をBからCに変更するとの意思表示をしたことが認められる。したがって、本件保険契約の死亡保険金受取人は、同日、Cに変更された。

　上記約款において、保険契約者が被保険者の親族でない第三者を

保険金受取人とすることを制限する規定はないこと、Yは、内規において、保険金受取人を被保険者の配偶者又は二親等内の法定血族以外の者に変更することについては、変更理由の妥当性やモラルリスク等に留意して極力回避することが望ましく、なるべく親等の近い親族又は親族を含めた複数人を保険金受取人とするなどの勧奨に努めるが、保険金受取人の変更は保険契約者の権利であり、基本的に拒否し得ないとしていることが認められる。これらの事実からすると、AとYが本件保険契約において親族以外の第三者を保険金受取人にすることができない旨を合意したことはなく、保険金受取人を親族以外の第三者に変更したいと申し出た保険契約者に対してYが翻意を促すことがあるとしても、事実上の措置にすぎず、保険契約者による受取人変更の意思表示の効果を妨げるものではないといえる。したがって、Cが亡Aの配偶者又は二親等内の法定血族でないとしても…保険金受取人の変更が無効となることはない。

2　本件保険契約の死亡保険金受取人をBに変更するか否かやBに変更した後に更に別人に変更しないか否かは、いずれも保険契約者であるAの自由な意思に委ねられた不確実なものであるから、AがYから告知を受けることに対するBの期待は、法的保護に値する利益であるとはいえない。Xらの主張は、法的利益の侵害をいうものではないから、それ自体失当である。

　　保険金受取人の変更が被保険者の親族以外の第三者への変更であることを理由に無効となることはなく、保険金受取人を親族以外の第三者に変更したいと申し出た保険契約者に対してYが翻意を促すことがあるとしても、それはモラルリスクの観点から行う事実上の措置にすぎず、専らY自身の利益のために行うものであるといえる。したがって、YがAに対しCへの受取人変更に手続上問題がある旨告知しないことは、何らBの利益を害するものではないから、Yが

本件保険契約上のこのような告知をすべき附随義務を負うことはないというべきである。

また、Cは、Aの弟Eの妻であり、Eが死亡した後の平成8年頃にはAと男女関係にあり、その後もAと交際をしていたことが認められる。したがって、Cは、Aの配偶者又は二親等内の法定血族には該当しないものの、Aの親族（二親等内の傍系姻族）ではあり、Aが本件保険契約の保険金受取人をCに変更することは、Yの内規においても「その他の親族」又は「内縁関係」等を理由に許容される可能性が大きく、モラルリスクの観点から問題視すべき場合に当たらないといえる。

コメント

1 保険会社の内規の効力

本件では、被保険者の配偶者又は二親等内の法定血族以外の者を保険金受取人に変更することは極力回避することが望ましいとするYの内規の効力が問題とされました。

本判決は、Yが内規に基づいて保険契約者に対してYが翻意を促すことがあるとしても、それは事実上の措置にすぎず、保険金受取人の変更が被保険者の親族以外の第三者への変更であることを理由に無効となることはないとし、保険契約者に告知すべき附随義務も否定しました。内規は、あくまで保険会社の内部的なものであり、保険契約の内容になるものではないことからすれば、本判決は適切なものと考えられます。

ただし、どのような相手に対してでも受取人変更ができるわけではありません。不倫関係にあった女性を保険金受取人として指定した事案において、不倫関係の維持継続を目的としていたものであるから保

険契約中の保険金受取人指定の部分は公序良俗 (民90) に反し無効であるとした裁判例があり (東京高判平11・9・21金判1080・30、Q2参照)、この趣旨は、受取人変更の場合にも及ぶと解されるためです。その意味では、本判決が、Yの内規においても「その他の親族」又は「内縁関係」等を理由に許容される可能性が大きいと判示したことは重要です。この点については、「研究会では、保険会社の保険金受取人変更の内規に違反した場合、その効力如何について活発に議論された。結局のところ、たとえ内規に違反したとしても、それが公序良俗や信義則に反しない限りは有効であるという結論になった」と指摘されています (金岡京子＝甘利公人・事例研レポ253号10頁)。

2　保険法施行後の事案への影響

　保険法43条1項は、保険契約者は、保険事故が発生するまでは、保険金受取人を変更することができると規定しています。これは、契約締結時に変更権を留保していた場合に限って受取人変更を認めていた平成20年改正前商法675条の規律を変更したものですが、改正前の保険実務では保険金受取人の変更権を留保するのが通例でした。本判決も、保険契約者に変更権がある事案に関するものですから、本判決は、保険法施行後の事案においても参考になると思われます。

　なお、本判決は内規があった事案ですが、保険法43条1項は任意規定であり、受取人変更を約款によって制限することは一定の範囲内において可能とされています (Q6参照)。

＜参考判例＞
○不倫関係にあった女性を保険金受取人として指定した事案において、不倫関係の維持継続を目的としていたものであるから保険契約中の保険金受取人指定の部分は公序良俗 (民法90条) に反し無効であるとした事例 (東京高判平11・9・21金判1080・30【事例1】)

| 事 例 | 第1章　受取人の指定・変更 | 227 |

○重婚的内縁関係にある者への保険金受取人変更の効力について、違法な不倫関係であるということはできず、したがって、保険金受取人変更の手続も不法な動機によるものということはできないから、公序良俗に反した違法無効なものとはいえないとした事例（広島高岡山支判平17・5・24（平16（ネ）214））

○モラルリスク排除の観点から死亡保険金受取人が原則として被保険者の二親等以内の場合に限るとの査定基準は保険会社の内部基準にすぎないとしながらも、当該査定については合理性があるとして、保険契約申込後承諾までになされた親族以外の者への保険金受取人変更という秘匿行為は、詐欺（民法96条）を構成するとした事例（東京高判平17・6・2（平17（ネ）1115））

228 　事　例　第1章　受取人の指定・変更

【事例8】　第三者のためにする生命保険の契約者がした質権設定の効力

　保険契約者・被保険者Aの債権者Xが、生命保険契約の保険金請求権について、Xを質権者とする質権の設定をAから受け、保険者であるY生命保険会社に対してその旨通知した。Aが死亡したところ、Yは、Xの質権の効力を認めず、受取人Bに死亡保険金を支払った。そのため、XがYに対し、質権の実行として死亡保険金の支払を求めた事例

（東京高判平22・11・25判タ1359・203）

事案の概要

① 　XとAは、いずれも歯科の開業医である。Bは、Aの妻である。
② 　Aは、平成14年6月1日、Yとの間で、契約者兼被保険者をA、死亡（高度障害）保険金額を1,350万円、死亡保険金受取人をBなどとする終身保険契約を締結した（以下「本件生命保険契約」という。）。なお、保険契約者又はその承継人は、被保険者の同意を得て、保険金の受取人を指定又は変更することができるとされている。
③ 　Xは、平成14年6月30日、Aとの間で、AのXに対する借入金2,900万円の返済に係る債務弁済契約を締結すると同時に、当該債務の履行を担保するため、本件生命保険契約の保険金請求権にXを質権者とする質権を設定する旨を合意した（以下「本件質権」という。）。その後、AからYに対して本件質権の設定が通知されている。
④ 　Aは、平成17年7月11日頃から同月20日頃までの間に死亡した。
⑤ 　Xは、平成18年2月頃、本件質権の実行として、Yに対し、本件生命保険契約に基づき本件死亡保険金を支払うよう求めたが、Yから、死亡保険金の受取人がBに指定されていることを理由に、支払を拒

絶された。

⑥　Yは、平成18年5月11日、Bに対し、本件死亡保険金を支払った。

当事者の主張

◆質権者（X）の主張

　生命保険契約において、保険金受取人の権利の処分は保険契約者に委ねられており、質権設定の権限は保険契約者Aにあったというべきである。

◆保険会社（Y）の主張

　本件質権の対象となった「保険金請求権」は、Aに帰属する財産権に限られる。本件生命保険契約の死亡保険金の受取人はBと指定されており、死亡保険金請求権はAの財産権に含まれず、Bが有するものであったから、そもそもAは、受取人を自己に変更するか又はBの承諾がない限り、死亡保険金請求権について質権を設定することができなかった。本件生命保険契約は、養老保険であり、死亡保険金のほかに満期保険金及び高度障害保険金の3種類の保険金の支払が予定されており、本件質権の対象となっていたのは、Aの財産権に含まれる満期保険金請求権及び高度障害保険金請求権であった。

　生命保険契約の本来の目的は、死亡保険金受取人（遺族等）の生活保障にあるというのが伝統的な考え方であり、また、社会通念にも合致するところ、約款上、契約者に保険金受取人の指定権が留保されている場合であっても、死亡保険金の受取人の変更については限定的、制約的に認められているにすぎない。このような生命保険契約の性質に照らしても、死亡保険金請求権が受取人に帰属するのは当然のことであり、保険契約者が死亡保険金請求権に質権を設定することはできないとするのが多くの生命保険会社の長年にわたる実務上の取扱いであった。

230　　事　例　第1章　受取人の指定・変更

裁判所の判断

　本件生命保険契約では保険契約者が保険金受取人の指定又は変更権を留保しており、保険契約者であるAはいつでも保険金受取人の指定を変更ないし撤回することができたのみならず、受取人の指定・変更・撤回権を含む生命保険契約上の権利を他へ譲渡することもできたのであり、保険金請求権の帰属は保険契約者であるAの意思に委ねられていたことになる。

　そうすると、Aは、本件生命保険契約に基づく保険金請求権について死亡保険金に関するものも含めて一定の処分権を有していたのであるから、保険金受取人の有していた本件生命保険契約に基づく保険金請求権も、被保険者が死亡するまではその限度で不確定なものであって、いわば期待権に止まるというべきである。すなわち、死亡保険金請求権も含めた本件生命保険契約に基づく権利全般について、Aが上記処分権を有していたという意味でAの財産権に属するものであると解するのが相当である。特に、本件のように当初から債権担保（質権設定）を目的として締結された生命保険契約にあっては、死亡保険金の受取人とされた補助参加人（B）は、質権設定による制約のある死亡保険金の請求権を取得しているに止まるというべきであり、このことは、本件生命保険契約の締結、本件質権の設定通知及びAの死後の死亡保険金請求に係るYの関係者の対応からも首肯できる。

　本件質権の設定通知書には、生命保険契約の保険金請求権について質権を設定した旨が記載されているに止まるのであり、満期保険金に限定するとの記載もないことは明らかである。ところで、一般に生命保険といえばまず死亡保険金が想定されるのであり、上記の本件質権の設定通知書の記載内容に関しても、質権を設定したのは生命保険契約の死亡保険金請求権であると解するのが通常であり、少なくとも死

事　例　第1章　受取人の指定・変更　　　231

亡保険金を除く満期保険金及び高度障害保険金についての請求権に限
定したものであると解することが通常の理解であるとは到底いうこと
ができない。

コメント

1　保険契約者の有する処分権の内容

　本件では、死亡保険金受取人Ｂの関与がないまま保険契約者Ａが設
定した質権の効力が争われました。Ｙも、Ａが受取人を自己に変更す
れば（又はＢの承諾を得れば）死亡保険金請求権について質権を設定
できたことを認めており、そのような手続がないことが質権を無効と
する理由になるかが問題になりました。

　本判決は、保険事故発生前については、保険契約者が受取人変更権
等を有することを重視して、明示的に受取人変更の手続をしなかった
としても質権設定は有効と認めました。保険事故発生前の死亡保険金
請求権（抽象的保険金請求権）は、受取人Ｂに帰属していますが、こ
れは条件付きの弱い権利にすぎません（本判決は「不確定なものであ
って、いわば期待権に止まる」と判示しています。）。そして、受取人
としてＢを指定したとしても、保険契約者Ａには処分権が残っており、
Ｂの承諾なく、受取人を変更することができます（本判決は「死亡保
険金に関するものも含めて一定の処分権を有していた」と判示してい
ます。）。保険契約者Ａの権利と、死亡保険金受取人Ｂの権利が性質を
異にすることは本判決のとおりであり、適切な判断と思われます。

2　保険法施行後の事案への影響

　本判決は平成20年改正前商法が適用された事案ですが、その判断は、
保険法の解釈においても参考になります。

萩本修編著『一問一答保険法』（商事法務、2009年）191頁（注2）には「保険給付請求権について譲渡や質入れをすることができるのは、法文上は明記されていませんが、当然のことながら、当該保険給付請求権を有している保険金受取人です。したがって、保険金受取人ではない保険契約者が保険給付請求権に質権を設定しようとする場合には、保険事故または給付事由が発生するまでに、保険金受取人を保険契約者自身に変更する旨を保険者に通知した上で、自己の保険給付請求権に質権を設定する必要があります」としていました。これは、本判決と異なる見解（否定説）です。

しかし、別段の意思表示を必要としていた平成20年改正前商法675条1項の規律を変更し、保険法43条1項が保険金受取人変更権の原則を明確化したことは、保険事故発生前については保険契約者の処分権を重視する趣旨といえます。保険法60条は、一定の範囲に限定して保険金受取人の介入権を認めているが、これは保険金受取人が金銭を負担することを条件として差押債権者等による契約解除を制限するものであり、保険契約者の処分権を弱める趣旨の規定ではありません。したがって、保険法施行後であっても本判決の見解（肯定説）をとることも可能と考えられます（中込一洋＝山野嘉朗・事例研レポ255号1頁、山下典孝「判批」ジュリスト1440号108頁）。

＜参考判例＞
○他人のためにする生命保険契約において保険契約者が保険金受取人を変更せずに死亡保険金請求権に質権設定を行うことを肯定した事例（東京地判平17・8・25（平16（ワ）23885））
○他人のためにする生命保険契約において保険契約者が保険金受取人を変更せずに死亡保険金請求権に質権設定を行うことを否定した事例（大阪地判平17・8・30（平15（ワ）9356））

事 例 第1章 受取人の指定・変更　　　233

【事例9】　高齢者による保険金受取人の変更

　高齢者による保険金受取人の変更について、意思能力が失われていたとはいえないとした事例

(東京地判平25・12・12（平23（ワ）28583））

事案の概要

① 　A（Xの姉）は、平成4年11月1日、Yとの間で、被保険者をA、死亡保険金受取人をX、死亡保険金額200万円とする内容の生命保険契約と、死亡保険金額50万円とする生命保険契約を締結した（以下「本件各保険契約」という。）。

② 　Aは、平成18年12月28日、Zと結婚した。

③ 　Aは、平成22年2月に胆管癌で余命3ないし6か月であることが判明して以降、入院を望まず自宅で療養を行うことを希望し、死亡時に至るまで、主として夫であるZにより、食事の世話、排泄の介助を含む日常の身の回りの世話を受けていた。

④ 　Aは、平成22年5月11日、本件各保険契約の受取人を夫Zに変更する内容の受取人名義変更請求書に署名押印して（その印影は、届出印と同一である。）、保険証券とともに、Yに対して郵送した（以下「本件受取人変更請求」という。）。

⑤ 　Aは、平成22年5月19日に死亡した。

当事者の主張

◆旧受取人（X）の主張

　Aは、平成22年5月11日当時、モルヒネを投与され眠らされている状況であり、自ら名義変更の署名をすることができるだけの体力、判断

234　事 例　第1章　受取人の指定・変更

力を有しておらず、保険契約の受取人変更という高度な判断能力を要
する法律行為をするに足りる意思能力を有していなかった。したがっ
て、本件受取人変更請求は、無効である。

◆保険会社（Ｙ）及び補助参加人（Ｚ）の主張

　Ａには、平成22年5月11日当時、保険金の受取人変更を行いうるだけ
の意思能力・判断能力があった。本件受取人変更請求は、Ａの意思表
示に基づくものとして有効である。

裁判所の判断

　本件受取人変更請求の書類における届出印押印欄の印影は、Ａが、
自ら行った改印手続の際に届け出た印影と同一であること、本件受取
人変更請求に際しては、受取人名義変更請求書と共に本件契約にかか
る保険証券が郵送によりＹに提出されたこと、Ａは、平成22年2月に胆
管癌で余命3ないし6か月であることが判明して以降、入院を望まず自
宅で療養を行うことを希望し、死亡時に至るまで、主として夫である
Ｚにより、食事の世話、排泄の介助を含む日常の身の回りの世話を受
けていた経緯があり、本件受取人変更請求は、Ａが、本件各保険契約
の受取人をその夫であるＺに変更することを内容とするものであるこ
とが認められ、これらの事情と、本件において、Ｚが、平成22年5月11
日に本件受取人変更請求の書類にＡが署名押印した際の様子を具体的
に述べていることからして、本件受取人変更請求がＡの意思に基づく
ものであると認めることが相当である。

　これに対しＸは、本件受取人変更請求当時、Ａがモルヒネを投与さ
れ眠らされている状況であり、自ら名義変更の署名をすることができ
るだけの体力、判断力を有していなかった旨主張しており、確かに…
本件受取人名義変更請求書の作成日付である平成22年5月11日は、結

事　例　第1章　受取人の指定・変更　　235

果的にはAの死亡日（平成22年5月19日）の8日前であり、当時、Aが麻薬貼付剤を使用していたことや、同月10日にZがXに送信したファックスに「Aさんこの2週間完全に24時間眠ったままですというか苦痛がひどくて眠らされています」等と記載されていることも認められるし、Cも証人として、同月10日にAの自宅を訪問して散髪を行った際のAの様子につき、目を閉じていることが多くて話しかけてもほとんど反応がなかった旨を証言している。

　しかしながら他方、Zが、上記ファックスの表現につき、Aがまどろむことが多かったことをオーバーに表現してXの手助けを期待したものである旨主張しているだけでなく、当時Aに対する往診を行っていたE医師も、その証人尋問において、Aが、平成22年5月14日までは間違いなく同医師の質問に答えていた、署名の意味を理解したり、筆記することもできた、薬は少量なので24時間眠ったままということはない、座位の保持もできた等と証言しているのであって、これら各証言等の内容を総合的に考慮すれば、本件受取人名義変更請求書の作成当時、Aがその署名を行うのに必要な判断力や体力がなかったとまでは言えず、他にこれを覆すに足りる証拠はない。

コメント

1　意思能力の意味

　本件では、保険金受取人の変更の意思表示をした保険契約者Aについて、意思能力の有無が争われました。高橋和之ほか編『法律学小辞典第5版』（有斐閣、2016年）18頁によれば、意思能力とは、「法律関係を発生・変更させる意思を形成し、それを行為の形で外部に発表して結果を判断・予測できる知的能力」のことです。

　意思能力の有無は、個別の事案において判断されるものであり、病

状に関する診療録等の判断が重要になります。本判決は、丁寧な事実認定によって結論を導いており、適切なものと思われます。

2 債権法改正の影響

債権法改正の法律の正式名称は「民法の一部を改正する法律」（平成29年法律44号）であり、同法は平成29年6月2日に公布され、原則施行日は令和2年4月1日とされています。この改正は「契約」に関する規定を中心としており、「第3編　債権」において「契約」以外の債権発生原因（不法行為等）に関する条文は基本的に改正されていません。「第1編　総則」にあっても「契約」に深く関係する事項（意思表示・消滅時効等）に関する条文が改正されています。この改正後の民法3条の2は、「法律行為の当事者が意思表示をした時に意思能力を有しなかったときは、その法律行為は、無効とする」と規定しています。

しかし、これは従来の判例（大判明38・5・11民録11・706等）を明文化したものであり、意思能力の内容や判断方法について新たな規律をしたものではありません。したがって、本判決は、債権法改正後の民法が適用される事案についても参考になります。

＜参考判例＞

○直腸癌により死亡する2日前にされた受取人変更について、保険契約者には「保険金受取人の変更の意味を判断するだけの意思能力」があったとして有効とした事例（浦和地判平3・9・18文研生保判例集6・382）

○脳梗塞で入院中であった保険契約者について、「保険金受取人の変更という判断をするに十分な意思能力が欠如していた」として、受取人変更を無効とした事例（大阪地判平13・3・21判タ1087・195）

○小腸腫瘍により死亡する1か月前にされた受取人変更について、意思無能力であったとは認められないとして有効とした事例（東京地判平19・2・23（平17（ワ）1227・平18（ワ）4440））

| 事 例 | 第1章　受取人の指定・変更 237

○劇症肝炎により死亡する6日前にされた受取人変更について、保険契約者は「自己の行為の結果を判断する能力のない状態にあり、意思能力を欠如していた」として無効とした事例（東京地判平21・10・14（平19（ワ）21638・平20（ワ）3047））

○パーキンソン病・認知症に罹患していた保険契約者について、意思能力がなかったとはいえないとして、受取人変更を有効とした事例（大分地判平23・10・27（平22（ワ）368）裁判所ウェブサイト）

○認知症・慢性腎不全・敗血症に罹患していた保険契約者が、死亡する2日前にした受取人変更について、意思能力がなかったとはいえないとして有効とした事例（名古屋高金沢支判平27・1・28（平26（ネ）179））

238　　　事　例　第1章　受取人の指定・変更

【事例10】　「遺族」がいないときの旧簡易生命保険法55条の解釈

> 旧簡易生命保険法55条1項は「遺族」が全くいない場合には適用されないとして、被保険者の相続人（姪）らが死亡保険金を請求した事例　　　　（東京高判平27・2・25（平26（ネ）5431））

事案の概要

① 　Aは、昭和46年6月12日、国との間で、被保険者をA、保険金受取人を無指定とする簡易生命保険契約を締結した。

② 　Aは、昭和47年1月19日、国との間で、被保険者をA、保険金受取人を無指定とする簡易生命保険契約を締結した。

③ 　Aは、昭和47年1月25日、国との間で、被保険者をA、保険金受取人を無指定とする簡易生命保険契約を締結した（以下、上記①②の契約も含めて「本件各保険契約」という。）。

④ 　Yは、平成19年10月1日に設立された独立行政法人であり、本件各保険契約を日本郵政公社から承継した。

⑤ 　Aは、平成23年12月9日、死亡した。Aの父B、母C、兄Dはいずれもより先に死亡した。Aの相続人はDの子であるXらのみであり、Xらが各2分の1の相続分割合により相続した。

当事者の主張

◆被保険者の相続人（Xら）の主張

1 　旧簡易生命保険法55条は、同条2項に定める遺族が全く存在しないときには適用されない。本件では、Aの遺族がないため、本件各保険契約は、自己のためにする保険契約とみなされる。そして、平成

事　例　第1章　受取人の指定・変更　　　　239

　20年改正前商法676条が適用ないし準用されることにより、受取人
の相続人であるXらが保険金受取人となる。
2　仮に旧簡易生命保険法55条は、同条2項に定める遺族が全く存在し
ないときにも適用されるとすれば、Yには説明義務違反があるから、
損害賠償を請求する。

◆独立行政法人郵便貯金・簡易生命保険管理機構（Y）の主張
1　旧簡易生命保険法55条は、同条2項に定める遺族が全く存在しない
ときにも適用される。
2　説明義務を負担する根拠がない。

裁判所の判断

1　簡易生命保険法（大正5年7月10日法律第42号。昭和24年5月16日法
律第68号により廃止。）においては、保険契約者が保険受取人を指定
していないときは被保険者を保険金受取人としていたため、被保険
者が死亡した場合はその相続人が保険金を取得するという関係にな
っていたところ、被保険者の相続人には被保険者と密接な生活関係
にない者も少なくなく、また、相続人の探索に時間を要することな
どから、昭和17年の改正（昭和17年2月7日法律1号）により、勅令の
定める遺族（相続人とは別の概念）を保険金受取人とするものであ
り、この基本的な構造は、旧簡易生命保険法55条に引き継がれてい
るが、旧簡易生命保険法には、保険契約者が保険金受取人を指定し
ないときに、55条に明確に規定された者以外に、保険金受取人とな
り得る者があることを示唆する規定もない。
　　旧簡易生命保険法80条や81条1項1号は、保険金受取人保護という
観点から、保険金を受け取るべき権利について、譲渡や、差押えの
禁止を定めるだけであって、死亡保険金請求権の帰属を定めるもの

ではない（被保険者の死亡までは、保険契約者が保険金受取人を新たに指定したり、新たに同法55条の遺族に当たる者が現れたりするなど事態は流動的なのであって、保険金受取人の地位は確定しない。）。

Xらは、本件各保険契約は、自己のためにする保険契約とみなされると主張する。しかし、その前提とする旧簡易生命保険法55条は同条2項に定める遺族が存在しないときは適用されないとする主張は上記のとおり採用できず、また、第三者のためにする保険契約である本件各保険契約（Aが保険金受取人を指定しなかったため、旧簡易生命保険法55条1項2号により遺族が保険金受取人となる。）が自己のためにする保険契約となる根拠も明らかでなく、採用できない。

また、Xらは、平成20年改正前商法676条が適用ないし準用されると主張する。しかし、その前提とする旧簡易生命保険法55条は同条2項に定める遺族が存在しないときは適用されないとする主張は上記のとおり採用できず、また、Xらの主張は、旧簡易生命保険法55条が平成20年改正前商法676条と異なる遺族主義を採ったこととも整合しない。

Xらは、旧約款と新約款が類似していることを理由に、郵政民営化によって経営主体は変わったものの、保険契約の内容は同様であることを示していると主張するが、旧簡易保険生命法に基づく保険契約と、かんぽ生命が販売する終身保険契約は別個のものである。また、Xらは、新約款において、受取人の指定のない場合で、受取人である遺族のいないときは、遺族の法定相続人が受取人となる旨規定したのは、旧簡易生命保険法55条における遺族のない場合には、平成20年改正前商法676条が適用ないし準用されるという解釈によったものと解されると主張するが、これを裏付けるに足りる証拠は

全くなく、むしろ、新約款の同規定は、受取人の範囲について旧簡易生命保険法と異なる規律をするとの判断のもとに導入されたと解するのが自然である。

2 Xらは、当審における新請求として、Aは、本件各保険契約の死亡保険金についてDが死亡した後は、姪であるXらが受け取ると信じていたのに、国は、本件各保険契約締結の際、Dが死亡した後にXらが遺族でないため死亡保険金を受け取ることができないことを説明しなかったと主張する。しかし、そもそも本件各保険契約の締結時において、Dがいつ死亡するかは予想できるものでなく、また、人の身分関係・生活関係は流動的であるから、旧簡易生命保険法55条にいう遺族が本件各保険契約締結後に現れる可能性もあるのであって、国においてXらの主張するような事項を説明する義務があったとはいえない。

　また、Xらは、Dが死亡した後、Aに対し、遺族が存在しないので、Aが死亡した場合は死亡保険金を受け取る者がないことを説明する義務があったのにこれを怠ったと主張する。しかし、保険者である国、日本郵政公社ないしYが、Aの生前に、Dの死亡によってAの遺族に該当する者がいなくなっていたことを具体的に把握していたことについての主張、立証はなく、Xらの主張は、その前提を欠いている。また、仮に、Xらの主張が保険者において上記事実を積極的に調査、把握すべきであるとの主張を含むものであるとしても、被保険者の身分関係・生活関係が流動的であるのに、保険者である国、日本郵政公社ないしYが、遺族となるべき者の変動をその都度調査の上、Aに説明する義務があるとは到底認められず、採用できない。

　なお、本件は、最高裁（最決平28・5・11（平27（受）1069））において、上告受理申立てが不受理とされた。

242　　　　事　例　第1章　受取人の指定・変更

コメント

1　旧簡易生命保険法55条の解釈

　本判決は、旧簡易生命保険法55条について丁寧に解釈を展開したものです。

　本判決の内容は、類似事案に関する参考判例とも整合的であり、適切なものと考えられます。なお、「郵政民営化後も、なお存続する既契約については政府の支払保証が継続している（独立行政法人郵便貯金・簡易生命保険管理機構法〔現行：独立行政法人郵便貯金簡易生命保険管理・郵便局ネットワーク支援機構法〕20条2号）。したがって、簡易生命保険について、なお一部に公保険的色彩が残ると評価することは可能であろう。そうすると、社会政策的な側面の残る旧簡易生命保険法55条の従前の解釈を維持するとしても、当該解釈を維持することに実質的な不都合がほぼ認められないことからすれば、それが全く不当であるとまではいえない」という指摘もあります（山下徹哉＝竹濱修＝川木一正・事例研レポ306号16頁）。

2　説明義務について

　説明義務は、どのような場合に認められるのでしょうか。

　ここでは、契約に基づく義務には、はっきり合意したものだけに限られないことが重要です。大村敦志『新基本民法4債権編』（有斐閣、2016年）16頁は、売買契約における説明義務・保護義務・守秘義務について「これらの義務（付随義務）の根拠は、『信義則』（民1条2項）に求められたり『黙示の意思』に求められたりするが、いずれにしても、ある特定の契約を締結したことから発生する義務であることは確かである。このように、約定による義務の中にも、意思によるものと直接には意思によらないものとがある」としています。

事　例　第1章　受取人の指定・変更　　　　243

　本判決は、生命保険契約において保険会社が負う説明義務について
も、参考になるものと思われます。

＜参考判例＞

○保険金受取人が保険契約者兼被保険者である自己のためにする簡易生命
　保険契約において、その者が死亡した場合に、簡易生命保険法55条1項を
　適用し、被保険者の遺族が保険金受取人になるとした事例（最判平9・6・
　5（平9（オ）80））

○簡易生命保険法55条1項括弧書の「保険契約者の指定した保険金受取人が
　死亡し更に保険金受取人を指定しない場合」には、同法55条1項2号によ
　り被保険者の遺族がその固有の権利として保険金請求権を原始取得する
　から、上記死亡保険金は被保険者の相続財産を構成しないとした事例（東
　京高判平17・9・29（判タ1221・304）【事例4】）

○保険契約者兼被保険者がA、保険金受取人がB（Aの弟）とする簡易生命
　保険契約において、Bの死亡後に同人の唯一の相続人であるAが保険金
　受取人の再指定をする前に死亡した場合に、旧簡易生命保険法55条1項2
　号、同条2項を適用し、被保険者の遺族及び遺族に類する者が保険金受取
　人になるとして、Aの相続財産管理人の請求を棄却した事例（大阪地判平
　19・12・27（平18（ワ）11837））

244　事　例　第2章　保険金請求権の有無

第2章　保険金請求権の有無

【事例11】　権利行使が現実に期待できないような特段の事情
　　　　　がある場合の消滅時効期間の進行

> 　死亡保険金請求権の消滅時効の起算点につき、当時の客観的
> 状況等に照らし、その時からの権利行使が現実に期待できない
> ような特段の事情の存する場合には、権利行使が現実に期待す
> ることができるようになった時以降において消滅時効が進行す
> るとされた事例　　　　　（最判平15・12・11民集57・11・2196）

事案の概要

① 　Aは、平成2年5月及び平成3年11月に、生命保険会社であるYとの
間で、Aを被保険者とし、その妻であるXを保険金受取人とする生
命保険契約を締結した（以下「本件各保険契約」という。）。この契
約の約款には、保険金を請求する権利は、支払事由が生じた日の翌
日からその日を含めて3年間請求がない場合には、保険金請求権が
消滅する旨の定め（以下「本件時効消滅条項」という。）がある。

② 　Aは、平成4年5月17日、自動車を運転して自宅を出たまま帰宅せ
ず、行方不明となった。Xは、同月19日、地元の警察署に捜索願を
提出したものの、その行方、消息については、何の手掛かりもなく、
その生死も不明のまま、時が経過した。

③ 　Aが行方不明となってから3年以上が経過した平成8年1月7日、A
が運転していた自動車が発見され、その付近でAの白骨化した遺体
が発見された。現場の状況、その遺体の状態等から、Aは、運転し
ていた自動車が道路から転落したことにより負傷し、その傷害を原

因として、平成4年5月頃に死亡したものと推認される。

④　Aが行方不明になる前のAの経済状態は相当苦しかったことがうかがわれるものの、それが直ちに自殺に結び付くものと認めることはできず、Aの上記転落事故は、Aの運転の過誤により発生したものと推認される。

⑤　Xは、平成8年11月7日、Yに対し、本件各保険契約に基づき保険金の支払を求める本件訴訟を提起した。

⑥　第一審（東京地判平11・5・17判時1714・146）、控訴審（東京高判平12・1・20判時1714・143）は、いずれもXの請求を認容したことから、Yが上告した。

当事者の主張

◆保険金受取人（X）の主張

　Aの死亡が客観的に明らかになった平成8年1月7日時点で既に同人の死亡推定時期から3年が経過しているのであるから、Yの解釈によれば、Xが保険金を請求できる余地はないことになり、結果的に不合理であって、かかる場合には、例外的に取り扱うべきである。

◆保険会社（Y）の主張

　Aの死亡の日から3年が経過するまでの間に本件各保険契約に係る保険金の請求がなかったから、本件時効消滅条項の適用により、Xの保険金請求権は時効により消滅した。

裁判所の判断

　本件時効消滅条項は、その消滅時効の起算点を「支払事由が生じた日の翌日」と定めており、また、本件約款は、上記終身保険及び定期保険特約の支払事由を「被保険者が死亡したとき」と定め、傷害特約

の災害死亡保険金の支払事由を「不慮の事故による傷害を直接の原因として、その事故の日から起算して180日以内に被保険者が死亡したとき」と定めており、これらの定めを併せ読めば、本件約款は、上記終身保険、定期保険特約及び傷害特約に係る保険金請求について、本件時効消滅条項による消滅時効の起算点を「被保険者の死亡の日の翌日」と定めていることが明らかである。

　しかしながら、本件消滅時効にも適用される民法166条1項が、消滅時効の起算点を「権利ヲ行使スルコトヲ得ル時」と定めており、単にその権利の行使について法律上の障害がないというだけではなく、さらに権利の性質上、その権利行使が現実に期待することができるようになった時から消滅時効が進行するというのが同項の規定の趣旨であること（最高裁昭和40年（行ツ）第100号同45年7月15日大法廷判決・民集24巻7号771頁参照）に鑑みると、本件約款が本件消滅時効の起算点について上記のように定めているのは、本件各保険契約に基づく保険金請求権は、支払事由（被保険者の死亡）が発生すれば、通常、その時からの権利行使が期待できると解されることによるものであって、当時の客観的状況等に照らし、その時からの権利行使が現実に期待できないような特段の事情の存する場合についてまでも、上記支払事由発生の時をもって本件消滅時効の起算点とする趣旨ではないと解するのが相当である。そして、本件約款は、このような特段の事情の存する場合には、その権利行使が現実に期待することができるようになった時以降において消滅時効が進行する趣旨と解すべきである。

（中略）

　Xの本件各保険契約に基づく保険金請求権については、本件約款所定の支払事由（Aの死亡）が発生した時からAの遺体が発見されるまでの間は、当時の客観的な状況等に照らし、その権利行使が現実に期待できないような特段の事情が存したものというべきであり、その間

は、消滅時効は進行しないものと解すべきである。そうすると、本件消滅時効については、Aの死亡が確認され、その権利行使が現実に期待できるようになった平成8年1月7日以降において消滅時効が進行するものと解されるから、Xが本件訴訟を提起した同年11月7日までに本件消滅時効の期間が経過していないことは明らかである。

コメント

1　消滅時効の起算点に関する一般原則

　平成20年改正前商法663条・683条1項及び保険法95条は、いずれも保険金請求権の短期消滅時効に関する定めですが、消滅時効の起算点については定めがありません。そのため、保険金請求権の消滅時効がどの時点から進行するかは民法の一般原則によることになります。現行民法166条1項は、消滅時効の起算点を「権利を行使することができる時」と定めているところ、学説では、債権を行使することについて法律上の障害がなくなった時から進行を開始するのであって、債権者側の事情等の事実上の障害は時効進行の妨げとはならないというのが通説的な立場です（我妻榮『新訂民法総則（民法講義Ⅰ）』（岩波書店、1965年）484頁）。これに対して、個別の事情を考慮して「権利を行使することを期待ないし要求することができる時期」を起算点とすべきとする見解も有力です（星野英一「時効に関する覚書」同『民法論集〔第4巻〕』（有斐閣、1978年）310頁）。これまでの判例にも、本判決が引用する最高裁昭和45年7月15日判決（民集24・7・771）と同様に、債権の権利行使可能性を考慮して、事実上の障害を時効進行の妨げとして認めたものもみられます（最判平8・3・5民集50・3・383等）。

　なお、債権法改正後の民法166条1項は、「権利を行使することができる時」という客観的起算点から10年での時効消滅（2号）を維持しつつ、

「債権者が権利を行使することができることを知った時」（1号）という主観的起算点から5年での時効消滅を、また、同条2項は、20年の除斥期間を規定しています。保険法やそれに基づく約款における短期消滅時効については、前者の客観的起算点を前提とする規定であり、上記のような考え方は維持されるものと思われます。

2 保険金請求権の消滅時効

　保険法学説においても、保険金請求権が具体化し、法律上の障害がなくなった時点として、保険事故発生時を原則的な起算点としつつ、いわゆる猶予期間経過後を起算点とする見解が通説です（大森忠夫『法律学全集(31)保険法』（有斐閣、補訂版、1985年）158頁）。他方で、保険金受取人が客観的にみて保険事故の発生を知らないこともやむを得ないような事情がある場合には、保険事故の発生を知った時とする見解も有力です（石田満『商法Ⅳ（保険法）』（青林書院、改訂版、1997年）189頁）。本判決も、原則としては、保険事故発生時を起算点としつつも、「当時の客観的状況等に照らし、その時からの権利行使が現実に期待できないような特段の事情の存する場合」には例外的に、権利行使が現実に期待できるようになったときに消滅時効が進行するとしています。本件では、保険金受取人であるXが、Aの死亡を3年7か月もの間知らなかったことはやむを得ない事情があったというべきでしょうから、本判決の結論は妥当であるといえます。

　一方で、消滅時効の制度の趣旨には、永続する事実状態を尊重することにより法律関係の安定を図ることや、時間の経過による立証上の困難を回避することもありますので、相当長期間経過してから保険金請求がなされるような場合には、保険会社は保険金支払事由が存在しないことや、免責事由があることを主張立証することが困難となることも看過されるべきではありません。

事　例　第2章　保険金請求権の有無　　　　　　249

＜参考判例＞

○疾病のため意識が失われているとしても、権利を行使することについて
　法律上の障碍があったということはできず、本件保険金請求権の消滅時
　効は、高度障害が発生したときに進行を開始したものというべきである
　が、民法158条を類推して、心神喪失の常況にある者については、後見人
　が法定代理権を行使し得るようになったときから6か月は時効が完成し
　ないものと解するのが相当であるとされた事例（東京地判平11・5・28判時
　1704・102)

○保険金受取人の訴え提起が消滅時効の起算日から3年以上経過した後に
　なったことについては、生命保険会社の対応のあり方によるところが大
　きいと推察されるから、少なくとも、そのような対応をしてきた生命保
　険会社が本件で消滅時効を主張することは、信義に反して許されないと
　された事例（東京地判平15・11・6（平12（ワ）16524・平12（ワ）16526・平13
　（ワ）11933))

250 　事　例　第2章　保険金請求権の有無

【事例12】 保険金受取人変更手続未了での被保険者の死亡と対抗要件

　保険金受取人の変更手続において、保険証券等の書類が提出されておらず、保険証券の裏書もされていないから完了しているということはできず、保険金受取人の変更は、保険者に対抗することができないが、本件保険金を受領し得る相応の期待権の侵害があったとして、保険金額の5割を損害とする支払責任が認められた事例　　　　（東京高判平18・1・18金判1234・17）

事案の概要

① 　Aは、平成2年9月1日、生命保険会社であるYとの間で、被保険者をA、死亡保険金受取人をB（Aの当時の妻）、死亡保険金額を3,000万円とする定期保険特約付終身保険契約（以下「本件保険契約」という。）を締結した。

② 　本件保険契約の約款36条3項には、本件保険契約において、死亡保険金受取人の指定及び変更をするには、保険契約者は、Yの定める書類を提出し、保険証券に裏書を受けることを要する旨の規定がある。

③ 　Aは、平成8年4月4日、Bと離婚し、平成9年8月28日、Cと婚姻届出をし、平成12年11月29日、本件保険契約の死亡保険金受取人をCに変更する旨の意思表示をし、保険証券にその旨の裏書がされた。

④ 　Aは、平成15年5月8日、本件保険契約の死亡保険金受取人をCからX（AとBの子）に変更する旨の意思表示（以下「本件受取人変更意思表示」という。）をした。その際、Aは、Yに対し、本件保険契約の保険証券を紛失したとして保険証券再発行の請求をしたが、

保険証券再発行手続の書類に不備があったため、保険証券の再発行はされず、死亡保険金受取人変更の裏書がされなかった。

⑤　Aは、平成15年5月20日、死亡した。Yは、平成15年6月4日、Cに対し、本件保険契約の死亡保険金（契約者貸付金等の債務額を差し引いた残金）を支払った。

⑥　Xは、平成15年10月31日、YとCに対し、本件保険金額である3,000万円の支払を求める訴えを提起した。

⑦　原審（東京地八王子支判平17・5・20金判1234・25）は、本件受取人変更意思表示については約款所定の対抗要件が備わっておらず、Xが主張する事実は、保険証券再発行の手続において通常生じ得る事情であるに過ぎないから、これらの事実があることをもって約款所定の対抗要件が欠けていることを理由に死亡保険金の支払を拒絶することが信義則に反するということができないとして、Xの請求を棄却したことから、Xが控訴した。

当事者の主張

◆保険金請求者（X）の主張

本件受取人変更意思表示により、本件保険契約の死亡保険金受取人はXに変更された。また、Aは、本件受取人変更意思表示をした際、死が間近に差し迫った衰弱した状態であり、Yの営業所職員Dらに対し、死亡保険金受取人変更手続をこの場一度限りで済ませたいと何度も述べた。Dらは、Aに対し、書類に不備はなく死亡保険金受取人変更手続は瑕疵なく完了したことを確約したのに、Yは、死亡保険金受取人変更手続の書類に押印漏れ等があったことを知った後、これを遅滞なくAに知らせなかった。これらの事情からすれば、死亡保険金受取人の変更についての対抗要件は具備されたというべきであり、そう

252　　　　事　例　第2章　保険金請求権の有無

でないとしても、対抗要件が欠けていることを理由にYがXへの保険金の支払を拒絶することは、信義則上許されない。

◆保険会社（Y）の主張

約款36条3項は、死亡保険金受取人の変更は、保険証券等の書類を提出して保険証券に裏書を受けない限り、保険者であるYに対抗できない趣旨を定めたものである。本件受取人変更意思表示については、保険証券が提出されておらず、裏書もされていないから、本件受取人変更意思表示による死亡保険金受取人の変更はYに対抗することができない。

裁判所の判断

本件保険契約の内容になっている約款36条3項には、本件保険契約において保険金受取人の指定及び変更をするには保険契約者において保険証券等Yの定める書類を提出し保険証券に裏書を受けることを要する旨の定めがあることが認められるところ、上記定めは、保険契約者の保険金受取人という重要な契約内容の変更について、保険契約者の意思を確認するとともに、死亡保険金の支払に遺漏がないようにするための合理的な定めであるから、有効なものと解すべきである。そして、本件において、Aがした保険金受取人の変更手続は、Yに対する保険証券等の書類が提出されておらず（保険証券再発行手続についてのYの取扱いは、手続の確実性・画一性を得るための合理的な扱いであるから、有効なものと解すべきである。）、保険証券の裏書もされていないから完了しているということはできない。そうすると、Aによる本件保険契約の保険金受取人の変更は、Yに対抗することができないというべきである。

保険者は、保険契約者兼被保険者からの明確な意思表示を受けた場

合には、保険証券の記載にかかわらず旧保険金受取人に対する支払を
いずれも留保し、新旧保険金受取人間での話合い又は法的決着を待つ
べき義務があるというべきであり、債権者不確知として供託すること
も可能であったと解される。これに反して旧保険証券の記載のまま、
形式的に保険金を支払った場合、保険者は支払留保義務違反として損
害賠償責任を負うことがあり得るというべきである。

　これを本件についてみると、Aは、本件保険契約の保険金受取人を
CからXに変更する強い意思を有していたこと、Aによる保険金受取
人変更手続について、Y担当者からは保険証券再発行手続を含め一端
は終了した旨告げられていることを指摘することができるのであっ
て、Xには、本件保険金を受領し得る相応の期待権が発生していたと
いうべきであり、この侵害は不法行為となる。

　以上によれば、Yには、本件保険金についてCに対する支払を留保
し、又は供託する義務が存在したのであって、同義務に違反すること、
すなわち平成15年6月4日のCに対する本件保険金の支払により、Xの
有していた本件保険金を受領する期待権を侵害されたということがで
きる（ただし、その損害額は上記支払われた保険金額の5割に留まると
された。）。

コメント

1　保険金受取人の変更の効力発生と対抗要件

　平成20年改正前商法675条は、生命保険契約の保険契約者は保険金
受取人の変更権を留保することができるという規定があり、判例は、
「保険金受取人を変更する旨の意思表示は、保険契約者の一方的意思
表示によってその効力を生ずるものであり、また、意思表示の相手方
は必ずしも保険者であることを要せず、新旧保険金受取人のいずれに

254　　事例　第2章　保険金請求権の有無

対してしてもよ」いと解していました（最判昭62・10・29民集41・7・1527）。
そうすると、保険金受取人の変更に伴い、保険者には二重支払のリスクを負うことになりますので、平成20年改正前商法677条は、保険者に対する通知を対抗要件としていました。

　保険法では、保険金受取人の変更は保険者への通知が効力発生要件であり（保険43②）、遺言による変更も可能であると規定しています（保険44①）。いずれにせよ、保険者に対して受取人を変更する旨が通知されなければ、新受取人は、保険者に対して保険金を請求することはできません。生命保険約款では、さらに、保険証券を含む必要書類を提出する等して保険証券に承認裏書がなされることを対抗要件とする定めが置かれることがあります。このような約款規定は、本判決も述べるように、保険会社の大量の事務を迅速確実に処理するために合理的なものであり、有効であると解されています（西島梅治『保険法〔第三版〕』（悠々社、1998年）333頁）。承認裏書を対抗要件と解すべきか、あるいは承認裏書請求書の到達を要件とすべきかには争いもありますが、本件では、請求書の押印漏れという不備があり、保険証券への承認裏書の手続が完了していませんので、保険金受取人の変更について対抗要件を具備していないという点は正当です。

2　保険金受取人予定者の期待権に対する保護

　本件では、保険者は保険契約者から保険金受取人を変更する旨の明確な意思表示を受けているので、旧保険金受取人に対する保険金の支払を留保した上で、新旧保険金受取人間での話合いや法的決着を待つべき義務があり、債権者不確知として供託することも可能であったとして、旧保険証券の記載のまま形式的に保険金を支払った場合には、保険者は支払留保義務違反として損害賠償責任を負うとされました。本判決の理論構成には疑問の余地も指摘されるところですが、手続不

事　例　第2章　保険金請求権の有無　　　255

備があったにせよ、明確な意思表示があったにもかかわらず安易に旧
受取人に保険金を支払ったことに対する警鐘という意味もありそうで
す。

　なお、平成20年改正前商法675条とそれを前提とする判例の考え方
に従えば、Xへの保険金受取人変更の効力は認められるべきでしょう
から、XのCに対する不当利得返還請求が認められる可能性が高い事
案であることに注意が必要です。

＜参考判例＞
○保険者が受取人の変更を知っていたとしても、対抗要件を具備しない限
　り、旧保険金受取人に対する保険金支払は有効であるとされた事例（大阪
　高判昭48・7・30判時719・88）
○約款が保険金受取人の指定・変更につき保険会社への通知と承認裏書を
　要求している趣旨は、指定変更の効力発生要件ではなく対抗要件である
　とされた事例（最判昭62・10・29民集41・7・1527）

256 　事　例　第2章　保険金請求権の有無

【事例13】 保険金受取人の親権者による被保険者殺害につき故意免責条項を適用することの可否

　仮に保険金受取人の親権者が被保険者の殺害に関与していたとしても、保険金の実質的取得者が親権者であるとまでは認め難く、親権者の行為を保険金受取人の行為と同一に評価することはできないとして、保険金請求が認められた事例

（名古屋高判平21・4・24判時2051・147）

事案の概要

①　Aは、平成元年にBと結婚し、AとBとの間には、X₁（平成3年生まれ）、X₂（平成5年生まれ）及びX₃（平成9年生まれ）がいる。なお、X₄は、平成元年にフィリピンで出生し、平成12年にAが認知している。

②　AとBは平成10年9月に離婚し、X₁及びX₂の親権者をA、X₃の親権者をB、X₄についてはAとBを共同親権者とした。AとBは離婚後も同居していたが、平成16年5月頃から別居を始め、BとX₃、X₄はフィリピンで暮らしている。

③　Aは、平成3年8月1日、Y₁生命保険会社との間で、自己を被保険者とし、その子であるX₁及びX₂を死亡保険金受取人とする死亡保険金5,000万円、災害死亡保険金1億円とする生命保険契約を締結した。また、Aは、平成16年8月17日、Y₂保険会社との間で、自己を被保険者とし、死亡保険金を3,000万円（第三者の作為による傷害の場合は6,000万円）、保険金受取人をAの法定相続人とする海外旅行傷害保険契約を締結した。

④　Y₁の約款には、被保険者が「死亡保険金受取人の故意により死亡

事　例　第2章　保険金請求権の有無　　　257

した場合」（本件免責事由1）が、Y₂の約款には傷害が「保険金を受け取るべき者の故意」により生じた場合（本件免責事由2）が、それぞれ免責事由として規定されている。

⑤　Aは、平成16年8月18日、旅行先であるフィリピンにおいて何者かに殺害された。

⑥　Aの死亡後、平成17年1月5日に、X₁〜X₄（Xら）の親権者は全てBとなり、BがY₁及びY₂（Yら）に対して本件保険契約に基づく死亡保険金を請求したが、共に支払を拒んだため、Xらが本件訴えを提起した。

⑦　原審（名古屋地判平20・2・21（平17（ワ）4343））は、Xらの請求を認めたことから、Yらが控訴した。

当事者の主張

◆保険金受取人（Xら）の主張

　Aの殺害にBは関与しておらず、本件免責事由1及び2には該当しないから、Yらは本件死亡保険金の支払義務を免れない。

◆保険会社（Yら）の主張

　Aの殺害にはBが関与しており、BはXらの唯一の親権者であり、専らXらの監護及び財産の管理を行う者であることに鑑みれば、BはXらを実質的に支配し、本件保険金受領による利益を直接享受することができるものであるから、Bの行為はXらの行為と同一に評価できる。よって、Yらは本件死亡保険金の支払義務を負わない。

裁判所の判断

　確かに、本件免責条項1及び2の趣旨は、商法680条1項2号あるいは同法641条の趣旨と同様に、被保険者が保険金受取人の故意行為によっ

て死亡した場合や保険事故が保険金受取人によって招致された場合に保険金受取人に保険金の受取りを認めることは、公益に反し、信義誠実の原則にも反するのでこれを認めない趣旨であることからすると、保険事故が保険金受取人自身の故意行為によって発生した場合でなく、第三者の故意行為によって発生した場合でも、その第三者の行為が保険金受取人の行為と同一に評価できる場合にも、本件免責条項1及び2の適用を認める余地はあるものといえる。

　そこで、本件において、仮に、Bが本件保険事故に関与していたとして、Bの行為が本件各保険金の受取人であるXらの行為と同一に評価できるか否かについて検討する。

　Xらが乳幼児であればともかく、本件事故発生時において、X_4は14歳、X_1は13歳、X_2は10歳、X_3は6歳といずれも学齢に達していたことからすると、Xらにおいて、本件保険金の受取人が自分達であり、自分達の保険金であることを認識することができたものと認められることや、確かに、現時点ではBはXらの親権者ではあるが、本件保険事故発生当時は、X_1及び同X_2の親権者はAであり、XらはAとともに日本において生活していた者であることからすると、本件保険金の実質的取得者がBであるとまでは認め難く、また、Bの行為をXらの行為と同一に評価することはできない。しかも、本件各保険契約はBが本件保険事故の発生を予期してAに締結させたものであるとの事情を窺わせるような証拠はなく、かえって、AがXらのことを考えて保険契約を締結したものであることが窺われることなどからすると、Xらによる本件保険金の受取りを否定することは、保険契約者であるAの意思に明らかに反し、また、Xらの利益を著しく侵害するものであって相当とは認め難い。

事　例　第2章　保険金請求権の有無　　259

コメント

1　保険金受取人による被保険者故殺免責の趣旨

　保険法51条3号は、保険金受取人が被保険者を故意に死亡させたときを免責事由として定めています。本件において問題となっている平成20年改正前商法680条2項や641条と同様の規定です。保険金受取人が被保険者を殺害した場合に保険者が免責されるのは、保険金の支払を受ける立場にいる者が自ら被保険者を殺害することによって保険金を取得することを認めるのは、公益に反するとともに、生命保険契約上要求される信義誠実の原則に反するからです（山下友信『保険法』（有斐閣、2005年）471頁、石田満『商法Ⅳ（保険法）』（青林書院、改訂版、1997年）333頁等）。最高裁昭和42年1月31日判決（民集21・1・77）は、このような趣旨を述べるとともに、殺害当時、殺害者に保険金取得の意図がなかったときにも、免責規定の適用があるとしています。この判例は、被保険者を殺害した保険金受取人は、その直後に自殺するという一家無理心中の事案ですので、保険金受取人が現実に保険金を取得できるかどうかも関係がないといえそうです。また、最高裁平成14年10月3日判決（民集56・8・1706）は、法人が保険契約者兼保険金受取人であり、その代表取締役が被保険者である生命保険契約につき、法人の取締役がその夫である被保険者を殺害し、その直後に自殺した事案において、法人の行為と同一のものと評価できないとして免責を否定しています。

2　第三者による被保険者故殺と免責条項適用の可否

　前述した最高裁平成14年判決は、保険金受取人が法人である事案でしたが、本件は自然人が保険金受取人であるため、その判断枠組みが直接及ぶわけではありません。法人はその機関である代表取締役を離

れて意思能力を有しているとはいえませんが、自然人の場合は、その者自身に意思能力がありますので、保険金受取人の近親者の行為であることから直ちに免責を導くことは妥当ではないからです。

　本判決も指摘しているように、保険金受取人が乳幼児であるようなケースでは、免責が認められる可能性があります（大阪地判昭62・10・29文研生保判例集5・172）。未成年者である子が保険金受取人であり、その親権者が被保険者を殺害した場合には、親権者が子が年少であるために保険金による利益を直接享受し得る立場にあることが多く、免責を認めるべき場合も少なくないでしょう。本件でも学齢にあるとはいえ、わずか6歳の子が「自分達の保険金であることを認識することができた」といえるかは疑問の余地もあります。しかしながら、本件契約自体、保険金取得目的で締結されたものではなく、むしろ保険金受取人である子らの生活の保全を目的としていたことや、殺害者は親権者ではあるものの外国で生活しており、必ずしも保険金を取得できた可能性が大きくないこと等からすれば、本判決の結論は不当とまではいえないものと思われます。

＜参考判例＞
○保険契約者の兄の未必的故意によって被保険者が死亡した事案につき、兄の行為は保険契約者の行為と同視し得ると認めるのが相当であるとして、保険者の免責が認められた事例（富山地判平23・5・27判時2144・136）
○外国で溺死した被保険者の両親（保険金受取人）が保険金を請求した事案につき、保険契約者又は保険金受取人が意思能力・行為能力に瑕疵や制限のない自然人である場合は、当該保険契約者又は保険金受取人が、遅くとも当該保険事故の時点までに、当該保険事故を招致した第三者と意を通じていた事実が存在することが必要であるとして、保険者の免責が否定された事例（最決平24・8・29（平24（オ）1061・平24（受）1306）、控訴審：名古屋高判平24・3・23（平23（ネ）561）。なお、第一審の岐阜地判平23・3・23判時2110・131では免責を認められた。）

事　例　第2章　保険金請求権の有無　　　261

【事例14】　団体信用生命保険と告知

　Yから住宅ローンを借り入れたAの相続人であるXらが、借入れの際に加入したAを被保険者とする団体信用生命保険契約に基づきYに対して保険金が支払われると主張して、Yに対し、これを理由にYのZに対する保険金請求権が存在することの確認を求めた事例　　　（盛岡地判平22・6・11判タ1342・211）

事案の概要

① Aは、昭和51年から岩手県釜石市で中華料理店を営んでいたが、平成5年に慢性B型肝炎と診断され、その後入通院し、肝細胞ガンの疑いなどと診断されたこともあった。

② X₁は、Aの妻であり、X₂の母である。X₂は、盛岡市のホテルに勤務していたが、平成12年頃から、Aの中華料理店を手伝うようになった。

③ Aは、平成12年ないし13年頃、店舗兼住居を新築することにし、このための住宅ローンを住宅金融公庫から借り入れた（取扱店はY）。また、Aは、この住宅ローンの借入れに際し、団体信用生命保険への加入に同意することとした。

④ Aは、平成14年1月中旬から下旬にかけて、脳神経外科や耳鼻咽喉科で診察・検査を受け、睡眠導入剤等の処方を受けた。また、Aは、平成14年1月29日から同年2月4日までに消化器科（内科）の診察を受け、血液検査及び腹部超音波検査を受けた。

⑤ Aは、上記③の住宅ローンからYの住宅ローンに借り換えることにし、平成16年3月29日、Yから借入れをした。また、XらがAのYに対する債務を連帯保証した。

　Aは、この借換えに際し、Aが死亡したときに住宅ローンの残債

262 　事　例　第2章　保険金請求権の有無

務相当額の保険金が支払われる団体信用生命保険への加入に同意した。その際、Aは、平成16年3月4日、告知書の質問について「なし」と回答した（以下「本件告知書」という。）。そして、Zとの間で団体信用生命保険契約を締結した（以下「本件保険契約」という。）。

⑥　Aは、平成18年1月に肝細胞ガンと診断され、同年3月11日、肝臓ガン（肝ガン）を直接原因として死亡した。その日の時点の住宅ローンの残債務額は1,023万9,490円であった。

⑦　Zは、保険契約者に対し、平成18年8月23日付けで、告知義務違反を理由として、本件保険契約を解除する旨の意思表示をした。

⑧　Xらは、Yに対し、上記⑤の住宅ローンを支払い続けている。

当事者の主張

◆被保険者の相続人（Xら）の主張

1　診療録には、肝炎に関して何らかの指示・指導を行った旨の記載は全くされていない。Aは、長年にわたって体調に異常はなく、肝炎の治療を受けることもなく、平成14年1月には不眠について診察してもらうために受診したのであり、肝臓の異常を感じて受診したのではない。

2　Aは、住宅ローンの借換えの必要はなかったが、Yの支店長らに強く勧められて借換えをしたのである。Aは、支店長らから「薬も飲んでいないし、肝機能が安定しているから大丈夫」と言われたため、その指導に従い、本件告知書に「なし」と回答したのである。仮にAが肝疾患に関する指示・指導を受けていたと評価されたとしても、Aには指示・指導があったという認識はなく、告知義務違反について故意や重大な過失があるといえない。

◆銀行（Y）の主張

1　診療録の記載を踏まえると、Aが検査結果や慢性肝炎との説明を

聞いたことがないということは通常あり得ない。

2　Xらの主張は否認ないし争う。Yの行員がAに対し、金利差による負担軽減額が100万円以上になることを説明したところ、Aも納得し、借換えを希望して契約締結に至ったのである。告知事項はAが自己の判断で記入した。

◆保険会社（Z）の主張

1　B型慢性肝炎は、悪化すれば肝硬変、肝ガンと進展する疾患であり、継続的な検査が必要であることから、担当医師はAに対し検査結果を伝えたはずであるし、飲酒の禁止及び定期的な通院・検査を受けることなどの指示・指導を行った。

2　本件告知書の記載からすると、今後も受診が必要と考えていたAにおいては「あり」と回答すべきであったから、「なし」と告知したのは故意であり、少なくとも重大な過失がある。

裁判所の判断

1　告知書の文言の解釈に当たっては、保険者の危険選択の必要性だけを強調することは相当でなく、告知を求められた側が告知書における質問の内容や意味をどのように認識するかということも考慮すべきであり、近時、保険業界において、分かりやすい告知を求めるような努力がされている（裁判所に顕著な事実）のもその一環としてされているものと理解することができる。

　　「指示・指導」は通常単発的であり、それが実際にされている期間というものを直接観念しづらく、治療等と同列に考えることはできないように思われる。

　　また、「指示・指導」の意義についても一義的ではなく、本件告知書には例示も具体的な説明も記載されていないところである。医師

の診察を受ければ、医師から何らかの「指示・指導」に当たり得る
ような話が出ることは容易に想定され、例えば、風邪でかかりつけ
医の診察を受けた際に、「最近肝臓の具合はどうですか。酒は控え
めにしてくださいね。」とか「今度暇になったら検査しましょう。」
と言われた程度のことで、「指示・指導」に当たるのかは判然としな
い。

　検査結果だけを見ると、医師から肝臓に関する何らかの話があっ
たことが推測されるところである。しかし、診療録には、医師から
の指示・指導に関する記載が見当たらず、医師が具体的にいかなる
指示・指導をしたのか判然としない。それどころか、定期的な通院・
検査を受けることの指示・指導はされなかったことをうかがわせる
事実関係もある。

　Ｚ及びＹの主張を子細に検討しても、肝疾患について「指示・指
導」があったとの事実を認定することはできない。

2　仮に「指示・指導」があったとして、Ａがこれを告知しなかったこ
とについて故意又は重大な過失があったといえるかについても検討
しておく。

　本件告知書で告知が求められているのは慢性肝炎の有無ではな
く、それに関して指示・指導を受けたことの有無であるところ、「指
示・指導」というのは、忘却や時期の認識についての混乱が生じや
すい事項といわざるを得ない。平成14年初めの診察の機会に肝臓に
関する話があったとしても、それを明確に記憶していなかった（思
い出さなかった）ことを責めることは困難といわざるを得ない。そ
れだけでなく、体調に目立った不調がなかったこともあって、一般
人であるＡとしては、肝臓はそれほど問題ないと思っていたとして
も不思議ではない。しかも、Ａは平成14年初めから2年以上、肝疾患

により入通院したり、手術・投薬を受けたりしたこともなかったのであるから、「指示・指導」を告知しなかったとしても、これをもって、「ほとんど故意に近い」とまでいうことはできず、Aに重大な過失を認めることはできない。

3 以上判示したことを前提とすれば、団体信用生命保険の被保険者Aが亡くなったことにより、保険金受取人Yの保険者Zに対する保険金請求権が発生しているところ、A及びXらとYとの間では、Yが保険金を受領したときは、受領金相当額のAのYに対する債務につき返済があったものとして取り扱う旨が合意されている。そして、本件訴訟には保険者Zが補助参加しており、本件訴訟の判決でYのZに対する保険金請求権が存在することが確認されれば、ZからYに対してAの死亡時の住宅ローン残債務相当額の保険金が支払われ、それが住宅ローンの支払に充てられることとなり、紛争が終局的に解決されることになる。そうである以上、Xらにとって保険金請求権は他人間の権利関係であるものの、Xらにはこの存在の確認を求める法律上の利益があるというべきである。

コメント

1 団体信用生命保険とは

団体信用生命保険契約は、「住宅ローンの貸手である金融機関（又は保証会社）を保険契約者兼保険金受取人、借主を被保険者とする団体保険」です（山下友信『保険法（上）』（有斐閣、2018年）65頁）。本件保険契約では、借主Aが被保険者、貸主Yが保険金受取人になっています。

団体信用生命保険契約は、住宅ローン等の貸金債権の回収を確実にするために締結される保険であり、その実質においては、貸金の担保的機能を有しています。保険料を支払うのは保険契約者Yですが、実

質的な保険料の負担は、被保険者である借主Aが行っているものと思われます。

保険期間（債務の分割返済期間）中にAが死亡した場合には、保険金受取人Yが、保険会社Zに対して死亡保険金請求権を取得します。保険金額は、保険事故発生時の当該被保険者の債務の残額とされているため、債務の返済に伴って逓減します。

山下友信＝永沢徹編著『論点体系保険法2』（第一法規、2014年）278頁〔宮根宏一〕は、「信用生命保険は、住宅ローン等の賦払（分割払）債務の債務者又は連帯保証人について死亡等の保険事故が生じた場合に、信用供与機関である債権者（ローンの貸手である金融機関等）又は信用保証機関が保険金を取得して残存債務の弁済に充当する仕組みの定期保険であり、団体保険の形式を採るのが一般的である」と指摘しています。

2　告知義務違反

生命保険の保険契約者又は被保険者になる者は、生命保険契約の締結に際し、保険事故（被保険者の死亡又は一定の時点における生存）の発生の可能性（危険）に関する重要な事項のうち保険者となる者が告知を求めたもの（告知事項）について、事実を告知する義務を負います（保険37）。

団体信用生命保険においては、保険契約者となる者（住宅ローンの貸主となる金融機関等）が被保険者となる者（借主）から告知書を取り付けるのが一般的ですが、この金融機関等には告知受領権はありません。本判決は、告知義務違反（保険55①）自体を否定しましたが、仮に告知義務違反があるとされた場合には、解除の可否について、保険会社の故意・過失、保険媒介者の告知妨害などを検討することになります（保険55②）。

事例 第2章 保険金請求権の有無

＜参考判例＞

○告知義務の存在根拠について、保険事業は給付反対給付均等原則に従って営まれているため、危険度に関する情報を収集する必要があるところ、この情報は保険契約者側に偏在しているため、自発的な告知を受けることが不可欠であるとした事例（大判大6・12・14民録23・2112）

○団体信用生命保険は、貸金の回収を図るために締結されているものであるから、当事者間の合理的意思解釈として、保険金が現実に支払われることを停止条件とする債務免除契約が当事者間で締結されていたと解するのが相当であるとして、被告の補助参加人に対する保険金請求権が存在することを理由に支払を拒絶する抗弁の付着しない債務の不存在を確認する範囲で請求を一部認容した事例（大阪地判平10・2・19判時1645・149）

268 事　例　第2章　保険金請求権の有無

【事例15】　保険契約者の地位承継と受取人変更

> 　保険契約者の地位承継と受取人変更について、保険契約者の地位は相続財産に属するところ、契約者は受取人を変更できるとした事例
> 　　　　　　　　　　　　　（東京地判平23・5・31（平22（ワ）41189））

事案の概要

① 　Aは、Yとの間で、被保険者をC、保険金受取人をAとする生命保険契約を締結した（以下「本件保険契約」という。）。

② 　Aは、本件保険契約における保険事故が発生する前である平成8年9月4日に死亡した。Aの法定相続人は、CとDである。

③ 　CとDは、平成9年6月10日、本件保険契約の保険契約者及び保険金受取人の各地位を含むAの遺産の全部をCが相続することを合意した（以下「本件遺産分割協議」という。）。

④ 　Xは、Cに対して6億2,575万2,844円の債権を有するBから、その債権の管理及び回収を委託された（Eは上記債権について訴訟を提起し、平成17年11月17日、勝訴判決が確定している。）。

⑤ 　Xが本件保険契約に基づくCのYに対する保険金請求権ないし解約返戻金請求権を差し押さえたところ、Yは、本件保険契約に基づく保険金請求権はいまだ発生しておらず、Cのみでは本件保険契約を解除できないから、上記差押えによってはXに対して弁済することができないと陳述した。

当事者の主張

◆被保険者の債権者（X）の主張

1 　本件遺産分割協議により、本件保険契約の保険契約者及び保険金

事　例　第2章　保険金請求権の有無　　269

受取人の各地位は、Aの相続開始時からCのみが相続取得したこと
になり、現在もCのみが上記各地位を有している。

2　仮に保険金受取人の地位が相続及び遺産分割協議の対象にならな
いとしても、保険金受取人の変更は新旧受取人のいずれかに対する
保険契約者の意思表示によって直ちにその効力が生じると解されて
いるところ、本件遺産分割協議には、保険金受取人をCのみとする
合意が含まれている。Xは、債権者代位（民423）により、Cに代位し
て上記合意の存在をYに通知しているから、これをYに対抗するこ
とができる。

◆保険会社（Y）の主張

1　本件保険契約に適用される約款（以下「本件約款」という。）所定
の名義変更手続がされていないから、保険契約者の地位はAからC
に承継されていない。

2　本件約款所定の名義変更手続がされていないから、本件保険契約
の保険金受取人は変更されていないか、その変更をYに対抗できな
い。

裁判所の判断

1　保険契約者の地位は、当該地位を有していた者の死亡により相続
財産となり、相続によって相続人に当然に承継されるものであるか
ら、Aが有していた本件保険契約の保険契約者の地位は、Aの死亡
によりCとDが共同相続した上で、本件遺産分割協議により相続開
始時からCのみが相続したことになる。よって、現在はCが本件保
険契約の保険契約者の地位を有しているものと認められる。

この点、Yは本件約款38条2項所定の名義変更手続がされていな
いことをもって、本件保険契約の保険契約者の地位はAからCに承

継されていない旨を主張するが、保険契約者の地位は相続によって相続人の当該承継されるものである以上、本件約款38条は相続による承継の場合には適用されないものと解するのが相当であるから、Yの上記主張は理由がない。

2 一方、保険金受取人の地位は、保険契約者の地位とは異なり相続財産には属せず、本件約款上も、保険契約者が新たな保険金受取人を指定するまでは相続人が保険金受取人となる旨規定されていることから（37条2項）、本件遺産分割協議それ自体によってCが本件保険契約の保険金受取人の地位を取得したものと解することはできない。

　しかしながら、本件約款37条2項によると、本件保険契約の保険金受取人の地位を有していたAの死亡により、相続人であるC及びDが当該地位を取得したこととなるところ、本件遺産分割協議は、本件保険契約の保険契約者及び保険金受取人の各地位をいずれもCに取得させることを目的としたものであることは明らかであるから、そこにおいては、相続人間において保険契約者の地位をAからCに承継させることに合意するとともに、これにより保険契約者の地位を取得したCにおいて、自身を新たな保険金受取人と指定する旨の意思表示をした（なお、被保険者はCであるから、被保険者の同意は問題とならない。）とみるのが相当である。

　そうすると、本件保険契約の保険金受取人は、本件遺産分割協議時に保険契約者によってCと指定されたものと解することができるから、現在はCが本件保険契約の保険金受取人の地位を有しているものと認められる。

　この点、Yは、本件約款37条3項所定の名義変更手続がされていないことをもって、本件保険契約の保険金受取人は変更されていないか、その変更をYに対抗できない旨主張するが、当該規定は対抗要

事例 第2章 保険金請求権の有無 271

件を定めたものと解されるところ、本件のように保険契約者による
任意の手続が期待できないために、平成20年改正前商法677条所定
の対抗要件たる通知について保険契約者の債権者による代位行使に
よらざるを得ず、かつ、当該通知は、Yに対する新たな保険金受取
人の指定の通知と共に裏書請求を含むものと解されることからする
と、本件においては、現に本件約款37条3項所定の手続がされていな
くても対抗要件を具備したものと解するのが相当であるから、Yの
上記主張は理由がない。

3　以上のとおり、Yとの間でCが本件保険契約の保険契約者及び保
険金受取人の各地位を有することの確認を求めるXの本訴請求は理
由がある。

コメント

1　保険契約者の地位の相続

本判決は、「保険契約者の地位は、当該地位を有していた者の死亡に
より相続財産となり、相続によって相続人に当然に承継されるもので
ある」と判示しました。

保険契約も財産権であり、相続の対象外とする理由はありませんか
ら、本判決の判示は適切なものです。

2　保険金受取人の地位の相続

本判決は、保険金受取人の地位は相続財産には属しないとした上で、
本件遺産分割協議について「相続人間において保険契約者の地位をA
からCに承継させることを合意するとともに、これにより保険契約者
の地位を取得したCにおいて、自身を新たな保険金受取人と指定する
旨の意思表示をしたとみるのが相当である」と判示しました。

保険金受取人の地位は相続財産には属しないとしたことは、後掲参考判例と同趣旨のものです。そして、保険契約者の地位を承継するのと同時に保険金受取人を変更したという法律構成は、十分に合理的なものと思われます。そして、平成20年改正前商法には保険金受取人変更の意思表示の相手方に関する規定はなく、最高裁昭和62年10月29日判決（民集41・7・1527）が、保険会社又は新旧受取人のいずれに対するものであってもよいと判示していたことからすれば、本判決の結論は妥当なものといえます。

しかし、保険法施行後の事案については、同様に考えることはできません。保険金受取人の変更は、保険会社に対する意思表示によることとされたためです（保険43②）。この点については、「変更の効力発生要件としての意思表示は、対抗要件としての通知よりは権利処分性が強く、保険金受取人を保険契約者自身に変更するものであっても債権者代位権の対象とはなり得るかについては、これを肯定することは難しいと考える論者が多いのではないかと推測される」、「保険法の下では、Ｘのような立場にある者が保険金受取人変更を保険会社に対して主張することはやはり難しいことになろう」と指摘されています（宮根宏一＝山下友信・事例研レポ269号16頁）。

＜参考判例＞

○保険契約者は自由に受取人を指定変更することができ、保険金受取人の地位には、抽象的死亡給付金請求権について何の処分権もないから、相続財産を構成する財産であるとはいえず、保険契約者ではない者が遺言により第三者に移転することはできないとした事例（東京地判平24・8・21（平24（ワ）1948・平24（ワ）16212）【事例31】）

事例　第2章　保険金請求権の有無　　273

【事例16】　失効条項と消費者契約法10条、復活後の自殺免責条項と権利濫用、信義則違反

　猶予期間満了日までに保険料の払込みがないときは保険契約が失効する旨の条項は消費者契約法10条により無効となるものではなく、復活後の自殺免責の主張が権利の濫用ないし信義則違反に当たるとはいえないとされた事例

（東京高判平24・7・11金判1399・8）

事案の概要

① 　A（昭和24年生）は、生命保険会社であるYとの間で、被保険者をA、保険金受取人をAの法定相続人、死亡保険金額1,600万円とする定期保険契約（保険期間8年）を締結していた（本件保険契約）。本件保険契約には、第2回以後の保険料の払込みについては、猶予期間があり、猶予期間内に保険料が払い込まれないときは、保険契約は、猶予期間満了の日の翌日から効力を失う旨の定め（本件失効条項）、保険契約者は、保険契約が効力を失った日から3年以内は保険契約の復活を請求することができる旨の定め（本件復活条項）、並びに、免責事由として、責任開始期（復活の取扱が行われた後は最後の復活の際の責任開始期）の属する日から起算して2年以内の自殺については保険金を支払わない旨の定め（本件免責条項）があった。

② 　本件保険契約の平成19年7月分の保険料は、残高不足により振替不能となり、猶予期間満了日である8月31日が経過しても支払がなされず、本件保険契約が失効した。

③ 　Aは、同年10月24日、Yに対し、本件保険契約の復活を申し込み、Yはこれを承諾した。Aは、同月31日に、延滞保険料を払い込んだ。

④ 　Aは、平成21年7月22日に死亡した。Aの死亡検案書の「死因の種

類」欄には、「自殺」の項目が選択されていた。

⑤　Aの法定相続人は、Aの妻Bのほか、Aの姉C、兄のD、E及びFである。

⑥　Bは、平成22年8月27日、債権者であるXに対して、BがAの死亡により取得した保険金請求権(1,600万円の4分の3である1,200万円)を譲渡した。Xは、同年9月1日、Yに対して、確定日付ある証書によって、上記の債権譲渡を通知し、同通知は翌2日に、Yに到達した。

⑦　Xが、Yに対し、本件保険契約に基づく保険金請求権として1,200万円の支払を求めたところ、Yは、本件保険契約は本件失効条項により失効し、その後の復活により自殺免責期間が再開したのであるから、本件免責条項に該当するとして支払を拒絶した。そこで、Xが本件訴えを提起した。

⑧　原審（東京地判平23・8・18金判1399・16）は、本件失効条項は消費者契約法10条により無効であるとして、Xの請求を認容した。そこで、Yが控訴した。

当事者の主張

◆保険会社（Y）の主張

1　最高裁判所平成24年3月16日第二小法廷判決(最高裁平成24年判決)は、本件失効条項と同様の失効条項について、①約款において保険契約者が保険料の不払をした場合にも、その権利保護を図るために一定の配慮をした定めが置かれ、②保険契約の締結当時に保険料払込みの督促を行う態勢を整え、そのような実務上の運用が確実にされていた場合には、本件失効条項が消費者契約法10条により無効とされることはないと判断した。本件約款にも、猶予期間や自動貸付条項、復活条項など、保険契約者の権利保護を図るために一定の配

慮をした定めが置かれているほか、督促通知書を一斉に発送する形での実務運用が確実にされている。実際に、本件保険契約についても督促通知書が発送されており、本件失効条項は消費者契約法により無効となるものではない。

2 本件免責条項は、保険者の免責範囲を縮小する点で保険契約者の利益となるものであり、仮に、復活時に自殺免責期間が再開されない場合には、保険契約を失効させた保険契約者が、保険金の不当取得を企図し、比較的少額の未払保険料を支払って当該契約を復活させ、自殺して多額の保険金を取得する行為を誘発することになりかねず、上記条項の趣旨を没却することになりかねない。従前の裁判例においても、復活時に自殺免責期間が再開する条項には合理性が肯定されているものであり、復活後の自殺免責の主張が権利の濫用に該当する余地はない。

◆保険金請求者（Ｘ）の主張

1 上記最高裁判決は、保険契約の締結当時に「保険料払込みの督促を行う態勢を整え、そのような実務上の運用が確実にされていた」という事情こそが論拠となっているものであるから、上記事情に当たるといえるためには、それ相応のレベルのものが必要であり、上記最高裁判決が運用の確実性を求めた趣旨からすれば、「送達」までも合理的な範囲で確保する態勢の整備が求められているというべきであるところ、本件約款では、保険契約者に住所変更の場合の通知義務が課されており、それを怠れば、Ｙの知った最終の住所に発した通知が保険契約者に到達したものとみなされるとされているため、送達が合理的な範囲で確保されているとはいえず、保険料払込みの督促を行う態勢が整っているとはいえない。

2 復活により従前の契約が継続するにもかかわらず自殺免責期間が再開することに理論的合理性がないから、保険者が自殺免責を主張

できる場面は限定的に解すべきであり、保険契約者による逆選択であることを具体的にうかがわせる事情が存在しない限り、その主張は権利の濫用というべきである。また、Aが自殺したのは、復活により再開した自殺免責期間の終了までわずか3か月の時点であり、Yは復活時に自殺免責期間が再開すること等についてAに説明をしておらず、自殺免責期間の再開を理由に保険金を支払わないというのは、保険契約者側からすれば騙し討ちに等しく、あまりに信義に反するというべきである。

裁判所の判断

1　本件保険契約の締結当時、保険料支払債務の不履行があった場合に契約失効前に保険契約者に対して保険料払込みの督促を行う態勢を整え、そのような実務上の運用が確実にされていたとすれば、通常、保険契約者は保険料支払債務の不履行があったことに気付くことができると考えられるから、本件失効条項は、信義則に反して消費者の利益を一方的に害するものに当たらないと解される（最高裁平成24年判決）。（中略）

　Yは、本件保険契約の締結当時、保険料支払債務の不履行があった場合に契約失効前に保険契約者に対して保険料払込みの督促を行う態勢を整え、そのような実務上の運用が確実にされていたと認められ、通常、Yの保険契約者は、保険料支払債務の不履行があったことに気付くことができると認められる。したがって、本件失効条項は、信義則に反して消費者の利益を一方的に害するものには当たらないというべきである。

　したがって、Xの上記主張は採用できず、本件失効条項は、消費者契約法10条により無効となるものではない。

|事　例| 第2章　保険金請求権の有無　　　277

2　被保険者の自殺は、平成20年改正前商法680条1項1号（保険法51条
1号）が、生命保険契約における一般的な免責事由として定めるもの
であって、保険契約の期間のうち契約当初の一定期間に固有のもの
ではない。また、この定めは、被保険者が自殺をすることにより故
意に保険事故（被保険者の死亡）を発生させることは、生命保険契
約上要請される信義誠実の原則に反し、また、そのような場合に保
険金が支払われるとすれば、生命保険契約が不当な目的に利用され
る可能性が生ずるから、これを防止する必要があること等によるも
のと解され、本件免責条項のような自殺免責条項は、生命保険契約
締結の被保険者の自殺による保険金の取得にあったとしても、その
動機を一定の期間を超えて、長期にわたって持続することは一般的
には困難であり、一定の期間経過後の自殺については、当初の契約
締結時の動機との関係は希薄であるのが通常であることなどから、
一定の期間内の被保険者の自殺による死亡の場合に限って、動機・
目的にかかわりなく、一律に保険者を免責することとし、これによ
って生命保険契約が上記のような不当な目的に利用されることを防
止する考えによるものと解される（最高裁平成16年3月25日第一小
法廷判決・民集58巻3号753頁）。一方、本件免責条項が復活時に自殺
免責期間を再開させることとしているのは、復活が、いったん保険
契約を失効させた保険契約者が保険契約の復活を求めるものである
ため、当初の契約締結時と同様に生命保険契約が上記のような不当
な目的に利用されることを防止する必要があるとの考えによるもの
と解され、平成20年改正前商法680条1項1号（保険法51条1号）の上
記趣旨にかんがみれば、上記のような考えにより、復活の場合に自
殺免責期間を再開させることに理論的合理性がないとはいえない。
そして、本件免責条項が復活時にも一定の期間を自殺免責期間とし
て再開することとしているのは、当初の自殺免責期間と同様に、一

278　　　事　例　第2章　保険金請求権の有無

定の期間内の被保険者の自殺による死亡の場合に限って、動機・目的にかかわりなく、一律に保険者を免責することによって生命保険契約が上記のような不当な目的に利用されることを防止する考えによるものと解されるから、個別の保険契約者の動機・目的により、その適用が左右されることは相当でない。

以上によれば、本件免責条項による免責により、YにはAの死亡に基づく死亡保険金を支払う義務がないから、Xの請求は理由がない。

なお、本件は、最高裁（最判平25・12・17（平24（受）2512））において、上告受理申立てが不受理とされた。

コメント

1　失効条項と消費者契約法10条

生命保険契約では、一般に、保険料が払込期間内に支払われず、猶予期間の満了時までに保険料が支払われない場合には、当該契約が失効する旨の規定が置かれています（失効条項）。本件保険契約にも同様の失効条項があり、本件保険契約は、保険料の支払がなされなかったために失効しました。生命保険契約が失効すると、その後一定期間内（通常3年程度）であれば、復活請求をすることができます。ただし、復活は無条件に認められるわけではなく、当該契約を締結した際と同じく告知による危険選択が行われますので、復活請求を行った際に被保険者の健康が悪化している場合には（病院での受診や治療・手術歴のほか、健康診断での異常の指摘等）、保険会社は承諾をしませんので、復活は認められません。また、復活が認められた場合でも、自殺免責期間も復活しますので、復活後一定期間内に被保険者が自殺すると、保険金受取人は保険金を請求できません。

このように生命保険契約の失効は、保険加入者にとって重大な結果

事例 第2章 保険金請求権の有無　279

をもたらす可能性がありますので、約款上、催告がなくとも期間の経過により当然に失効する規定の有効性が争われました。判例（最判平24・3・16民集66・5・2216）は、契約失効前に、猶予期間や自動貸付条項など、保険契約者の権利保護を図るために一定の配慮をした条項が置かれていることに加え、保険契約者に対して保険料払込みの督促を行う態勢を整え、そのような実務上の運用を確実にした上で失効条項を適用しているのであれば、消費者契約法10条により無効であるとはいえないとしています（差戻後控訴審である東京高裁平成24年10月25日判決（判タ1387・266）は、督促の態勢が整えられ、かつ実務上の運用が確実にされていたとして失効条項の有効性を認めています。）。

2　自殺免責の主張が権利濫用に当たるか

　自殺免責条項の趣旨は、一般に、被保険者が自殺をすることにより故意に保険事故（被保険者の死亡）を発生させることは、生命保険契約上要請される信義誠実の原則に反し、また、そのような場合に保険金が支払われるとすれば、生命保険契約が不当な目的に利用される可能性が生ずるから、これを防止する必要があるという公益の見地から説明されます。そして、生命保険実務では、責任開始後一定期間内の自殺のみを免責とし、期間経過後の自殺については保険金を支払うとしていますが、契約の復活時には自殺免責期間も復活しますので、同じ期間内での自殺はやはり免責となります。本判決も指摘しているように、復活時にも自殺免責条項が適用されるのは、いったん保険契約を失効させた保険契約者が保険契約の復活を求めるものであるため、当初の契約締結時と同様に生命保険契約が不当な目的に利用されることを防止する必要があるという点で合理性があるとされています。そうすると、保険会社が自殺免責の主張をすることが権利濫用に当たる

ということは難しいと思われますが、復活時の自殺免責の再開は、最高裁平成16年3月25日判決（民集58・3・753）の趣旨に照らせば、保険契約者の権利を不当に制限するものであるとして批判する見解もあります（甘利公人「生命保険契約の復活と自殺免責条項」保険学雑誌630号266頁以下）。

＜参考判例＞

○20年間継続した生命保険契約が失効し、2か月後に復活が認められ、その半年後に自殺した事案において、復活時の自殺免責は、自殺目的による復活請求を許さないことにあり、社会的合理性があり公序良俗に反するものではないとして、自殺免責を認めた事例（東京高判平12・3・27生保判例集12・233）

○復活時にも自殺免責条項が適用されることにつき、保険契約者に対する説明義務を怠ったとはいえないとされた事例（仙台高判平18・11・17生保判例集18・756）

事　例　第2章　保険金請求権の有無　281

【事例17】　自己のためにする生命共済契約における相続欠格と免責の範囲

共済契約者兼被共済者が共済金受取人である共済契約においてその配偶者が被共済者を殺害した場合に、配偶者は相続欠格により共済金請求権を相続しないから、配偶者が受け取るべき死亡共済金に免責を認めることはできないとされた事例

（高松高判平26・9・12（平26（ネ）111））

事案の概要

① 　Aは、平成17年5月1日、農業協同組合であるYとの間で、被共済者をA、共済金受取人をAの妻であるB、死亡共済金額を3,000万円とする終身共済契約を締結した（本件共済契約）。Aは、平成19年6月29日、本件共済契約について、共済金受取人をBからAへ、死亡共済金額を3,000万円から1,500万円へとそれぞれ変更した。

② 　本件共済契約には、死亡共済金受取人の故意により被共済者が死亡した場合には、死亡共済金を支払わない旨の定めがある（本件免責条項）。

③ 　Aは、平成23年6月7日、Bに殺害されて死亡した（なお、Bは、後日、この事実につき殺人罪により有罪判決を受け、現在服役中である。）。

④ 　Yは、平成25年11月、本件共済契約にかかる死亡共済金として、AとBの子であるX₁及びX₂に対して各375万円を支払ったが、Xらは、更に各375万円の支払を受ける権利があるとして、本件訴訟を提起した。

⑤ 　原審（高知地判平26・2・7（平25（ワ）216））は、Yの主張を認めて、Xらの請求を棄却したことから、Xらが控訴した。

282　　事　例　第2章　保険金請求権の有無

当事者の主張

◆共済金請求者（Xら）の主張

　被共済者と共済金受取人が同一である本件共済契約では、被共済者の相続人が死亡共済金受取人としての被共済者の地位を相続するから、本件共済契約の共済金請求権は、被共済者であるAの相続人が相続財産として承継する。

　Aの推定相続人はXら及びBであるが、このうちBは、被相続人であるAを故意に死亡するに至らせ、刑に処せられており、Aとの関係では相続欠格となるので（民法891条1号）、BはAの相続開始当初から相続人ではないこととなる。その結果、Aの相続人はXらのみとなり、その相続分は各2分の1である。

　したがって、Xらは、Aから本件共済契約にかかる1,500万円の死亡共済金請求権を2分の1（750万円）ずつ承継し、Yに対し、なお各375万円の死亡共済金請求権を有している。

◆農業協同組合（Y）の主張

　本件免責条項の趣旨を考慮すれば、本件免責条項における「受取人」及び「死亡共済金受取人」は、共済契約者が死亡共済金受取人として指定した者に限らず、相続又は譲渡により共済金を受け取るべき地位にある者を含み、死亡共済金を取得し、又は死亡共済金請求権を行使することとなるべき者を広く含むものと解すべきである。また、本件免責条項における「死亡共済金受取人」等は、故殺中（故意による殺害）の段階においてその地位にあれば足り、事故発生後の段階における現実の受取人に限られない。AがBの故意により死亡したことは、本件免責条項所定の事由（死亡共済金の一部の受取人の故意により被共済者が死亡した場合）に該当する。

　よって、Yは、Xらに対し、本件共済契約にかかる死亡共済金1,500

万円からBの受け取るべき共済金750万円を差し引いた後の750万円について、その2分の1ずつ（各375万円）を支払えば足りる。

裁判所の判断

本件共済契約は、Aを被共済者兼共済金受取人としたものであったから、同契約に基づきAの死亡という共済金支払事由により生じる死亡共済金請求権は、いったん共済金受取人であったAの遺産を構成すると認めることができるのであり、その後、相続によって、その相続人に前記請求権が承継されるものと解するのが相当である。すなわち、Aの相続人は、相続法理に従って、Aのもとに発生した死亡共済金請求権を承継し、これを行使するものと認めることができる。

本件は、死亡共済金の受取人がAと指定された本件共済契約に基づく死亡共済金の請求又は受領が問題となる場合であり、この場合には、先にみたとおり、相続法理に従って死亡共済金の請求及び受領に関する権利者を決めることができるのであって、共済契約又は約款において「相続人（又は法定相続人）」が共済金受取人として指定されており、そのうちどの範囲の者に死亡共済金の請求又は受領権限を付与するかについて保険法51条の規定や本件免責条項等の約款を含む共済契約を適用又は解釈して判断すべき場合とは異なるといえる。また、Yの主張する本件免責条項の趣旨は、相続法理においても、民法の定める欠格事由の適用などによって実現されることとなるのであるから、前記のように死亡共済金の請求及び受領に関する権利者を定めるとしても不都合が生じることはないといえる。

そして、本件共済契約の死亡共済金受取人は前記のとおり定められるのであるから、本件免責条項の死亡共済金受取人等を共済金受取人

として指定された者に限定することなく、同人から相続又は譲渡により死亡共済金を受け取り又は死亡共済金請求権を行使する地位にある者を広く含むと解して、Bの受け取るべき死亡共済金につきYの免責を認めることには、根拠があるとはいえないし、平成19年6月29日に本件共済契約の共済金受取人をBからAに、死亡共済金額を3,000万円から1,500万円にそれぞれ変更した契約者であるAの合理的意思に照らしても是認できるものではなく、相当ではない。

　以上によれば、本件においては、Yの主張する本件免責条項の適用による一部免責を認めることはできず、Yは、本件共済契約に基づく死亡共済金請求権をそれぞれ2分の1の割合で相続したXらに対して、その支払義務を免れることはできない。

コメント

1　自己のためにする生命共済（保険）契約

　保険法51条3号は、保険金受取人（共済金受取人を含みます。）が故意に被保険者を死亡させたことを免責事由と定めており、約款にも同様の規定が、ほぼ例外なく置かれています。本件の特徴は、共済金受取人が被保険者自身である契約において、受取人の相続人が被保険者（受取人）を殺害した点にあります。本件のような保険契約者兼被保険者自身を保険金受取人とする生命保険契約を、自己のためにする生命保険契約といいます。自己のためにする生命保険契約においては、第三者を保険金受取人に指定した場合（第三者のためにする生命保険契約）とは異なり、死亡保険金請求権は被保険者の相続財産となり、その相続人が承継取得するものと解されています。本判決も、同様に、保険金がAの相続財産を構成することを認めています。

2 被共済者兼共済金受取人の相続人による故殺と故意免責

　本件では、被共済者を殺害したＢは共済金受取人ではありません（Ａ自身が共済金受取人）。しかしながら、Ｂは共済金受取人ではないものの、その相続人という立場にあり、Ａの殺害によって共済金を取得できる地位にあります。そのため、学説においては、保険法51条3号についても、「保険金額を受け取るべき者」による被保険者の故殺を免責事由と規定した平成20年改正前商法680条2項と同様、「保険金受取人」にはその相続人や質権者等、事実上保険金（共済金）を受領できる地位にある者を含むとする見解が有力です。本判決は、このような解釈には「根拠があるとはいえない」として免責を否定しました。

　確かに、保険法51条3号は「保険金受取人」とのみ規定していますので、異なる解釈を採り得る余地はあります。しかしながら、相続欠格事由に当たるかは専ら相続法の問題であり、生命保険契約を規律する保険法がどのような場合を免責とするかという問題とは必ずしも同一ではありません。また、「法定相続人」を保険金受取人とする指定があったならば、相続人であるＢによる殺害は当然に免責されることになるのに、相続によって保険金が相続人に承継されることを当然に予定する自己のためにする生命保険契約については、同条の適用対象ではないというのは、やはりバランスを欠きます。同条に定める免責の趣旨が、被保険者の殺害という犯罪行為を行った者が保険金を取得できるとすることは公益に反するばかりでなく、生命保険契約上要求される信義誠実の原則にも反すること等にあることを考慮すれば、保険法51条3号の下でも、同様に、事実上保険金の支払を受けるべき地位にあった者による被保険者の殺害についても免責は否定されるべきであり、「相続人」を保険金受取人とする指定があった場合と同様の結果となることが望ましいように思われます（Ｑ12参照）。

3 免責の範囲と共済金の帰属

　本判決は、自己のためにする生命保険契約においては、保険金は相続財産に含まれることを前提に、それが相続人間でどのように分配されるかは相続法により決定されるものとしています。本件では、被保険者を殺害したBは相続欠格となる結果、他の相続人であるXらによって保険金額全額が按分されることが認められました。他方、上記のように、BによるAの殺害が免責事由に該当するとすれば、免責の範囲は異なるものとなります。Yの主張を認めた原判決は、保険法51条ただし書は、同条3号の免責事由、すなわち保険金受取人による被保険者故殺は、他の受取人に免責の効果が及ばないと定めていることを考慮して、Xらに375万円の保険金請求権があるとして、Bに帰属することが予定される部分については、免責を認めています。

＜参考判例＞

○被保険者を故殺した者が保険金受取人の相続人として、いったん発生した保険金請求権を承継取得した場合には、特段の事情がない限り、その行使又は処分をすることができ、事故招致者の債権者が保険金請求権を差し押さえることも可能であるとされた事例（東京高判平18・10・19判タ1234・179【事例23】）

事　例　第2章　保険金請求権の有無　　　287

【事例18】　保険金受取人が複数ある場合の代表者選定

> 保険金受取人が複数ある場合の代表者選定について、共同相続人の一人は、その法定相続分に応じて請求できるとした事例
>
> （東京地判平28・1・28金法2050・92）

事案の概要

① 　Aは、平成4年3月11日、国との間で、被保険者をA、保険金受取人を無指定とする簡易生命保険契約を締結した（以下「本件保険契約」という。）。

　本件保険契約には、簡易生命保険法36条1項が適用されるほか、本件保険契約に係る死亡保険金及び未経過保険料の支払に関しては終身保険約款（平成3年3月4日郵政省告示143号、以下「終身約款」という。）が適用され、本件保険契約に係る契約者配当金の支払に関しては終身保険簡易生命保険約款（以下「終身簡保約款」という。）が適用される。

② 　Yは、平成19年10月1日に設立された独立行政法人であり、本件各保険契約を日本郵政公社から承継した。

③ 　Aは、平成24年1月に死亡した。その相続人は、Xを含む子3名であり、その法定相続分は各3分の1である。

当事者の主張

◆保険金受取人の相続人の一部の者（X）の主張

　父であるAがYとの間で締結した簡易生命保険契約に係る死亡保険金、契約者配当金及び未経過保険料還付金について、Aの死亡により保険金受取人となった。Yに対し、上記死亡保険金等の請求権に基づ

き、Xの法定相続分3分の1に相当する金額等の支払を求める。

◆独立行政法人郵便貯金・簡易生命保険管理機構（Y）の主張

　Xは相続した死亡保険金等請求権の3分の1について単独行使できると主張するが、簡易生命保険法36条1項、終身約款及び終身簡保約款において、権利行使については代表者を定める旨規定されているから、単独での権利行使は許されない。

裁判所の判断

　簡易生命保険法36条1項は、「同一の保険契約につき保険契約者又は保険金受取人が数人あるときは、それらの者は、各代表者一人を定めなければならない。この場合には、その代表者は、当該保険契約につき、それぞれ他の保険契約者又は保険金受取人を代理するものとする。」と規定し、終身約款4条は、「1の基本契約につき保険金受取人が数人あるときは、代表者一人を定めてください。この場合には、その代表者は、他の保険金受取人を代理するものとします。」と終身簡保約款4条は、「基本契約について保険金受取人が2人以上あるときは、代表者一人を定めてください。この場合には、その代表者は、他の保険金受取人を代理するものとします。」とそれぞれ規定している。

　弁論の全趣旨によれば、これらの規定は、国民が簡易に利用できる生命保険の提供を目的とした簡易生命保険において、大量処理が必要な保険金支払事務に簡明さと迅速性を確保するとともに、保険契約者側の内部事情を知り得ない保険者が保険契約者又は保険金受取人の紛争に巻き込まれ二重払する危険を回避すること等にその趣旨があるものと解されるところ、かかる趣旨から、保険金の受取人が数人あるときに、代表者を選定させ、その代表者に他の受取人を代理して保険金の支払を請求させることには、一応の合理性があるものということができる。

事　例　第2章　保険金請求権の有無　　　289

　しかしながら、上記各規定の文言や、複数の保険金受取人間におい
て代表者の選定が困難なことも稀ではないことに照らすと、複数の保
険金受取人がある場合に、Yが、保険金支払事務の簡明さと迅速性の
要請の下、窓口における保険金支払手続において代表者の選定を要請
することは許されるとしても、それを超えて代表者を選定しないこと
を理由に各保険金受取人の権利行使を制限することまでは許されない
ものと解される。そして、本件においては、戸籍により判明したAの
相続人3人のうち、X以外のB及びCに対して訴訟告知がされている
ことが本件記録上明らかであるから、Yの二重払の危険も回避されて
いるといえる。
　したがって、Xは単独で、取得した死亡保険金等の支払を請求する
ことができるものと認められる。

コメント

1　前提となる法令関係
　簡易生命保険法は、郵政民営化法等の施行に伴う関係法律の整備等
に関する法律（平成17年法律102号）2条により廃止され（平成19年10
月1日施行）、終身約款も平成15年2月6日総務省告示104号で廃止され
ています。
　しかし、上記法律の施行前に効力が生じた旧簡易生命保険契約につ
いては、旧簡易生命保険法の規定が、なおその効力を有することが原
則とされています。本判決が、旧簡易生命保険法36条1項等を適用し
たのは、上記法律の附則16条（簡易生命保険法の廃止に伴う経過措置）
に基づいています。

2　分割取得の原則
　多数当事者の債権関係について、民法は分割債権となることを原則

とし、数人の債権者がある場合には、別段の意思表示がないときは、各債権者は、それぞれ等しい割合で権利を有するとしています(民427)。

判例は、「相続人数人ある場合において、その相続財産中に金銭その他の可分債権あるときは、その債権は法律上当然分割され各共同相続人がその相続分に応じて権利を承継するものと解するを相当とする」と判示し、可分債権は当然に分割されるから遺産分割の対象ではないとしています(最判昭29・4・8民集8・4・819)。

3 預貯金に関する最高裁大法廷決定との関係

最高裁大法廷平成28年12月19日決定(民集70・8・2121)は、預貯金債権について、判例(最判平16・4・20集民214・13等)を変更し、遺産分割の対象となることを認めました。これは、「遺産分割の仕組みは、被相続人の権利義務の承継に当たり共同相続人間の実質的公平を図ることを旨とするものであることから、一般的には、遺産分割においては被相続人の財産をできる限り幅広く対象とすることが望ましく、また、遺産分割手続を行う実務上の観点からは、現金のように、評価についての不確定要素が少なく、具体的な遺産分割の方法を定めるに当たっての調整に資する財産を遺産分割の対象とすることに対する要請も広く存在することがうかがわれる。ところで、具体的な遺産分割の方法を定めるに当たっての調整に資する財産であるという点においては、本件で問題とされている預貯金が現金に近いものとして想起される」とした上で、預貯金の内容及び性質を子細に検討し、「預貯金一般の性格等を踏まえつつ以上のような各種預貯金債権の内容及び性質をみると、共同相続された普通預金債権、通常貯金債権及び定期貯金債権は、いずれも、相続開始と同時に当然に相続分に応じて分割されることはなく、遺産分割の対象となるものと解するのが相当である」と結論付けました。

事　例　第2章　保険金請求権の有無　　　291

　上記判例変更を受けて、相続法改正では、家事事件手続法200条が改正された上、民法909条の2が新設され、相続人にとって負担が大きくなりすぎないようにするため、一部の相続人が単独で払戻しができる場合について要件・効果が定められました。これは、「共同相続人において被相続人が負っていた債務の弁済をする必要がある、あるいは、被相続人から扶養を受けていた共同相続人の当面の生活費を支出する必要があるなどの事情により被相続人が有していた預貯金を遺産分割前に払い戻す必要があるにもかかわらず、共同相続人全員の同意を得ることができない場合に払い戻すことができないという不都合を生ずるおそれがあることとなった」ためです（追加試案補足説明12頁）。

　ただし、これらは預貯金債権に関するものであり、保険金請求権に関するものではありません。その関係については、「最高裁決定等が預貯金債権は遺産分割の対象となり、分割支払請求はできないとしている理由づけも、預貯金債権特有の法的性格に求めているので、そのような法的性格が認められない保険金請求権に射程が及ぶものでないことは明らかである」「その他の金銭債権について依然として分割帰属するものとしていることとの間に不均衡がないかはやはり問題となり得るので、今後とも預貯金以外の債権についての議論は残るように思われる」という指摘や（吉野慶＝山下友信・事例研レポ305号15頁）、「影響がありうる。保険金受取人が現実化した保険金請求権を行使しないまま死亡し、その相続人が保険金を請求する事案が考えられる。入院給付金や手術給付金などの請求権が生じた後に保険金受取人である被保険者が死亡する場合がその典型例であるが、被保険者死亡直後に保険金受取人も死亡するという場合などもある」という指摘があります（平松宏樹＝竹濵修＝山下典孝・事例研レポ310号22頁）。

292　　事　例　第2章　保険金請求権の有無

＜参考判例＞

○①郵便貯金法36条1項が保険金請求権等の分割行使を一切拒む規定であると解することは規定の文言から疑問があること、②被告は相続人の一人に対して債務の全額を請求することができると解する余地があるのに、相続人が被告に対して相続分に応じた権利行使さえできないというのは不均衡であること、③代表者によらなければ権利行使ができないとすると、代表者を定めるのが事実上困難である場合は、時効中断をすることも困難となりかねないこと、④本件においては、戸籍関係を調査して判明した亡Aの相続人と考えられる者全て（原告を除く。）に対して訴訟告知がされているから、二重払の危険がほとんど存しないこと、⑤仮に二重払の危険が絶無ではないとしても、それは代表者を定めた場合についても、後に相続人が判明したときには生じ得る問題であることを指摘し、相続人の一部の者の保険金請求を認めた事例（福岡地小倉支判平20・3・13判タ1274・221）

○簡易生命保険法37条によると独立行政法人郵便貯金・簡易生命保険管理機構は相続人の一人に対して債務の全額を請求することができると解する余地があるのに対し、相続人が同管理機構に対して相続分に応じた権利行使さえできないというのは不均衡であること、仮に代表者によらなければ権利行使ができないとすると時効中断をすることも困難になりかねないことなどを指摘し、相続人の一部の者の保険金請求を認めた事例（東京地判平21・6・11金判1341・44）

事　例　第3章　遺産分割　　293

第3章　遺産分割

【事例19】　相続人が受取人である生命保険金請求権と相続関係

相続人を受取人として指定した「第三者のためにする契約」である生命保険契約においては、保険金受取人は保険金請求権を固有の権利として取得し、保険金は特別受益財産に当たらないとされた事例　　　　　（東京高判平10・6・29判タ1004・223）

事案の概要

① 　Aは、Aの相続人である妻X₁及び子であるX₂（Xら）をそれぞれ保険金受取人として、B生命保険会社との間で、5口の生命保険契約を締結していた。Aの死亡によりX₁が取得すべき保険金額は合計約774万円、X₂が取得すべき保険金額は合計約1,350万円である。

② 　Aは、平成4年5月8日付の公正証書遺言により、Y₁に建物、Y₂に土地及び建物、Y₃にその他のAの全財産をそれぞれ遺贈した。

③ 　Aは、平成5年7月6日に死亡した。その時点におけるAの相続人は、Xらの二人である。

④ 　Aの遺言執行者は、平成5年7月から9月にかけて、遺言に基づくYらへの財産権の移転（所有権移転登記等）を完了した。

⑤ 　Xらは、それぞれ自己の遺留分である4分の1に基づいて、Yらに対して、遺留分減殺の意思表示を行い、遺留分に基づく遺贈財産に対する権利の確認及び引渡し等を請求したところ、Yらは、Xらが既に受領していた本件保険契約に基づく保険金を遺留分算定のための基礎財産に算入すべきであると主張した。

294　　事例　第3章　遺産分割

⑥　原審（東京地判平9・12・25（平6（ワ）764））は、Ｘらが受領した保険
金は固有の権利として取得したものであり、相続財産を構成しない
として、Ｘらの請求を認容したため、Ｙらが控訴した。

当事者の主張

◆相続人（Ｘら）の主張

Ｘらはそれぞれ相続人として、遺留分（各4分の1）を有している。
この遺留分に基づき遺留分減殺請求を行った結果、Ｘらは、Ａにより
Ｙらに遺贈された財産（土地及び建物その他の財産）につき、遺留分
を限度として所有権持分を有する。

◆受遺者（Ｙら）の主張

Ｂの保険金受取人がＸらであり、生命保険金が相続財産を構成しな
いＸらの固有の権利であるとしても、遺留分の算定においては、民法
1044条により、同法903条、904条が準用されるから、生命保険金は、
相続分算定上も、遺留分算定上も、特別受益として、その算定の基礎
に含まれなければならない。

裁判所の判断

仮に右保険契約の保険金受取人が「相続人」と指定されていたとし
ても、生命保険契約において、被保険者死亡の場合の保険金受取人が
単に「相続人」と指定されたときは、特段の事情のない限り、右契約
は、被保険者死亡の時における相続人たるべき者を受取人として指定
したいわゆる「他人のための保険契約」と解するのが相当であるとこ
ろ、本件において、これと別異に解すべき特段の事情は見いだしがた
い。

また、右保険契約は、Ａが、「相続人」すなわちＸらを受取人として

指定した「第三者のためにする契約」であるから、Xらは、Aの死亡
により、右契約に基づく保険金請求権を固有の権利として原始的に取
得したものであり、右保険契約の締結は、文理上、民法1044条が準用
する同法903条所定の遺贈又は婚姻、養子縁組のため若しくは生計の
資本としての贈与に該当せず、かつ、その保険金受取人に指定された
原告らが、相続に関わりなく、保険金請求権を取得することが、Aの
契約意思に合致するものと解される（Aが右契約後、この保険金請求
権をXら以外の者に取得させたいとの意思を有したとすれば、その旨
の別段の意思表示をした上、保険金受取人をその者に変更する手続を
すれば事足りたはずであるが、Aは、このような手続をしていないし、
また、右契約の解約手続もしていない。）から、Xらが受け取った右保
険金は、特別受益財産にも当たらないものと解するのが相当である。

コメント

1　相続人を保険金受取人とする指定と固有権性

　本件は、相続人ではない者に対する遺贈につき、相続人が遺留分減
殺請求を行ったところ、被遺贈者が相続人に対して、生命保険契約に
基づき取得した保険金の額を遺留分算定の基礎財産に含めるべきとの
主張を行ったという事案です。裁判所は、受遺者の主張を認めません
でしたが、これは保険金請求権の固有権性という確立された判例理論
に照らせば、正当な結論であるといえるでしょう。

　第三者のためにする生命保険契約においては、従来、被保険者の死
亡により具体化する保険金請求権は、被保険者の相続財産として承継
取得されるものではなく、指定された保険金受取人の固有権として原
始取得されるものという解釈が確立されています。保険金受取人の指
定が具体的個人の氏名をもってなされた場合はもちろん（大判昭11・5・

13民集15・877)、本件のように、「相続人」を保険金受取人に指定した場合にも、同様に保険金請求権は当該保険金受取人の固有財産となり、被保険者（被相続人）の相続財産には含まれません（大判昭13・12・14民集17・2396、最判昭40・2・2民集19・1・1等）。これは生命保険契約だけでなく、傷害保険契約においても同様です（最判昭48・6・29民集27・6・737）。

　これに対して、保険契約者兼被保険者が、特に保険金受取人を指定しなかった場合や、自己を保険金受取人に指定したような場合には、被保険者自身の相続財産に含まれ、保険金は相続によって相続人に承継されるものと解されています。

2　固有権性の効果

　保険金請求権が保険金受取人の固有権であることの意味は、一般に、以下のような意味があると解されています（山下友信『保険法』（有斐閣、2005年）511頁以下）。

　まず、相続人である保険金受取人が、相続放棄や限定承認をした場合でも、保険金請求権が相続財産に含まれない以上、保険金受取人はそれとは関係なく、保険金請求権を取得し得ることになります。同時に、保険金請求権は被相続人である被保険者の責任財産を構成しないことになりますから、保険契約者兼被保険者の債権者（相続債権者）は、保険金請求権や保険金を引当財産として執行対象とすることができません。さらに、保険金請求権が相続によらず、飽くまで保険契約の効果として保険金受取人に帰属するものであると解するわけですから、「遺贈」や「贈与」には当たらないということになり、保険金受取人に対する遺留分侵害額請求（相続法改正後民1042以下）の対象にはなりませんし（【事例27】参照）、共同相続人の一人が保険金受取人である場合にも、保険金を受領したことが特別受益（民903①）に当たるとして持戻しを要求することもできないことになります。本判決も、この

事　例　第3章　遺産分割　　　297

ような先例を踏襲して、保険金受取人を相続人とする指定は、「遺贈又は贈与」には当たらないとして、相続人が取得すべき保険金は、遺留分算定の基礎財産には含まれないとしました。

ただし、持戻しを認めなければ、共同相続人間に生じる不公平が、民法903条1項の趣旨に照らして到底是認できないほどに著しいものであると評価すべき特段の事情がある場合には、例外的に特別受益に準じて持戻しの対象となるとした判例（最決平16・10・29民集58・7・1979）もあり、相続人が受領する保険金請求権が相続法の適用から完全に切り離されるわけではないことに注意が必要です（【事例22】参照）。

なお、遺留分減殺請求は、相続法改正により遺留分侵害額の請求（相続法改正後民1042以下）となっています。遺留分減殺請求で認められていた物権的効果（遺贈又は贈与の一部が当然に無効となる）は認められず、遺留分権利者に遺留分侵害額に相当する価額の返還が認められることになります（相続法改正後民1046①。堂薗幹一郎＝野口宣大編著『一問一答　新しい相続法－平成30年民法等（相続法）改正、遺言書保管法の解説』（商事法務、2019年）122頁以下）。

＜参考判例＞
○相続人を受取人とする指定がなされた傷害保険契約につき、各相続人は民法427条にいう「別段の意思表示」があったものとして、法定相続割合により保険金請求権を取得するとされた事例（最判平6・7・18民集48・5・1233）

298　　事　例　第3章　遺産分割

【事例20】　相続放棄の申述の有効性

　傷害保険契約の約款における死亡保険金を被保険者の法定相続人に支払う旨の条項に基づいて死亡保険金の請求及び受領をした法定相続人が、当該死亡保険金をもって行った被相続人の相続債務の一部弁済行為は、相続財産の一部の処分に当たらないとして、相続放棄の申述の有効性を認めた事例

（福岡高宮崎支決平10・12・22家月51・5・49）

事案の概要

① 　社団法人B会は、被保険者をAとして、C火災海上保険株式会社の傷害保険契約を締結していた（以下「本件保険契約」という。）。本件保険契約においては、被保険者死亡の場合の保険金受取人の指定がなされていないところ、保険約款には、死亡保険金は被保険者の法定相続人に支払う旨の条項がある。

② 　Aは、平成9年12月24日、仲間の猟銃誤射により死亡した。その法定相続人は子のXらであった。Xらは同日、それぞれ自己のためにAの相続の開始があったことを知った。

③ 　Xらは、相続財産の状態や、その債権債務を調査するため、民法915条1項の熟慮期間を2回にわたり伸長する申立てをし、原審家庭裁判所によってこれが認められ、その熟慮期間が最終的に平成10年12月31日まで伸長された。

④ 　Xらは、その熟慮期間中に、本件保険契約に基づいて、同保険会社に死亡保険金200万円を請求し、同年3月4日にこれを受領した。

⑤ 　Xら代理人は、その熟慮期間中に、本件保険契約によって受領した保険金を、Xらの意向を受けて、Aの債務の一部であるD農業協同組合に対する借受金債務330万円の弁済に充てた。

事例 第3章 遺産分割 299

⑥ Xら代理人は、Aが誤射されたため、猟銃事故共済による共済金300万円の支払が受けられる場合か否かを社団法人E会に問い合わせたが、共済金の請求がないと回答できない旨を受け、その請求を試みたところ、本件の事故が共済金支払の免責を受ける場合である旨の通知を受け、共済金の支払われないことが確実となった。

⑦ Xらは、Aを誤射し自殺した加害者の相続人に対する損害賠償請求権も、その支払能力がなく実効性が乏しいため、その相続は次順位以降の相続人に委ねるのが妥当と判断し、伸長された熟慮期間中である平成10年10月8日、宮崎家庭裁判所日南支部にAの相続を放棄する旨の申述をした。

当事者の主張

◆被保険者の法定相続人（Xら）の主張

　Aを被保険者とする傷害保険から請求した保険金200万円を受領した上、これをAの債務の一部の弁済に充てたが、上記保険金は、Xら固有の保険金請求権に基づくものであり、Aの相続財産ではないから、これは熟慮期間中にXらが民法921条1号の相続財産の一部を処分したことにはならない。

　仮に右保険金が相続財産に含まれるとしても、XらはこれをAの債務の弁済に充てたもので、民法921条1号ただし書の相続財産に対する保存行為に当たる。

裁判所の判断

　原審は、本件保険契約に基づく死亡保険金がAの相続財産に属するものとして、Xらがこの死亡保険金を熟慮期間中に受領した行為は、民法921条1号本文の「相続人が相続財産の一部を処分したとき」に当

たり、かつ、これを相続債務の弁済に充てたことは、一部債権者に対し相続財産をもって相続債務の偏頗弁済のおそれすらある行為をしたものであるから、同号但書の保存行為には当たらないとして、Ｘらは法定単純承認をしたものとみなされるので、本件相続放棄の申述は不適法であるとして、これを却下する旨の審判をした。

　しかしながら、本件相続放棄の申述を受理しなかった原審の判断は是認することができない。その理由は、次のとおりである。

① 　本件保険契約では、被保険者のＡ死亡の場合につき、死亡保険金受取人の指定がされていないところ、保険約款には、死亡保険金を被保険者の法定相続人に支払う旨の条項があるところ、この約款の条項は、被保険者が死亡した場合において被保険者の相続人に保険金を取得させることを定めたものと解すべきであり、右約款に基づき締結された本件保険契約は、保険金受取人を被保険者の相続人と指定した場合と同様、特段の事情のない限り、被保険者死亡の時におけるその相続人たるべき者であるＸらのための契約であると解するのが相当である（最高裁第二小法廷昭和48年6月29日判決・民集第27巻第6号737頁）。かつ、本件においては、これと解釈を異にすべき特段の事情があると認めるべきものは、記録上窺われないし、Ｘらが本件保険契約による死亡保険金がＡのための契約と思い違いをしていても、これが特段の事情となるべきものではない。

　そして、かかる場合の本件保険金請求権は、保険契約の効力が発生したＡ死亡と同時に、相続人たるべき者であるＸらの固有財産となり、被保険者であるＡの相続財産より離脱しているものと解すべきである（最高裁第三小法廷昭和40年2月2日判決・民集第19巻第1号1頁）。

　したがって、Ｘらのした熟慮期間中の本件保険契約に基づく死亡

保険金の請求及びその保険金の受領は、Xらの固有財産に属する権利行使をして、その保険金を受領したものに過ぎず、Aの相続財産の一部を処分した場合ではないから、これらXらの行為が民法921条1号本文に該当しないことは明らかである。

② その上、Xらのした熟慮期間中のAの相続債務の一部弁済行為は、自らの固有財産である前記の死亡保険金をもってしたものであるから、これが相続財産の一部を処分したことにあたらないことは明らかである。また、共済金の請求をしたのは、民法915条2項に定める相続財産の調査をしたに過ぎないもので、この共済金請求をもって、Aの相続財産の一部を処分したことにはならない。

③ 以上とは異なる法律の解釈の下にXらの本件相続放棄の申述の受理を却下した原審の判断には、法律解釈を誤った違法があり、この点をいう論旨は理由があるので、原審判は取り消しを免れない。

したがって、Xらの本件相続放棄の申述は受理すべきものであるが、この申述の受理は相続放棄の申述のあったことを公証する行為で裁判ではなく、家庭裁判所においてなすべきものであるから、本件を宮崎家庭裁判所に差し戻すこととする。

コメント

1 相続放棄の意義

相続は、人の死亡に伴い、その者（被相続人）に属していた財産（遺産）を包括的に承継させる制度です。

民法887条は「被相続人の子」（又はその代襲者）を第1順位の相続人とし、民法889条1項1号は「被相続人の直系尊属」（親等の異なる者がいるときは、最も近い者）を第2順位の相続人とし、民法889条1項2号及び同条2項は「被相続人の兄弟姉妹」（又はその代襲者）を第3順位の

相続人としています。そして、民法890条は、「被相続人の配偶者は、常に相続人となる」とし、民法887条又は民法889条の規定により相続人となるべき者があるときは「その者と同順位とする」と規定しています。

このように民法は家族関係に応じて相続人を定めていますが、実際の人間関係によっては、遺産の承継を望まないことがあります。また、負債が多い場合等には、相続を望まないことが一般的であると思われます。民法938条は、そのような場合のために、「家庭裁判所に申述」する方式によって、相続を放棄することを認めています。相続の放棄をした者は、「その相続に関しては、初めから相続人とならなかった」とみなされます（民939）。

2 保険金請求権の固有権性

保険金請求権は、保険契約において保険金受取人として指定・変更されたことに基づいて取得する固有の権利であり、相続によって取得する権利ではありません。そのため、相続を放棄するか否かは、保険金請求権の帰属には影響しません。

本決定は、自らの固有財産である死亡保険金の受領等は「相続財産の一部を処分したことにあたらない」として、法定単純承認（民921）を否定し、相続放棄の申述を認めたものであり、適切なものと思われます。

＜参考判例＞

○養老保険契約において保険金受取人を単に「被保険者またはその死亡の場合はその相続人」と約定した事案において、「保険金受取人としてその請求権発生当時の相続人たるべき個人を特に指定した場合には、右請求権は、保険契約の効力発生と同時に右相続人の固有財産となり、被保険

者（兼保険契約者）の遺産より離脱しているものといわねばならない」と
判示した事例（最判昭40・2・2民集19・1・1）
○保険金受取人を相続人と指定した保険契約は、特段の事情のないかぎり、
被保険者死亡の時におけるその相続人たるべき者のための契約であり、
その保険金請求権は、保険契約の効力発生と同時に相続人たるべき者の
固有財産となり、被保険者の遺産から離脱したものと解すべきであり、
団体保険契約についても、その法理に変りはないとされた事例（最判昭48・
6・29民集27・6・737）

304 事　例　第3章　遺産分割

【事例21】　保険金受取人による権利放棄

> 被保険者が死亡した後、保険金受取人が保険金請求権を放棄
> した場合には、保険金請求権は確定的に消滅するとされた事例
>
> （大阪高判平11・12・21金判1084・44）

事案の概要

①　A（昭和10年生）は、その妻B（昭和58年に離婚）との間に、C
　のほか、D、E及びFという4人の子をもうけたが、Dは幼少の頃死
　亡している。

②　Aは、昭和62年5月1日、生命保険会社Yとの間で、被保険者をA、
　保険金受取人をC、死亡保険金額を3,000万円と変動保険金の合計
　額とする終身保険契約を締結した（本件保険契約）。

③　Aは、平成5年12月12日、死亡した。

④　C、E及びFはいずれもAの相続を放棄した。Aの両親は既に死
　亡している。X₁〜X₅はAの兄弟姉妹であり、Aの相続人である。

⑤　Cは、平成9年2月24日頃、Yに対して、本件保険契約に基づく保
　険金請求権を放棄した。Xらは、Cが保険金請求権を放棄したこと
　により、保険金請求権は相続財産に含まれるとして、Yにその支払
　を求めたが、Yはこれを拒絶したことから、Xらが本件訴訟を提起
　した。

⑥　原審（京都地判平11・3・1金判1064・40）は、Xらの請求を棄却したこ
　とから、Xらが控訴した。

当事者の主張

◆相続人（Xら）の主張

　保険金受取人が保険金請求権を放棄した場合、保険契約は受取人の

事　例　第3章　遺産分割　　　305

指定がなくなり、保険契約者が保険金受取人となる自己のためにする
契約となる。したがって、Xらは、Cの請求権放棄により、AとYと
の保険契約上の地位を承継した。

◆保険会社（Y）の主張

　保険金受取人が保険金請求権を放棄した場合に保険契約者が保険金
受取人となるのは保険事故が発生する前に限られる。保険事故発生前
は、保険金受取人の権利は保険契約者の意思によって存続及び帰属が
左右される不確定な権利であり、受取人がこれを放棄すると、保険契
約者の意思を推測して、保険契約者が保険金受取人となる自己のため
にする契約となるとするのが合理的である。しかし、保険事故発生後
は、保険金受取人の保険金請求権は固有の財産になり、保険金受取人
はこれを自由に処分することができ、これを放棄すれば保険者に対す
る債務の免除となりその請求権は消滅する。

裁判所の判断

　被保険者が死亡すると保険契約者の保険契約に関する処分権は消滅
し、保険金受取人の権利は確定的となり、具体的な金銭債権となる。
そして、この保険金請求権は、通常の債権と変わりがないので、保険
金受取人はこれを自由に処分することが可能となると解される。した
がって、被保険者であるAが死亡したことにより、保険金受取人であ
るCが保険金請求権を取得することになり、そのCがこの請求権を放
棄すれば、保険金請求権は確定的に消滅したというほかない。

　この点、Xらは、保険金受取人が保険金請求権を放棄した場合、保
険契約者の合理的意思を考えて保険契約者が保険金受取人となる保険
契約に転化する旨主張する。しかし、いったん保険金受取人に帰属し
た請求権が、その放棄により保険金受取人の指定が効力を生じなかっ
たと見なされることにより、保険契約者である死者に帰属することと

なると解する法的根拠は明らかでなく、右見解は解釈論の限界を越えるものであって、その主張は失当というほかない。

なお、Xらは商法680条が規定する場合を除き、保険者は保険金支払義務を免れないとも主張する。しかし、同条は信義則や公益的理由により保険金が支払われない場合を列挙した規定であり、債権の消滅事由の規定を排除する趣旨ではないと解すべきであるから、その主張は失当である。

コメント

1　保険事故発生後の保険金請求権の性質

本件は、被保険者が死亡した後、保険金受取人に指定された相続人が相続を放棄するとともに、保険金請求権も放棄したという場合に、後順位の相続人が保険金を取得できるか否かが問題となりました。後順位の相続人は、保険金請求権が放棄された場合には、保険金受取人の指定は効力を失い、自己のためにする生命保険契約になるというものでした。裁判所は、保険金請求権は保険金受取人がこれを放棄すると、確定的に消滅したと解するほかないとして、後順位の相続人の請求を棄却しました。

通説は、保険事故の発生によって具体化した保険金請求権は、通常の金銭債権と同様に、譲渡や質入れなどの処分の対象とすることができると解されています（大森忠夫『法律学全集(31)保険法』（有斐閣、補訂版、1985年）305頁等）。したがって、本来、保険金受取人が具体化した保険金請求権を行使しないことも、保険金受取人の処分の一つであり、他の保険金受取人の権利には影響することはありません。

2　保険金請求権の放棄と帰趨

問題は、保険金請求権が放棄された場合です。保険金受取人が保険

事故発生前に明確に保険金請求権を放棄した場合には、受取人指定の効力は失われ、自己のためにする生命保険契約となるというのが通説的な理解であるといえるでしょう（大森・前掲305頁、西島梅治『保険法〔第三版〕』（悠々社、1998年）329頁等）。このような場合には、保険契約者は別の受取人を指定するか、契約を解除することになるでしょうから、通常は問題にはなりません。

保険事故発生後に保険金請求権が行使された場合には、他の者に保険金を取得して欲しいという保険契約者の通常の意思を尊重すべきであるとして（山下典孝「保険金受取人による保険金請求権の放棄再考」安井信夫先生古希記念論文集刊行委員会編『変化の時代のリスクと保険』（文眞堂、2000年）132頁以下）、あるいは遺言者が死亡した後、遺贈が放棄された場合には、遺言者の死亡時に遡って効力が生じるとの規定（民986）を類推適用することにより、保険金受取人が保険金請求権を放棄する場合には、受取人指定の時に遡って保険金受取人が権利を取得しなかったものとみなされるとして（中村敏夫『生命保険契約法の理論と実務』（保険毎日新聞社、1997年）201頁以下）、この場合にも自己のためにする生命保険契約となるとする見解があります。しかしながら、前述のように、保険事故の発生により具体化した保険金請求権が、通常の金銭債権と同様であると解する通説の立場によれば、上記のような解釈は難しいでしょう（出口正義「判批」損害保険研究61巻4号151頁）。保険契約者の意思を最大限尊重すべきであるとしても、その死亡後に保険金請求権が放棄された場合には、その意思を確定することも容易ではありません。その意味で、本判決の結論はやむを得ないものと思われます。

＜参考判例＞
○相続人を受取人とする指定がなされた生命保険契約において、共同相続人の一部の者が相続放棄及び保険金請求権の放棄をした場合にも、その持分が他の相続人に帰属すると解することはできないとされた事例（大阪高判平27・4・23（平27（ネ）208）【事例26】）

308　　　　事　例　第3章　遺産分割

【事例22】　生命保険金と特別受益

　養老保険契約に基づき保険金受取人とされた相続人が取得す
る死亡保険金請求権又はこれを行使して取得した死亡保険金
は、民法903条1項に規定する遺贈又は贈与に係る財産には当た
らないが、保険金受取人である相続人とその他の共同相続人と
の間に生ずる不公平が民法903条の趣旨に照らし到底是認する
ことができないほどに著しいものであると評価すべき特段の事
情が存する場合には、同条の類推適用により、当該死亡保険金
請求権は特別受益に準じて持戻しの対象となるとされた事例

（最決平16・10・29民集58・7・1979）

事案の概要

① 　X₁ないしX₃（Xら）及びYは、いずれもAとその妻Bの間の子で
　ある。

② 　Yは、AとBのために自宅を増築し、AとBを昭和56年6月ころか
　ら死亡するまでの間そこに住まわせ、常時介護を要する状態となっ
　ていたAの介護をBが行うのを手伝った。その間、Xらはいずれも
　A又はBと同居していない。

③ 　Aは、平成2年1月2日、Bは、同年10月29日に、それぞれ死亡した。
　Yは、保険契約者・被保険者をBとする養老保険契約及び共済契約
　者・被共済者をAとする養老生命共済契約に基づき、合計約793万円
　の保険金及び共済金を受領した（以下、併せて保険金）。

④ 　Xらは、平成7年にAの遺産の分割を求めて、平成10年にBの遺産
　の分割を求めて、それぞれ家事調停を申し立てた。

⑤ 　Aが所有していた土地以外の遺産については、平成10年11月30日
　までに遺産分割協議及び遺産分割調停が成立し、これにより、Yは

事例 第3章 遺産分割　　309

　　合計約1,388万円、Xらはそれぞれ合計約1,200万円ないし約1,442
　　万円に相当する財産を取得した。
⑥　その後、この調停手続は、本件審判手続に移行した。
⑦　第一審（神戸家伊丹支審平15・8・8金判1241・38）は、Yが受領した保
　　険金がYの特別受益に当たると判断したが、抗告審（大阪高決平16・
　　5・10金判1241・35）は、Yが受領した保険金は、民法903条1項所定の
　　遺贈又は生計の資本としての贈与に該当するものと解することはで
　　きないとして、これを否定した。そこで、Xらが許可抗告を申し立
　　てた。

当事者の主張

◆他の共同相続人（Xら）の主張

　Yが受領した保険金は、民法903条1項所定の遺贈又は生計の資本と
しての贈与、いわゆる特別受益に当たり、上記保険金の額を被相続人
Aが相続開始の時において有した財産の価額に加えること（いわゆる
持戻し）を行うべきである。

◆保険金受取人である相続人（Y）の主張

　養老保険契約に基づく死亡保険金請求権は、保険金受取人が固有の
権利として取得するのであって、保険契約者又は被保険者から承継取
得するものではないから、民法903条1項所定の遺贈又は生計の資本と
しての贈与には当たらず、同条に基づく特別受益の持戻しの対象では
ない。

裁判所の判断

　被相続人が自己を保険契約者及び被保険者とし、共同相続人の一人
又は一部の者を保険金受取人と指定して締結した養老保険契約に基づ

く死亡保険金請求権は、その保険金受取人が自らの固有の権利として取得するのであって、保険契約者又は被保険者から承継取得するものではなく、これらの者の相続財産に属するものではないというべきである（最高裁昭和36年（オ）第1028号同40年2月2日第三小法廷判決・民集19巻1号1頁参照）。また、死亡保険金請求権は、被保険者が死亡した時に初めて発生するものであり、保険契約者の払い込んだ保険料と等価関係に立つものではなく、被保険者の稼働能力に代わる給付でもないのであるから、実質的に保険契約者又は被保険者の財産に属していたものとみることはできない（最高裁平成11年（受）第1136号同14年11月5日第一小法廷判決・民集56巻8号2069頁参照）。したがって、上記の養老保険契約に基づき保険金受取人とされた相続人が取得する死亡保険金請求権又はこれを行使して取得した死亡保険金は、民法903条1項に規定する遺贈又は贈与に係る財産には当たらないと解するのが相当である。もっとも、上記死亡保険金請求権の取得のための費用である保険料は、被相続人が生前保険者に支払ったものであり、保険契約者である被相続人の死亡により保険金受取人である相続人に死亡保険金請求権が発生することなどにかんがみると、保険金受取人である相続人とその他の共同相続人との間に生ずる不公平が民法903条の趣旨に照らし到底是認することができないほどに著しいものであると評価すべき特段の事情が存する場合には、同条の類推適用により、当該死亡保険金請求権は特別受益に準じて持戻しの対象となると解するのが相当である。上記特段の事情の有無については、保険金の額、この額の遺産の総額に対する比率のほか、同居の有無、被相続人の介護等に対する貢献の度合いなどの保険金受取人である相続人及び他の共同相続人と被相続人との関係、各相続人の生活実態等の諸般の事情を総合考慮して判断すべきである。

事　例　第3章　遺産分割　　311

　これを本件についてみるに、死亡保険金については、その保険金の額、本件で遺産分割の対象となった本件各土地の評価額、前記の経緯からうかがわれるBの遺産の総額、Xら及びYと被相続人らとの関係並びに本件に現れたXら及びYの生活実態等に照らすと、上記特段の事情があるとまではいえない。したがって、死亡保険金は、特別受益に準じて持戻しの対象とすべきものということはできない。

コメント

1　死亡保険金請求権と特別受益の持戻し

　本件は、共同相続人の一人を保険金受取人に指定していた養老保険契約について、被保険者の死亡後に、その遺産分割協議において、他の共同相続人から当該契約に基づく死亡保険金は特別受益に持戻しを請求されたという事案です。生命保険契約に基づく死亡保険金請求権は保険金受取人の固有財産であり、相続財産として承継取得されるものではないとするのが、判例・通説の理解です。本決定もこのような従来の判例・通説と同様の立場から、養老保険契約に基づき保険金受取人とされた相続人が取得する死亡保険金請求権又はこれを行使して取得した死亡保険金は、民法903条1項に規定する遺贈又は贈与に係る財産には当たらないと判示しました。

　学説においては、保険金受取人の指定・変更行為は、遺贈若しくは死因贈与又はこれらに準じる死因無償処分に該当する、あるいは生前贈与又はこれに準じる生前無償処分に該当することを理由に、保険金請求権は特別受益に当たるとして、民法903条1項の適用を認める見解も有力です（中川善之助＝泉久雄『相続法〔第4版〕』（有斐閣、2000年）211頁以下）。保険金受取人を指定した際の状況や相続をめぐる状況は様々であり、被相続人の意思表示による持戻し免除（同3項）が認められてい

ることも併せて考慮すれば、一律に特別受益に当たるか否かを確定することも妥当でないといえそうです。その意味で、本決定が原則として保険金が特別受益に当たることを否定しつつも、共同相続人間の公平を考慮して、例外的に特別受益として持戻しを認めていることは、事案の柔軟な解決を図ることができますので家事審判では望ましい判断枠組みであると思われます。

2　民法903条1項の類推適用が認められる「特段の事情」

　問題は、どのような場合に保険金が特別受益に当たるとして持戻しの対象となるかです。本決定は、「保険金の額、この額の遺産の総額に対する比率のほか、同居の有無、被相続人の介護等に対する貢献の度合いなどの保険金受取人である相続人及び他の共同相続人と被相続人との関係、各相続人の生活実態等の諸般の事情を総合考慮して判断すべきである」としていますので、保険金の額と遺産総額に対する比率が主に考慮されることになりそうですが、そればかりではなく、被相続人と受取人である相続人、他の共同相続人のそれぞれの関係や生活実態などが総合的に判断されることになります。

　本件では、「特段の事情」は否定され、特別受益には当たらないとされました。遺産総額に対する保険金の額がそれほど高額ではないことに加え、保険金受取人であるＹは、被保険者（被相続人）であるＡらのために自宅を増築して同居し、常時介護を要する状態となっていたＡの介護をＢが行うのを手伝っていたのに対して、他の共同相続人であるＸらはいずれもＡ又はＢと同居していなかったという生活実態が考慮されたものと思われます。本決定以後の家事審判においては、特段の事情ありとして民法903条1項の類推適用が認められた事例も見られます。

〔事　例〕 第3章　遺産分割　　313

＜参考判例＞

○保険金額が遺産総額に匹敵するほどに巨額であり、それぞれの生活実態や被相続人との関係の推移を総合考慮しても、特段の事情が存することが明らかであるとして、特別受益に準じて持戻しの対象となるとされた事例（東京高決平17・10・27家月58・5・94）

○死亡保険金は合計428万9,134円であるところ、これは被相続人の相続財産全体の6％余りにすぎないことや、受取人は長年被相続人と生活を共にし、入通院時の世話をしていたことなどの事情を考慮すれば、特段の事情があるとはいえないとして、死亡保険金を特別受益に準じて持戻しの対象とすべきであるとはいえないとされた事例（大阪家堺支審平18・3・22家月58・10・84）

○死亡保険金額が高額であり、遺産総額の約6割を占めることや、被相続人と受取人との婚姻期間は3年5か月程度であること等を総合考慮すると、特段の事情が存するものというべきであるとして、民法903条1項の類推適用により持戻しの対象となるとされた事例（名古屋高決平18・3・27家月58・10・66）

314 事　例　第3章　遺産分割

【事例23】　保険金受取人の相続人による被保険者故殺と保険
　　　　　　金請求権の譲渡

　保険事故の招致者であっても、特段の事情がない限り、いっ
たん発生した保険金請求権を相続し、その行使又は処分をする
ことができ、また、保険金受取人の相続債権者あるいは事故招
致者固有の債権者が保険金請求権を差し押えることも可能であ
るとされた事例　　　　　　（東京高判平18・10・19判タ1234・179）

　事案の概要

① 　Aは、自らを被保険者として、Y保険会社との間で、クレジット
カード付帯の傷害保険契約（本件保険契約）を締結していた。本件
保険契約における死亡保険金額は2,000万円、保険金受取人は、Aの
法定相続人であった。

② 　本件保険契約に係る普通保険約款（本件保険約款）には、保険金
を支払わない場合として、「保険金を受け取るべき者の故意。ただ
し、その者が死亡保険金の一部の受取人である場合には、他の者が
受け取るべき金額については、この限りでありません。」との定めが
ある。

③ 　Aは、平成15年12月15日、死亡した。Aの法定相続人は、父B及
び母Cである。したがって、Aの死亡による保険金請求権は、両人
にそれぞれ1,000万円帰属することになる。

④ 　Cは、平成16年1月16日、保険金請求権を行使しないまま死亡した。
同人の法定相続人は、夫のB及び兄弟姉妹であるXら3名である。
したがって、Cの取得した上記保険金請求権は、Bが4分の3（750万
円）、Xらがそれぞれ12分の1（83万3,333円）の割合で相続により取
得したことになる。

⑤　Bは、Aの殺害行為につき、平成16年1月11日逮捕され、平成17年3月24日、有罪判決を受けた。

⑥　X₁は、平成16年3月12日、本件保険約款に定める代表者として、Yに対し、保険金の支払を求めたところ、Yは、Xらが相続した部分250万円の支払をしたが、残余の750万円の支払を拒んだ。

⑦　Xらは、平成17年4月7日、勾留中のBから、CのYに対する保険金請求権の相続分750万円を譲り受けるとともに、Yに対して同額の支払を求める本件訴えを提起した。

⑧　原審（東京地判平18・6・28（平17（ワ）19372））は、Xらの請求を認容したため、Yが控訴した。

当事者の主張

◆保険金請求権の譲受人（Xら）の主張

Cは、本件事故発生により、Yに対する1,000万円の保険金請求権を取得し、同人が死亡したことにより、Bが4分の3、Xらがそれぞれ12分の1の割合で相続した。Bは、自己が相続した4分の3について、Xらに譲渡したのであるから、Xらは、それぞれ控訴人に対し、250万円の保険金請求権を有する。

◆保険会社（Y）の主張

Bは、Aを殺害した者で、保険事故を故意に発生させた者である上、Cの死亡が、Bが逮捕された直後であることからすると、夫が娘を殺害したという事態を悲観したことによるものと推測され、偶然の事情ではなく、Bの行為に起因したものということができる。

したがって、本件保険約款の免責条項の趣旨からすれば、Bが、Cの死亡に伴い相続した保険金請求権について、その行使はもとより、他に譲渡することもできないというべきである。保険金請求権の行使

ができない者がこれを他に処分することによって保険金請求権を行使したのと同様の結果を生じさせることは許されないから、BのXらに対する保険金請求権の譲渡は無効である。

裁判所の判断

　保険金受取人のうちの一部の者に事故招致者があっても、他の保険金受取人の保険金請求権は発生するのであり、いったん発生した保険金請求権は、独立した財産権として相続財産を構成し、相続により相続人に承継され、また、差押えの対象財産ともなる。この場合において、いったん発生した保険金請求権を相続した者が保険事故を招致した者であるときについて、本件保険約款は何らの規定も置かず、商法その他の法令においても特段の定めを置いていないから、本件保険約款の趣旨も含め、民法の一般条項に照らして、事故招致者において当該保険金請求権を行使することを妨げる特段の事情がない限り、上記の原則に従い、事故招致者であっても、いったん発生した保険金請求権を相続し、その行使又は処分をすることができ、また、保険金受取人の相続債権者あるいは事故招致者固有の債権者が保険金請求権を差し押さえることも可能であるというべきである。

　本件についてみると、本件保険契約により、保険金請求権は、Cにおいて発生し、そのいったん発生した保険金請求権をBが相続したものであり、特段の事情がない限り、Bによる保険金請求権の行使を制限し、又はその処分の効力を否定することはできない。続いて、上記の特段の事情があるか否かについてみると、Bが被保険者であるAを殺害し、これによって有罪判決を受けた事実は認められるものの、……殺害の動機は明らかでなく、保険金目的の殺害と認めるに足りる事情はなく、Cの死亡についても、Bの行為が直接影響しているとの

事情もうかがえず、BからXらへの債権譲渡についても、その譲渡人及び譲受人それぞれの動機、対価の有無等についても不明である。そのほか、Bにおいて、いったん発生した保険金請求権を相続した上、それを行使し、又は処分することを妨げる特段の事情を認めるには至らない。

なお、本件上告審（最決平19・3・30（平19（オ）24・平19（受）25））は棄却された。

コメント

1 具体化した保険金請求権の相続と免責事由の適用

本件は、保険金受取人の一人である父Bが被保険者である子Aを殺害したという事案において、他の保険金受取人（母C）の保険金請求権を相続したBが、Cの兄弟に対して同権利を譲渡することの可否が争われました。Bが取得するはずの保険金請求権が故意免責条項の適用により行使できないことはいうまでもありませんが、故意免責条項の適用を受けないCの権利を、被保険者を殺害したBが相続によって承継取得した場合に、Bは、保険金請求権を行使したり譲渡することができるかが問題となります。

保険事故の発生によって具体化した保険金請求権は、通常の金銭債権と同様に、譲渡や質入れなどの処分の対象とすることができるとするのが通説です（【事例21】参照）。本判決は、このような通説の理解を前提として、「事故招致者であっても、いったん発生した保険金請求権を相続し、その行使又は処分をすることができ、また、保険金受取人の相続債権者あるいは事故招致者固有の債権者が保険金請求権を差し押さえることも可能である」としています。学説においては、本判決の見解を支持するものもありますが（後藤元「判批」ジュリスト1380号

130頁）、故意免責条項の趣旨である公益への配慮や信義誠実の原則という観点から、事故招致者による権利行使や譲渡等を否定する見解も有力です（甘利公人「判批」損害保険研究69巻2号295頁等）。

2 「特段の事情」の意義

　本判決は、事故招致者による保険金請求権の行使等を絶対的に認めているわけではなく、「本件保険約款の趣旨も含め、民法の一般条項に照らして、事故招致者において当該保険金請求権を行使することを妨げる特段の事情」がある場合には、保険金請求権の行使等が認められないとされる余地があることを示唆しています。問題は、この「特段の事情」がどのような場合を指すかです。

　本判決は、この「特段の事情」の存在を否定しましたが、その判断の中では、Bの殺害の動機は明らかでなく、保険金目的の殺害と認めるに足りる事情はないことや、Cの死亡について、Bの行為が直接影響しているとの事情もうかがえないこと、BからXらへの債権譲渡の動機や対価の有無等についても不明であることなどが検討されています。Cの死亡につきBが直接関与しているのであれば相続欠格事由（民891）に当たり、そもそもBは保険金請求権を取得できません。一般的には、公益の観点からBに保険金請求権を取得させることが望ましくない場合、例えば、保険金受取人が当該契約を利用して保険金を取得する目的で計画的に被保険者を殺害したような場合には、「特段の事情」ありとされるといえそうです。

事　例　第3章　遺産分割　　　319

【事例24】　遺留分の算定と保険金の特別受益性

> 　保険金受取人である相続人とその他の共同相続人との間に生ずる不公平が民法903条の趣旨に照らし到底是認することができないほどの著しいものであると評価すべき特段の事情があるとして、死亡保険金請求権は特別受益に準じて持戻しの対象となるとされた事例　　　（東京地判平23・8・19（平18（ワ）11258））

事案の概要

①　Aは、B生命保険会社との間で、自らを被保険者とし、Aの妻であるYを保険金受取人とする生命保険契約を締結していた。Aは、Bから約497万円の貸付を受けている。

②　X₁、X₂及びX₃はいずれもAの子であり、X₄は、Aの子である亡C（平成6年死亡）の妻である。

③　Aは、昭和61年7月9日、死亡した。Y及びXらは、Aの公正証書遺言により、それぞれAの遺産を相続した。Xらの遺留分はそれぞれ10分の1である。

④　X₁、X₂、X₃及び亡Cは、昭和62年6月30日、Yに対して内容証明郵便により遺留分減殺の意思表示をし、同年7月1日にYに到達した。亡Cに係る遺留分減殺の効果は、亡Cの死により開始した相続によりX₄及びD、E、Fがそれぞれ相続したが、平成17年4月14日に、D、E、Fは、同人らの相続分をいずれもX₄に譲渡した。

⑤　X₁らは、Yに対して、遺留分侵害額の支払等を求める本件訴えを提起した。なお、X₂、X₃及びX₄は、本訴提起後である平成22年5月1日、上記遺留分減殺に係る債権をX₁に譲渡し、同譲渡通知は、同月10日にYに到達した。

320 事 例 第3章 遺産分割

当事者の主張

◆共同相続人（Xら）の主張

　Yは、亡Aの生命保険金の支払を受けたが、生命保険金は、XらとYとの間に相続財産について生じている不公平は著しいものがあるので、特別受益に準じて持戻しの対象となると解すべきである。したがって、生命保険金の額を加えた遺産合計を遺留分算定の基礎とすべきである。

◆保険金受取人である相続人（Y）の主張

　上記生命保険金は、特別受益には当たらず、遺留分算定の基礎にはならない。

裁判所の判断

　保険契約に基づき保険金受取人とされた相続人が取得する死亡保険金請求権又は死亡保険金は、民法903条1項に規定する遺贈又は贈与に係る財産には当たらない。もっとも、保険金受取人である相続人とその他の共同相続人との間に生ずる不公平が本条の趣旨に照らし到底是認することができないほどの著しいものであると評価すべき特段の事情が存する場合には、本条の類推適用により、死亡保険金請求権は特別受益に準じて持戻しの対象となるものというべきである（最決平成16年10月29日民集58巻7号1979頁）。本件においては、Bから497万0067円の借り入れをしており、生命保険金の死亡保険金から貸付額を控除されることを考えると、特段の事情があり、持戻しの対象となるものというべきである。

コメント

1　遺産分割を巡る紛争と死亡保険金

　本件は、遺留分減殺請求に当たって、共同相続人の一人を死亡保険

事　例　第3章　遺産分割　　　　321

金受取人として締結していた生命保険契約につき、当該相続人が取得
した死亡保険金請求権又は死亡保険金は、相続法改正前民法1044条の
準用する民法903条1項に基づき特別受益に準じて持戻しの対象とな
り、遺留分算定の基礎に算入すべきかが争われた事案です。既に、相
続人以外の者に対する受取人変更は、遺留分減殺請求の対象となる遺
贈又は贈与（相続法改正前民1031）には該当しないこと（最判平14・11・5民
集56・8・2069【事例27】参照）、遺産分割における具体的相続分の算定の
局面でも、死亡保険金請求権は民法903条1項に規定する遺贈又は贈与
に係る財産には原則として当たらないこと（最決平16・10・29民集58・7・
1979【事例22】参照）については、既に判例が確立しています。
　共同相続人間において遺留分侵害額請求がなされている事案では、
どのように考えるべきかが問題となります。本判決は、前掲最高裁平
成16年決定と同様の判断枠組みを採用して、「特段の事情」があるとし
て、特別受益の持戻しを認めています。前掲最高裁平成14年判決は、
前掲最高裁平成16年決定とは異なり、「特段の事情」による例外の余地
については言及していませんが、共同相続人間においては、共同相続
人間における公平を確保する要請が働き、前掲最高裁平成14年判決の
ような事案とは区別して、遺留分侵害額請求の余地を認めることもで
きるものと思われます（前述のとおり、遺留分減殺請求は、相続法改
正により遺留分侵害額の請求（相続法改正後民1042以下）となっています
（【事例19】参照）。）。
　このような考え方は、相続人に対する贈与が行われた場合に、相続
法改正後民法1044条3項により、遺留分算定のために算入すべき財産
の対象となるか否かについても同様です。

2　遺留分減殺請求事案における「特段の事情」
　本判決は、前掲最高裁平成16年決定を引用していますから、遺留分

侵害額請求事案においても、同様の事情が考慮されることになります。つまり、保険金の額、この額の遺産の総額に対する比率、同居の有無、被相続人の介護等に対する貢献の度合いなどの保険金受取人である相続人及び他の共同相続人と被相続人との関係、各相続人の生活実態等の諸般の事情を総合考慮して判断されます。本判決は、「Ｂ生命保険から497万0067円の借り入れをしており、生命保険金の死亡保険金から貸付額を控除されること」を理由に、特段の事情を認めています。保険金請求権が相続によって承継される貸付金債務と相殺されることが考慮されたものと思われますが、具体的に、どのような考慮が働いたのかは必ずしも明確ではありません。

＜参考判例＞

○共同相続人間における遺留分減殺請求につき、死亡保険金額が高額であること、保険金受取人は被保険者と同居して晩年の世話を行ってきたものの、その生活費等は長年にわたり被保険者の収入により賄われてきたことが窺えることに照らせば「特段の事情」があるとして、民法903条の類推適用により、特別受益に準じて持戻しの対象となるというべきであるとされた事例（東京地判平23・4・21（平19（ワ）19512））

○共同相続人間における遺留分減殺請求につき、保険金額が約497万円であり、遺産総額に対する比率は約14％であること、受取人が被保険者と同居し介護してきたこと等を総合考慮すると特段の事情が存するとはいえないとして、保険金が特別受益に準じて持戻しの対象になると解することはできないとされた事例（東京地判平26・3・28（平24（ワ）21551））

事　例　第3章　遺産分割　　　　323

【事例25】　死亡退職弔慰金

　Aは、Yの取締役であったところ、Yは、Aを被保険者とする生命保険契約を締結していた。Aが死亡したところ、その相続人であるXらが、死亡退職弔慰金として保険金の全部又は相当部分の支払を求めた事例　（大阪高判平25・9・20判時2219・126）

事案の概要

① 　Yは、青果物、その加工品及び冷凍果物の販売等を業とする株式会社である。創業時の代表取締役はBであり、現在の代表取締役はCである。YがBに支払った死亡退職慰労金は3,500万円であった。
② 　Aは、Yの取締役であった者である。
③ 　Yは、昭和54年2月23日、保険会社Dとの間で、被保険者をA、死亡保険金受取人をY、死亡保険金5,000万円とする内容の保険契約を締結した。Aは、本件保険契約の締結の際に、被保険者として承諾をしていた。
④ 　Yは、昭和57年9月1日、保険会社Eとの間で、被保険者をA、死亡保険金受取人をY、死亡保険金1,000万円とする内容の保険契約を締結した（以下、上記③の保険契約と合わせて、「本件保険契約」という。）。Aは、本件保険契約の締結の際に、被保険者として承諾をしていた。
⑤ 　Aは、平成20年12月20日に死亡した。相続人は、Xらである。
⑥ 　Yが本件保険契約のために支払った保険料は、1,878万4,537円である。

当事者の主張

◆被保険者の相続人（Xら）の主張
　Yは、Aとの間で、Aから本件保険契約を締結するに当たって保険

法38条（平成20年改正前商法674条1項）に基づく同意を得る際に、同契約に基づいて支払われる保険金の全部又は相当部分について、Aの相続人であるXらに対して支払われるべき死亡退職金又は弔慰金の支払に充当するとの合意をした。

役員が被保険者、会社が保険金受取人となる保険契約の趣旨は、被保険者の遺族の福利厚生にあり、会社が大きな利得を得ることは被保険者の意思に反するばかりか、被保険者の同意を要求した保険法の趣旨に反する。したがって、会社が受領した金額を下回る退職慰労金の株主総会決議をすることはできない。

会社において役員を被保険者として生命保険契約を締結する目的として、節税を兼ねた貯蓄目的を認めることは、他人の生命の保険契約について定めた保険法38条（平成20年改正前商法674条1項）が、被保険者の同意を保険契約の効力発生要件とする趣旨に反する。また、Aが冷遇されていたことからすれば、Aを欠くことによる信用不安が生じた場合の資金繰り目的も考えられない。

仮に本件合意が存在しなかったとしても、被保険者の同意を他人の生命の保険の効力要件とする法の趣旨からすれば、保険金の全部又は相当部分を死亡退職金又は弔慰金としてXらに支払う限りにおいて、本件保険契約を有効と解するべきである。

◆保険金受取人（Y）の主張

保険金の全部又は相当部分を死亡退職弔慰金に充てる合意（本件合意）は存在しない。YとAとの間における本件保険契約締結時の合意内容は、慣例に則った金額を弔慰金として保険金の中から支払い、弔慰金を超える部分については、役員を失うことによるYの損失補填に充てるというものである。

保険金はYに対して支払われるものであり、それを死亡退職慰労金（弔慰金）としてXらに支払うためには株主総会決議が必須である。本件保険契約の目的は、企業防衛、すなわち、保険料を損金として処

理することで節税効果があるだけでなく、役員が死亡すれば、退職金支払の負担による資金繰りの圧迫やキーマンを欠くことによる損失を保険金によって補填することを目的としたものである。

裁判所の判断

　YとAの間で本件合意が成立したとは認められないから、Xらは、株主総会において決議された1,001万2,200円の退職慰労金請求権の相続分相当額のみを取得したものと判断する。

　Xらは、原判決が本件保険契約に節税を兼ねた貯蓄目的があったと認めることは、他人の生命の保険契約について定めた保険法38条（平成20年改正前商法674条1項）が、被保険者の同意を保険契約の効力発生要件とする趣旨に反すると主張する。しかし、被保険者の死亡を前提としない解約返戻金に関してこのような目的があったか否かは事実認定の問題なのであり、これを認定してはならないというものではない。しかも、上記目的の併存を否定したとして、それにより本件合意が成立したことが認められるものでもない。

　また、Xらは、Aが冷遇されていたことからすれば、本件保険契約に当該役員を欠くことによる信用不安が生じた場合の資金繰り目的があったとは考えられないと主張するが、そもそも冷遇の事実自体裏付けに乏しい上、本件保険契約の締結は昭和54年及び昭和57年であり、XらがAの冷遇が始まったとする平成9年よりはるかに前のことなのであるから、採用の余地はない。

　Xらは、仮に本件合意が存在しなかったとしても、被保険者の同意を他人の生命の保険の効力要件とする法の趣旨からすれば、保険金の全部又は相当部分を死亡退職金又は弔慰金としてXらに支払う限りにおいて、本件保険契約を有効と解するべきであると主張する。しかし、保険法が、他人の生命の保険については、被保険者の同意を求めるこ

とでその適正な運用を図ることとし、保険金額に見合う被保険利益の
裏付けを要求するような規制を採用していないことに鑑みれば（最高
裁平成18年4月11日第三小法廷判決・民集60巻4号1387頁）、Xらの主張
は採用できない。

```
コメント
```

1　被保険者の同意

　本件では、保険契約者兼保険金受取人が、被保険者と別人である場
合において、保険金受領後の使途に関する合意の有無とともに、被保
険者の同意を他人の生命の保険の効力要件とする法の趣旨についても
争われました。

　本判決は、合意の存在を否定した上で、「保険法が、他人の生命の保
険については、被保険者の同意を求めることでその適正な運用を図る
こととし、保険金額に見合う被保険利益の裏付けを要求するような規
制を採用していない」として、原告の主張を否定しました。本判決の
引用する最高裁平成18年4月11日判決（民集60・4・1387）は、従業員を被
保険者とする団体定期保険契約に関する事案において、「他人を被保
険者とする生命保険は、保険金目当ての犯罪を誘発したり、いわゆる
賭博保険として用いられるなどの危険性があることから、商法は、こ
れを防止する方策として、被保険者の同意を要求することとする（674
条1項）一方、損害保険における630条、631条のように、金銭的に評価
の可能な被保険利益の存在を要求するとか、保険金額が被保険利益の
価額を超過することを許さないといった観点からの規制は採用してい
ない」と判示したものです。本判決は、保険法38条は平成20年改正前
商法674条1項と同趣旨のものとしたものであり、Aが経営者（取締役）
であったことも併せ考えると、適切なものと思われます。

2 従業員の場合は

　会社を経営する立場にある取締役と、指揮命令に服する立場にある従業員では、その人の死亡が会社に与える影響が違うのが通常です。従業員を被保険者とする団体的保険については多くの訴訟が提起されたこともあり、平成8年に仕組みが変更されました。

　山下友信『保険法』（有斐閣、2005年）279頁では、「1996年に生命保険業界では、団体定期保険の仕組みを変更した。新たな仕組みでは、全員加入の団体定期保険は、被保険者の遺族を保険金受取人とする主契約部分（総合福祉団体定期保険）と、保険契約者が保険金受取人となる特約部分（ヒューマン・バリュー特約）とに分けられ、特約部分については、保険金額を主契約の保険金額以下とし、かつ2,000万円以下とすること、保険契約者による特約の保険金の請求については被保険者の遺族の了知を受けてすることなどのトラブル防止のための措置が盛り込まれている」と指摘されています。

＜参考判例＞

○保険契約者兼保険金受取人である会社が、被保険者である各従業員の死亡につき6,000万円を超える高額の保険を掛けながら、社内規定に基づく退職金等として実際に支払われたのは各1,000万円前後であった事案において、「従業員の福利厚生の拡充を図ることを目的とする団体定期保険の趣旨から逸脱した」としつつも、「他人の生命の保険については、被保険者の同意を求めることでその適正な運用を図ることとし、保険金額に見合う被保険利益の裏付けを要求するような規制を採用していない立法政策が採られていることにも照らすと、被保険者の同意があることが前提である以上、公序良俗違反とは認められず、社内規定に基づく給付額を超えて死亡時給付金を遺族等に支払うことを、明示的にはもとより、黙示的にも合意したと認めることはできないとした事例（最判平18・4・11民集60・4・1387）

328 事　例　第3章　遺産分割

【事例26】　法定相続人を受取人とする契約における一部相続人の相続放棄の効力

　保険契約者Aが、被保険者をA、死亡保険金受取人を被保険者の「法定相続人」とする生命保険契約を締結した場合に、被保険者の法定相続人の一人であるXが、他の法定相続人B及びCが相続放棄したこと、及び、B及びCが保険金請求権を放棄したことなどによって、B及びCの保険金請求権もXに帰属したとして、死亡保険金全額を請求した事例

（大阪高判平27・4・23（平27（ネ）208））

事案の概要

① 　Aは、Yとの間で、被保険者をA、死亡保険金の受取人を「法定相続人」と指定する生命保険契約を締結していた（以下「本件保険契約」という。）。

② 　Aは、平成23年4月5日、死亡した。Aの法定相続人は、XなどAの子3人（相続分3分の1）である。

③ 　Xの2人の妹B・Cは、いずれも相続放棄をした。

④ 　B及びCは、平成24年11月7日、Y担当者から本件保険契約に基づく死亡保険金請求手続を行うことを勧められたがこれを拒否し、さらに、平成25年6月5日付けで、「保険金を請求するつもりもなければ、譲渡するつもりもありません。」などと記載した本件回答書面をYに送付したことが認められる。

当事者の主張

◆被保険者の相続人の一人（X）の主張

1　B及びCが相続放棄をし、保険金請求権放棄等の意思表示をした

ことにより、本件保険契約の死亡保険金請求権は全部Xに帰属した。

2　B及びCが保険金請求権放棄等の意思表示をしたことにより、B及びCが取得した死亡保険金請求権はAの相続財産に帰属することになり、Xがこれを相続した。

◆保険会社（Y）の主張

1　保険金請求権は固有の権利であるから、B及びCが相続放棄をしたとしても、権利の帰属には影響しない。また、保険金請求権放棄等の意思表示があったとは認められない。

2　B及びCは保険金請求権放棄等の意思表示をしていない。また、仮に意思表示があるとしても、B及びCが取得した死亡保険金請求権がAの相続財産に帰属する理由はない。

裁判所の判断

1　最高裁平成3年（オ）第1993号同6年7月18日第二小法廷判決・民集48巻5号1233頁（以下「平成6年判決」という。）は、保険金受取人を「相続人」と指定した場合、保険金請求権が保険契約の効力発生と同時に上記相続人の固有財産になることを前提として、保険契約者が保険金受取人を「相続人」と指定する趣旨は、相続人に対してその相続分の割合により保険金を取得させるというのが保険契約者の通常の意思に合致することを理由に、民法427条にいう「別段の意思表示」として、相続人が固有財産としての保険金請求権を相続分の割合で有するという指定がされたものと解されるとしたものであって、Xのいう「相続法理」を考慮したものとはいえない。そして、平成6年判決は、相続人が相続放棄をしたとしても、当該相続人の固有財産としての保険金請求権の得喪に影響するものではないとする法理を否定するものでもなく、保険契約者が保険金受取人を「相続

人」と指定する場合において、相続放棄をした相続人には保険金請求権を取得させないというのが保険契約者の通常の意思に合致するものとは認め難い。そうすると、保険金受取人とされた相続人の一人が相続放棄をした場合、当該相続人は保険金請求権を取得せず、その分、残りの法定相続人の保険金を受け取るべき割合が増えるという解釈が、平成6年判決の論理的帰結として導かれるものとはいえない。そして、本件保険契約において、保険契約者であるAが、法定相続人の一部の者が相続放棄をした場合にはその者には保険金請求権を取得させず、その分をその余の法定相続人に取得させる趣旨をも含めて、保険金受取人を「法定相続人」と指定したものと認めることもできない。

　さらに、最高裁昭和36年（オ）第1028号同40年2月2日第三小法廷判決・民集19巻1号1頁が、保険金受取人を「相続人」と抽象的に指定している場合でも、保険契約者の意思を合理的に推測して、保険事故発生のときにおいて被指定者を特定し得る以上、上記のような指定も有効であるとしていることに照らすと、保険事故発生後、第1順位の相続人が保険金請求権を行使するか否かを明確にするまで、保険金請求権を行使しうる者やその権利割合を定めることのできないような保険金受取人の指定をしたというのであれば、そのような指定が有効な指定と解しうるのかとの疑問も生じるところである。

　B及びCが、平成24年11月7日及び平成25年6月5日の各時点において、本件保険契約に基づく死亡保険金を請求する意思のないことは認められるが、B及びCが訴訟告知を受ける等してもなお本件保険契約に基づく保険金を請求する態度を示していないことを考慮しても、B及びCにおいて、上記保険金請求権を確定的に放棄する旨の意思表示を行ったものとまで解することは困難と言わざるを得ない。したがって、将来において、B及びCが意向を変更して、本件

保険契約に基づく死亡保険金の請求手続をした場合や、同人らの債権者が上記保険金請求権を差し押さえた場合、さらには、債権譲渡や相続等により上記保険金請求権を取得した者が請求手続をした場合等において、Yが上記保険金の支払を拒否しうる根拠は見出し難い。そうすると、B及びCが保険金請求権放棄等の意思表示をしたことを前提として、同人らの有していた死亡保険金請求権がAの相続財産に帰属するとするXの予備的主張は、その前提を欠くものであり、理由がない。

2　仮に、B及びCが保険金請求権放棄等の意思表示をしたとしても、同人らの有していた死亡保険金請求権がAの相続財産に帰属するとするXの予備的主張は、以下のとおり理由がない。

　保険事故発生前に、保険金受取人が抽象的な保険金請求権を放棄した場合は、当該保険契約は、保険金受取人の指定のない契約として、保険契約者自身が保険金受取人となる（自己のためにする保険契約となる）ものと解することができるが、保険事故発生後は、保険金受取人の保険金請求権は具体化し、保険金受取人は、具体的な金銭債権である保険金請求権（債権の一般原則通り、債権の放棄を含め、債権者が自由に処分できる権利）を確定的に取得し、他方、保険契約者は、既に保険契約に対する何らかの処分をすることができなくなっているのである。保険金受取人が金銭債権である保険金請求権を放棄したとしても、保険契約者のした保険金受取人指定の効力が遡って失われるとする法律上の根拠が存するものではない。この点、Xは、保険金受取人の指定は、指定された者が権利を放棄する場合には保険契約者を保険金受取人とする趣旨でされていると主張するが、保険契約者が保険契約の処分権を失い、保険金受取人が保険金請求権を確定的に取得した後に生じた事由により、保険金受取人の指定の効力を遡って喪失させ、保険契約者の相続財産に保

険金請求権を帰属させるような意思表示をしていると解することは困難である（保険金受取人が保険金請求権を放棄等した場合に保険契約者を保険金受取人とするのが、必ずしも契約者の合理的意思に合致するとも解し難い。）。

なお、本件は、最高裁（最判平27・10・8（平27（受）1457））において、上告受理申立てが不受理とされた。

コメント

1　相続放棄の影響

相続放棄は、「相続開始後に相続人の側からのイニシアチヴによって資格が失われる場合」です（大村敦志『新基本民法8相続法』（有斐閣、2017年）70頁）。保険金請求権は、保険金受取人の固有の権利ですから、その帰属は、相続放棄の影響を受けません（その詳細は、【事例20】参照）。

2　保険金請求権の放棄

本判決は、保険金請求権を放棄したとまでは解釈できないとして、保険金額の3分の1についてのみXの請求を認めました。

そのため、保険金請求権の放棄があった場合に関する判示は、結論を導くためには必要のない議論（傍論）ですが、その内容は明確であり、適切なものと思われます。

この点については、「実務上は、このような場合、保険金請求をしない意思を表示していた保険金受取人も後にその考えを変えることもあり、軽々に保険金請求権の放棄の意思を認めることは難しいし、明確に放棄した場合には、保険金債務が消滅したとして本件判決と同様の考え方で対応する保険会社が多いようである」と指摘されています（広瀬裕樹＝竹濱修＝千森秀郎・事例研レポ301号28頁）。

<参考判例>

○保険契約者が死亡保険金の受取人を被保険者の「相続人」と指定した場合は、特段の事情のない限り、民法427条にいう「別段の意思表示」である相続分の割合によって権利を有するという指定があったものと解すべきであるとした事例（最判平6・7・18民集48・5・1233）

○被保険者が死亡すると保険金受取人は具体的な保険金請求権を取得するところ、これは通常の債権と変わりがないので、保険金受取人はこれを自由に処分することが可能であり、この請求権を放棄すれば、保険金請求権は確定的に消滅するとし、「保険契約者が保険金受取人となる保険契約に転化する」という主張について「法的根拠はなく…解釈論の限界を越えるもの」とした事例（大阪高判平11・12・21金判1084・44【事例21】）

334 事　例　第4章　遺贈・贈与

第4章　遺贈・贈与

【事例27】　自己を被保険者とする生命保険契約の受取人変更　　　　　と遺贈・死因贈与

　自己を被保険者とする生命保険契約の契約者が死亡保険金の受取人を変更する行為は、民法1031条に規定する遺贈又は贈与に当たるものではなく、これに準ずるものということもできないから、遺留分減殺請求の対象にはならないとされた事例

（最判平14・11・5民集56・8・2069）

事案の概要

①　Aと妻であるX₁とは平成2年頃から、Aの女性関係で不仲となり、平成7年1月からは別居し、X₁はAとの子であるX₂及びX₃、Aの父であるYとともに自宅で生活していた。平成9年5月にAはX₁に対し離婚調停を申し立てたが、死亡する前の同年9月に取り下げた。

②　AはB生命保険会社との間で生命保険契約を締結し、またC協会はD生命保険会社との間で従業員であるAを被保険者とする生命保険契約を締結していた。

③　Aは、平成9年7月10日、同人所有の全ての財産をYに遺贈する旨の遺言をした。そして、Aは当初、本件保険契約の死亡保険金受取人を妻であるX₁としていたところ、右受取人をX₁からYに変更した。

④　Aは、平成9年9月23日、膵癌のため死亡した。

⑤　Aの法定相続人は、Xら3名であり、法定相続分はX₁が2分の1、X₂とX₃がそれぞれ4分の1である。そのため、Xらの遺留分は、X₁

事 例　第4章　遺贈・贈与　　335

が4分の1、X₂とX₃がそれぞれ8分の1となる。

⑥　XらはYに対し、同年11月19日到達の書面で右包括遺贈に対し遺留分減殺請求をした。

⑦　第一審（福岡地小倉支判平11・1・18家月55・4・59）、並びに控訴審（福岡高判平11・6・30民集56・8・2085）は、いずれもXらの請求を棄却したことから、Xらが上告した。

当事者の主張

◆相続人（Xら）の主張

　本件死亡保険金受取人変更は、死因贈与契約である。仮に死因贈与契約に該当しないとしても、保険契約の締結により将来の財産として保険金請求権が発生しこれを受取人に贈与したのと同様であるので、他人のためにする保険契約は遺贈と同視すべき無償の死因処分とみるのが相当である。したがって、遺留分減殺についても、この制度が妻子ら相続人に最低限度の相続分を保障するため遺贈の自由を制限することにあることからして、保険金請求権は相続財産には属さないが、なお減殺の対象とするのが妥当である。

◆受遺者（Y）の主張

　本件死亡保険金は、保険契約の趣旨により、Yの固有の権利である。したがって、遺産とはならず、遺留分減殺の対象ともならない。

裁判所の判断

　自己を被保険者とする生命保険契約の契約者が死亡保険金の受取人を変更する行為は、民法1031条に規定する遺贈又は贈与に当たるものではなく、これに準ずるものということもできないと解するのが相当である。けだし、死亡保険金請求権は、指定された保険金受取人が自

己の固有の権利として取得するのであって、保険契約者又は被保険者から承継取得するものではなく、これらの者の相続財産を構成するものではないというべきであり（最高裁昭和36年（オ）第1028号同40年2月2日第三小法廷判決・民集19巻1号1頁参照）、また、死亡保険金請求権は、被保険者の死亡時に初めて発生するものであり、保険契約者の払い込んだ保険料と等価の関係に立つものではなく、被保険者の稼働能力に代わる給付でもないのであって、死亡保険金請求権が実質的に保険契約者又は被保険者の財産に属していたものとみることもできないからである。

コメント

1　相続人ではない保険金受取人に対する遺留分減殺請求

　本件は、保険契約者が自己を被保険者とする生命保険契約の受取人を相続人である妻から、相続人ではない父に変更する行為が、相続法改正前民法1031条に規定する遺贈又は贈与に当たるもの、又はこれに準じるものということができるかが争われた事案です。本判決は、これを否定し、相続人である妻子による遺留分減殺請求を棄却しました。死亡保険金請求権や死亡保険金が相続財産に属するのか、あるいは保険金受取人の固有の財産であるのか、という点については、既に判例は後者の立場を採ることで一致しており（大判昭11・5・13民集15・877、最判昭40・2・2民集19・1・1）、学説においても、通説であるといえます。本判決は、死亡保険金請求権が保険金受取人の固有権であることに加え、死亡保険金請求権は、被保険者の死亡時に初めて発生するものであり、保険契約者の払い込んだ保険料と等価の関係に立つものではなく、被保険者の稼働能力に代わる給付でもないのであって、死亡保険金請求権が実質的に保険契約者又は被保険者の財産に属していたものとみる

事 例 第4章 遺贈・贈与 337

こともできないことを理由としています。

これに対して、保険金受取人の固有権性を認める学説においても、死亡保険金受取人を指定・変更する行為が遺留分減殺請求の対象となるかという点については、これを肯定する見解が少なくありません。その理由については、これが死因贈与又は遺贈と同視すべき無償処分であるから（大森忠夫「保険金受取人の法的地位」大森忠夫＝三宅一夫『生命保険契約法の諸問題』（有斐閣、1958年）59頁）、あるいは生前贈与又はこれに類似する生前の無償処分に当たるから（山下友信「生命保険金請求権の固有権性」同『現代の生命・傷害保険法』（弘文堂、1999年）78頁）等、見解が分かれます。

なお、最高裁平成16年10月29日決定（民集58・7・1979）（【事例22】）は、遺産分割協議において、相続人の一人を保険金受取人に指定した養老保険契約について、本判決と同様の理由により、保険金請求権が民法903条1項にいう「遺贈又は贈与」に当たらないとしながらも、「保険金受取人である相続人とその他の共同相続人との間に生ずる不公平が民法903条の趣旨に照らし到底是認することができないほどに著しいものであると評価すべき特段の事情が存する場合」には、例外的にその保険金請求権につき特別受益の持戻しが認められるとしています。本件では、保険金受取人に指定されたYは共同相続人ではありませんので、共同相続人間の公平を考慮する必要がない点で、両判決の事案は少なからず異なっています。

本件では、相続人の一人であるX₁がもともと保険金受取人に指定されていたところ、Yに対する包括遺贈とほぼ同時期である被保険者の死亡直前に、Yへと受取人が変更されていますので、保険金を含めた全ての財産をYに遺贈するというAの意思がうかがえます。本件では必ずしも明らかではありませんが、保険料の支払による財産の流出が大きく、事案全体として相続人の生活の基盤を危うくするものであ

ると評価できるような場合には、保険金受取人の変更を「遺贈又は贈与」とみる余地もあるように思われます。

2　遺留分侵害額請求の対象

　死亡保険金受取人を変更する行為が「遺贈又は贈与」に当たるとして、相続人による遺留分侵害額請求を認めた場合には、遺留分侵害額請求はどの範囲で及ぶのか、つまり侵害額が問題となります。対象となる財産の評価が相続開始時とされていることからすれば、支払保険金額全額が対象となると思われますが、生前贈与又はこれに準じるものと解する場合には、贈与時、すなわち保険金受取人指定時において、これまでに支払われた保険料の金額を基準とする考え方も成り立ちます。なお、前述のとおり、遺留分減殺請求は、相続法改正により遺留分侵害額の請求（相続法改正後民1042以下）となっています（【事例19】参照）。

事　例　第4章　遺贈・贈与　　　339

【事例28】　遺書による保険金受取人の変更

保険金請求者Xに保険金を受領させる意思が明確である以上、その意思は可能な限り酌んで然るべきであるとして、保険金により債務の整理をしてほしいと書かれた手紙を、保険金受取人変更の意思表示であると認めた事例

(福岡高判平18・12・21判時1964・148)

事案の概要

①　A（昭和48年生）は、生命保険会社Yらとの間で、自己を被保険者とし、父Bを死亡保険金受取人とする生命保険契約を締結していた。

②　A、B及びC（Aの母）は、平成16年9月10日早朝、Cの運転する自動車もろとも港岸壁から海中に飛び込み、一家心中を図った。Cは、午前4時50分頃、上記港において死亡し、Aは同日午前6時33分、溺水により病院で死亡した。Bは、午前6時56分に別の病院で死亡した。

③　Aの叔母であり、Cの実妹であるXは、同月11日、前日10日消印のBを差出人とする同人宛の封書を受領した。封書には、心中する理由とともに、上記生命保険契約に基づく保険金によりAの残した債務の整理等をしてもらいたい旨が記載されていた。

④　Xは、Aが一家心中前に上記生命保険契約の保険金受取人をBからXに変更していたとして、Yらに対して保険金の支払を求め、本件訴えを提起した。

⑤　原審（福岡地判平17・9・28判時1964・153）は、Xの請求を棄却したことから、Xが控訴した。

340　　事　例　第4章　遺贈・贈与

当事者の主張

◆保険金請求者（X）の主張

　Bは、平成16年9月10日、本件手紙をXに送付したが、これは本件保険金請求権を死因贈与する旨の意思表示である。Xは、これを同月11日に受け取り、上記贈与を承諾した。

◆保険会社（Yら）の主張

　本件手紙によっては、X主張のような本件保険金請求権譲渡の意思表示はなされていない。本件手紙に記載されているのは、保険金の使途についてのBの指示ないし希望のみである。また、保険金請求権の譲渡が効力を有するためには、被保険者であるAの同意が必要であるところ（商法674条2項）、本件の場合には同人の同意がない。

裁判所の判断

　Xをして本件保険金を受領せしめるというB夫婦及びAの意思はこの上なく明確であるが、これを、本件保険金受取人をBからXに変更する旨のAの意思表示（争点①）と解すべきなのか、それとも、Bの本件保険金請求権のXへの死因贈与の意思表示（同②）と解すべきなのかは微妙なものがある。

　ただ、本件保険金の受取人であるBが本件保険金請求権を取得した上で、これをXに譲渡（死因贈与）するというからには、Bが被保険者であるAよりも先に死亡してしまったのでは前提が成り立たないが、本件心中の方法が事実のようなものである以上、BがAよりも先に死亡しないという保証はないから、上記②だとするのはいささか無理がある。

　Xをして本件保険金を確実に受領せしめるためには、本件保険金の受取人をBからXに変更しておくに如くはない。そして、本件手紙が

Bによってしたためられたものではあっても、それはB夫婦及びAの三人の総意に基づくものと解すべきである…から、本件手紙には、本件保険金受取人をBからXに変更する旨のAの意思表示が含まれていると解することもできないわけではない。(中略)

…上記のとおり、本件保険金をもってAの不始末などを清算するべく、Xをして本件保険金を受領せしめるというB夫婦及びAの意思はこの上なく明確である以上、そのような意思は可能な限り酌んで然るべきである。そして、上記で見たところに照らせば、同①と解する方がより合理性があるものと解する。

なお、本判決は、その後上告・上告受理申立てがされたが、上告棄却・上告不受理決定とされた（最決平19・6・12（平19（オ）495・平19（受）564))。

コメント

1　保険金受取人の変更

平成20年改正前商法677条1項は、保険契約者が保険金受取人を変更したときは、これを保険者に通知しなければ、保険金受取人の変更を保険者に対抗することができないと定めていました。これはあくまで対抗要件の規定に過ぎませんので、受取人変更の効力発生のための要件は解釈に委ねられていました。判例は、この点につき、「保険契約者の一方的意思表示によってその効力を生ずるものであり、また、意思表示の相手方は必ずしも保険者であることを要せず、新旧保険金受取人のいずれに対してしてもよ」いとして、この意思表示によって直ちに受取人変更の効力が生じるものとしています（最判昭62・10・29民集41・7・1527）。しかしながら、この意思表示の相手方は、保険者と新旧保険金受取人に限られるのか（他の第三者では効力が生じないのか）、ある

いはそもそも相手方に到達する必要があるのか等、解釈問題が残されていました。実務上は、約款において、保険会社所定の書式（受取人変更請求書）を提出するとともに、保険証券に保険金受取人変更についての保険者の承認裏書を受けることが要求されています。保険者に対する通知の他に承認裏書という追加の手続が必要ですが、大量事務を迅速かつ確実に処理すべきこと、二重払いの危険を防止すること等の趣旨から、合理的なものとして有効性が認められています。

　本件は、保険契約者が遺した封書の内容は、保険金受取人の変更の意思表示であるのか、あるいは死因贈与の意思表示であるのか、明確ではない事案でしたが、保険契約者の叔母であるXに本件保険金を受領させたいというB夫婦やAの意思が明確である以上、「そのような意思は可能な限り酌んで然るべき」として、受取人変更の意思表示であると解して、Xの保険金請求が認められました。仮に、これが死因贈与の意思表示であるとすると、保険金請求権の固有権性（保険金受取人の固有の財産であること）の観点から、被保険者Aの遺産から離脱している保険金請求権をAの意思でXが取得すると考えることは難しいことになります（ただし、本件で問題となった封書には、保険金受取人であるBの意思も明確に表示されているとすれば、Bによる保険金請求権の死因贈与と評価することもできないわけではありません。）。

　従来の下級審裁判例の多くは、受取人変更であることが明確でない限り、変更の効力を認めていません。その意味で、本判決は、やや異例のものであるといえます。

2　保険法における受取人変更の効力発生要件

　保険法は、平成20年改正前商法と異なり、保険金受取人変更の効力が生じるための要件を明確に定めています。変更方法は二つに限定さ

れており、保険者に対する通知によるべきこと（保険43②）、あるいは遺言の方法によることです（保険44①）。したがって、従前のように、新旧受取人やその他の者に対する意思表示では、保険金受取人変更の効力は生じませんし、本件のように、遺言の形式を満たさない遺書や封書などによる受取人変更も認められないことになります。したがって、本件のような訴訟が、保険法が施行された現在において提起された場合には、新受取人による保険金請求は棄却することになるでしょう。

ただし、適法な遺言ではあるけれども、受取人変更の意思表示であるのか、遺贈や死因贈与の意思表示であるのか、明確ではない場合も考えられます。このようなケースについては、依然として解釈上の問題が生じうるものと思われます。

＜参考判例＞

○受取人に相続人を指定していた養老保険契約につき、公正証書による遺言の中で第三者に遺産の全部を包括遺贈する記載があった場合において、保険金受取人を相続人と定めたことは、包括受遺者を指定する趣旨ではないとされた事例（最判昭40・2・2民集19・1・1）

○生命保険金につき「私が万一事故の場合には保険金を受け取ってください」と記載された念書が、保険金受取人変更の意思表示として認められた事例（最判昭62・10・29民集41・7・1527）

【事例29】 高度障害保険金請求権の包括受遺者による請求と
　　　　　被保険者同意の有無

　被保険者Ａから、全ての財産を遺贈された者（包括受遺者）
Ｘが、高度障害保険金を請求した事例

（東京高判平19・5・30判タ1254・287）

事案の概要

① Ａは、昭和19年5月2日生まれの男性で、北海道釧路市に居住して
いたが、平成3年頃、宇都宮市に移住した。

② Ｚは、宇都宮市において、平成元年以来、Ｚ総業という屋号で、
鳶、土木、建設業を営んでいた者である。

③ 平成3年5月頃、Ａは、Ｚ総業の従業員に応募し、採用された。Ａ
は、体力的に鳶の仕事ができず、単純な仕事もうまくできなかった
ため、Ｘの下で家事などの雑用に従事していた。

④ Ｚは、平成4年4月23日、旧Ｙとの間で、被保険者をＡ、死亡保険
金受取人をＺ、主契約の死亡保険金（保険期間・終身）200万円、定
期保険特約の死亡保険金（保険期間・10年）1,800万円、高度障害保
険金は死亡保険金と同額とする生命保険契約を締結した（以下「本
件保険契約」という。）。Ａは、本件保険契約締結に同意し、平成4年
4月12日付けの生命保険契約申込書の被保険者欄に署名捺印し、更
に同日、診査医のところに赴き、健康状態についての告知書を提出
し、診察を受けた。

⑤ Ｚは、平成6年3月15日、Ｘと婚姻した。

⑥ Ａは、平成7年5月26日、宇都宮地方法務局において、自己の所有
に係る財産の全部を包括してＸに遺贈する旨の遺言公正証書を作成
した。

事 例　第4章　遺贈・贈与　　　345

⑦　　XとZは、平成9年10月1日、戸籍上離婚した。

⑧　　Aは、平成9年12月10日、頭蓋内出血（脳内出血）を発症して意識
　障害状態になり、平成14年4月2日頃、症状が固定したが、症状固定
　時において、本件定期保険特約で定める高度障害状態の3項「中枢神
　経系、精神または胸腹部臓器に著しい障害を残し、終身常に介護を
　要するとき」に該当した。

⑨　　Zは、平成14年6月17日、旧Yに医師の診断書を持って赴き、高度
　障害保険金請求について相談し、調査を依頼した。そして、Aから
　代理権を授与されたZは、旧Yの当時の運用に従って、所定の請求
　書や保険証券等は提出しなかったものの、平成14年7月8日には、旧
　Yに対し、本件保険金を請求する旨の意思表示をした。

　　旧Yは、平成14年9月10日、A宛てに、普通保険約款に規定されて
　いる高度障害状態のいずれにも該当しないという理由を示して、高
　度障害保険金の支払はできない旨を書面で回答した。

⑩　　Aは平成15年3月8日死亡した。

⑪　　Yは、平成16年1月5日、旧YがYに合併して解散したことにより、
　旧Yの権利義務を承継した。

当事者の主張

◆被保険者の包括受遺者（X）の主張

1　Xは、包括遺贈に基づいてAの本件保険契約に基づく保険金請求
　権を承継した。

2　本件保険契約は、Aの同意があったのであり、旧Yに錯誤はない。

3　公序良俗違反は法秩序自体を損なうような重大な違法事案に適用
　されるべきものであり、本件保険契約が公序良俗違反であり無効で
　あるとのYの主張は、失当である。

346 事 例 第4章 遺贈・贈与

◆保険会社（Ｙ）の主張

1 被保険者は高度障害保険金を請求していなかったから、同人の死亡により権利は消滅した。したがって、包括受遺者からは請求できない。

2 Ｚから本件保険契約の申込みを受けて承諾をする際、①ＡがＺの従業員でないことを知り、②Ａの被保険者同意のないことを知り、又は、③本件保険契約が従業員保険の実態を有せず、契約当初から被保険者と親族関係のない第三者（Ｚ）が保険金を受領する意図を有していることを知っていれば、本件保険契約の申込みを承諾することはなく、かつ、生命保険制度の趣旨からしてかかる承諾をなすことはできなかったから、本件保険契約は錯誤により無効である。

3 本件保険契約は、従業員保険であって、遺族に対する弔慰金や死亡退職金支払原資の確保のために、雇用主が契約者となる限度で有効性が認められるのであって、雇用主が生命保険金を専ら確保、取得するために保険契約を締結するのは許されるべきではないから、本件保険契約は公序良俗に違反する。

裁判所の判断

1 被保険者は、代理人を通じて高度障害保険金を請求していたから、包括受遺者からの請求には理由がある。

2 本件保険契約締結当時、ＡはＺの下で稼働していたのであり、本件保険契約の被保険者であるＡの同意が欠けていたとは認められない。確かにＺにおいてその雇用する従業員につき死亡退職金や弔慰金を支払ったことがあったとか、そのための社内規定を設けていたという事実は認められないが、本件保険契約締結当時に、Ｚらが、Ａは配偶者を亡くし、兄弟と不和になっていて親しい身寄りはいないといった詳しい事情を認識していたことを認めるに足る証拠はないし、また、Ｚは、本件保険契約締結後長期にわたり保険料を支払い続けて、保険事故が発生したとして保険金請求をするに至ったの

は、本件保険契約締結から10年も経過してからなのである。これらの点からすると、本件保険契約締結時点から、Ｚが、定期保険特約の保険期間満了までにＡが死亡する（ないしは高度障害保険金を請求できる事態が生じる）ことを予測してそれに賭け、専ら自分らのため保険金を確保しようなどともくろんでいたとは直ちに認定できないというべきである（本件保険契約締結当時は、従業員であるＡに生じる業務上の事故やそれに伴い遺族等に支払う退職金、弔慰金の支払に備えることも考えて、本件保険契約を締結した可能性を否定できない。）。したがって、錯誤無効の主張は採用できない。

3 他人の生命の保険についてはモラルリスク等の弊害を生じさせる危険が強いといわれるが、これを防止するため、商法は、被保険者の同意を要求する同意主義を採用しているのであり（商法674条1項）、保険金受取人に被保険者の生存につき利益を持つことを要求したり、保険金受取人と被保険者との間に親族関係があることまでは要求していないのであるから、仮に本件保険契約締結当時、Ｚが生命保険金のうち相当部分を自分らのために確保するつもりであったとしても、被保険者であるＡの同意がある本件保険契約が公序良俗に違反するとはいえない（なお、最高裁平成14年（受）第1358号、1359号同18年4月11日第三小法廷判決・民集60巻4号1387頁参照）。

確かに、その後Ｚらは、次第に、Ａには扶養する家族はいないし兄弟とも付き合いを絶っているという事情を知り、ＡをしてＸに財産全部の包括遺贈をする旨の遺言公正証書を作成させたり、Ａが脳内出血により意識不明になって病院に入院した以降も、本件保険契約を失効させずに保険料を支払い続けたりしている。このように、Ｚが、Ａには退職金、弔慰金を支払うような親族がないことを認識し、しかも、Ａが入院して従業員として稼働することを全く期待できなくなった時点以降もなお保険料の支払を続け、本件保険契約を

失効させなかったのは、専ら自分たちのために生命保険金ないし高度障害保険金を確保しようとしたためであると推認できなくはない。しかし、上記のように、そもそも商法は、他人のための生命保険については、同意主義を採っているのであり、保険金受取人に被保険者の生存につき利益を持つことや保険金受取人と被保険者との間に親族関係があることを要求していないこと、本件のように、長期にわたり保険料を支払い続けている場合に、途中から従業員のための弔慰金等に充てるという当初の目的がなくなったからといって、その時点で契約を失効させなければならないとすると、これまで払った保険料が無駄になるからこれを存続させるという選択をすることも一つの考え方であり、これをあながち否定できないこと、いったん有効に成立した契約が契約締結後の事情に基づき途中から無効になるのは、契約関係を不安定にするものであるから、極めて例外的な場合に限られるべきであることといった点を考え併せると、上記のような事情があるとしても、本件保険契約を途中から無効ならしめるようなことにはならないというべきである。したがって、公序良俗違反により無効との主張も採用できない。

コメント

1 包括受遺者による請求

本判決は、被保険者が請求していた高度障害保険金について、包括受遺者による権利行使を認めました。

そのため、被保険者が請求していなかった場合については言及されていませんが、その場合でも、高度障害状態に該当していた以上は権利が承継されるという見解があります（北村聡子＝潘阿憲・事例研レポ232号9頁）。

2 錯誤について

錯誤とは、表示行為から推測される意思と表意者の真実の意思が食い違っていることに、表意者自身が気付いていない場合です。「錯誤」の効力について、債権法改正前民法95条は、無効としていますが、債権法改正（令和2年4月1日施行）により、動機の錯誤が明文化された（これによって意思の不存在ではないものも対象に含まれた）ことを受けて、錯誤の効果は「取り消すことができる」に変更されます（Q26参照）。

本判決は、「本件保険契約締結当時は、従業員であるAに生じる業務上の事故やそれに伴い遺族等に支払う退職金、弔慰金の支払に備えることも考えて、本件保険契約を締結した可能性を否定できない」として錯誤を否定したものであり、適切と思われます。

3 公序良俗違反について

公序良俗違反（民90）について、大村敦志『新基本民法1総則編』（有斐閣、2017年）84頁は、「法律がなくとも、社会的に見て当然禁止すべきだとされる内容の契約は無効としよう、そのような権限を裁判官に与えようということで置かれた」という経緯を説明しており、同書90頁では「新学説の登場」として「指向されているのは、自由を方向づけ・支援する公序」であることが説明されています。

本判決は、「仮に本件保険契約締結当時、Zが生命保険金のうち相当部分を自分らのために確保するつもりであったとしても、被保険者であるAの同意がある本件保険契約が公序良俗に違反するとはいえない」こと、「いったん有効に成立した契約が契約締結後の事情に基づき途中から無効になるのは、契約関係を不安定にするものであるから、極めて例外的な場合に限られるべきであること」などから公序良俗違反を否定したものであり、適切なものと思われます。

350 事 例 第4章 遺贈・贈与

<参考判例>

○団体定期保険契約について、商法674条1項は、保険金目当ての犯罪を誘
発したり、いわゆる賭博保険として用いられるなどの危険を防止する方
策として、被保険者の同意を要求する一方で、金銭的に評価の可能な被
保険利益の存在を要求するとか、保険金額が被保険利益の価額を超過す
ることを許さないといった観点からの規制は採用していないことを指摘
し、死亡時給付金として保険金受取人から遺族に対して支払われた金額
が、各保険契約に基づく保険金の額の一部にとどまっていても、そのこ
とから直ちに本件各保険契約の公序良俗違反をいうことは相当でなく、
他に公序良俗違反を基礎付けるに足りる事情は見当たらないとした事例
（最判平18・4・11民集60・4・1387）

事 例　第4章　遺贈・贈与　351

【事例30】　自己のためにする生命共済契約に基づく死亡共済金請求権の性質

　自己のためにする生命共済契約に基づく死亡共済金請求権は、被共済者の死亡により具体的な権利となり、この具体化した死亡共済金請求権が遺贈により承継取得されるという関係になるとされた事例　　　（東京高判平24・7・10判タ1385・247）

事案の概要

① 　Aは、昭和58年11月2日、Y農業協同組合との間で、被共済者及び死亡共済金受取人をA、死亡共済金3,000万円とする養老生命共済契約を締結した（本件共済契約）。本件共済契約には、死亡共済金受取人が死亡共済金の支払事由の発生と同時に死亡した場合には、死亡共済金受取人の死亡時の法定相続人を死亡共済金受取人とする旨の規定（約款24条8項）がある。

② 　Aは、平成21年2月26日、遺言公正証書を作成し、妻Bを遺言執行者とするとともに、死亡共済金受取人の総額を有限会社Xに対し、XからAが経営する会社に対する売掛金（総額約1億5,000万円）の返済に充てるため、遺贈する旨の遺言をした。

③ 　Yは、A（及び連帯保証人B）に対して、貸付金の支払を求めて提訴し、平成22年7月29日、YのAに対する貸金債権（総額約1億4,000万円）を認容する判決が確定した。

④ 　Aは生前、Xを質権者として、Yに対する本件共済契約に基づく死亡共済金請求権に質権を設定していた。

⑤ 　Aは、平成22年10月10日、死亡した。

⑥ 　Yは、Xに対し、平成22年11月19日到達の書面で、上記判決で認

352 事 例 第4章 遺贈・贈与

容された貸金債権の内金3,000万円と、死亡共済金請求権3,000万円
とを相殺する旨の意思表示をした。

⑦ Bは、Yに対し、平成22年12月17日到達の書面で、AがXに対し
死亡共済金請求権を遺贈した旨の通知をした。

⑧ Xは、Yに対し、本件共済金3,000万円の支払を求めて本件訴えを
提起した。原審（さいたま地川越支判平24・1・23判タ1385・243）は、死亡
共済金請求権は、同共済契約締結のときに条件付き権利として発生
し、支払事由であるAの死亡によって具体的権利となり、同時に、
本件遺贈によりXに移転する（民法985条1項）というべきであると
して、Xの請求を棄却したことから、Xが控訴した。

当事者の主張

◆受遺者（X）の主張

Aは、公正証書遺言による遺贈（本件遺贈）の方法で死亡共済金受
取人をAからXに変更したのであるから、死亡共済金請求権は、Xが
原始的に取得したものというべきである。

したがって、YのAに対する本件貸金債権と、Xが原始取得したY
に対する死亡共済金請求権とが相殺適状にあったことはないのであ
り、Yの相殺の主張は失当である。

◆農業協同組合（Y）の主張

死亡共済金請求権の遺贈と、共済契約における受取人の地位の変更
とは法的性質を異にする全く別の法律行為であり、死亡共済金請求権
の遺贈により死亡共済金の受取人の地位が変更されるなどということ
はあり得ないことである。そして、Aは、死亡共済金請求権を自己の
財産と考えて、Xとの間で質権設定契約を締結するなどしているので
あり、公正証書遺言に表示されたAの意思も死亡共済金請求権の遺贈

事 例　第4章　遺贈・贈与　　353

　そのものであり、それ以外のものとして理解する余地はない。

　また、死亡共済金受取人の地位を変更するためには、本件約款所定の書面による通知を要するところ、本件においてはその手続が履践されておらず、また、本件通知がされる前に、本件相殺の意思表示がされているのであるから、Xは、受取人の地位が変更されたことをYに対抗することができない。

裁判所の判断

　本件共済契約における死亡共済金の受取人は、もともと共済契約者であるA自身とされていたから、本件共済契約は、共済契約者以外の第三者を受取人とする場合とは異なるいわゆる自己のためにする共済契約ということになる。そして、自己のためにする共済契約における死亡共済金請求権は、共済事故である被共済者の死亡と同時に受取人が取得することになるものの、これにより死亡共済金の権利者が存在しない状態になると解することが共済契約の当事者の合理的意思に反することは明らかであり、この場合には、共済契約に基づき受取人が取得すべき死亡共済金請求権は、受取人の死亡により開始する相続によって、その法定相続人が承継取得することになるものと解するべきであり、かつ、このように解することが共済契約の当事者の合理的意思に合致するものというべきである。……本件約款24条8項は、「死亡共済金受取人が死亡共済金の支払事由の発生と同時に死亡した場合には、死亡共済金受取人の死亡時の法定相続人を死亡共済金受取人とします。」と定めているところ、これは、本件約款も、上記のような見解を前提として、死亡共済金受取人の死亡時の法定相続人が死亡共済金請求権を相続により取得することを確認的に定めているものと解するのが相当である。

354　事例　第4章　遺贈・贈与

　したがって、本件共済契約に基づきAが有していた条件付きの死亡
共済金請求権は、Aの死亡により具体的な権利となり、この具体化し
た死亡共済金請求権が本来ならばAの法定相続人に相続されるべきと
ころ、本件遺贈によりXに承継取得されるという関係になるものと解
するべきであり、死亡共済金請求権をXが原始的に取得するものとは
到底解することができない（なお、死亡共済金請求権が、本件共済契
約の締結に伴い、Aの死亡前においても条件付きの権利として成立し
ていたと解するのが相当であることは、Xも、Aの死亡前から死亡共
済金請求権について質権の設定を受けていたことに照らしても明らか
というべきである。）。

　他方、Aが生前に有していた条件付きの死亡共済金請求権について
は、条件の成就前であり、弁済期が未到来の段階であっても、債務者
であるYにおいて期限の利益を放棄して、相殺の受働債権とすること
が可能なものというべきであり、少なくともAが死亡した時点におい
て、YのAに対する本件貸金債権と、AのYに対する死亡共済金請求
権とは相殺適状にあったものと解するのが相当である。

コメント

1　自己のためにする保険（共済）契約と保険金請求権の帰属

　自己のためにする生命保険契約においては、被保険者の死亡により
具体化した保険金請求権は、被保険者兼保険金受取人の相続財産に帰
属し、その相続人が承継取得すると解するのが通説とされています（大
森忠夫『保険法〔補訂版〕』（有斐閣、1985年）273頁）。これに対して、第三者
のためにする生命保険契約においては、保険契約者が指定した保険金
受取人が、自己固有の権利として原始取得すると解されています（最
判昭40・2・2民集19・1・1等）。本判決は、このような判例・通説の立場を

事　例　第4章　遺贈・贈与　　355

前提として、本件約款24条8項の規定は、「死亡共済金受取人の死亡時の法定相続人が死亡共済金請求権を相続により取得することを確認的に定めているものと解するのが相当である」と判示したものと解されます。

2　保険金受取人の先死亡・同時死亡に関する判例との整合性

　第三者のためにする生命保険契約において、保険金受取人が被保険者よりも先に死亡した場合には、保険金受取人の相続人が自己固有の権利として原始取得するものと解されています（（保険46（平成20年改正前商676）。なお、最判平4・3・13民集46・3・188、最判平5・9・7民集47・7・4740等参照）。そして、保険金受取人と被保険者が同時に死亡した場合には、保険法46条（平成20年改正前商法676条）が類推適用されるとするのが判例（最判平21・6・2民集63・5・953【事例6】等）ですから、この場合にも、保険金受取人の相続人は、保険金請求権を自己固有の権利として取得すると考えるのが整合的です。そうすると、本判決の本件約款24条8項についての解釈と一致しないことになってしまいます。

　この矛盾を解決するためには、本件約款24条8項は、あくまで第三者のためにする生命保険契約、つまり死亡共済金受取人と被共済者が異なる契約について適用される条項であり、本件のような自己のためにする生命共済契約には適用されない、と解することが必要となります（深田琢夫＝竹濱修＝川木一正・事例研レポ284号21頁）。自己のためにする生命保険（共済）契約については、本件約款24条8項が適用されない結果、死亡共済金受取人の相続財産に帰属した死亡共済金請求権が、その相続人に承継取得されるという、本判決と同じ結論を導くことができます。

356 事　例　第4章　遺贈・贈与

【事例31】　受取人先死亡後の保険契約者兼被保険者死亡と死亡給付金の割合

　被保険者兼保険契約者Aより先に死亡した当該保険契約の死亡給付金受取人Bが、全ての遺産を保険契約者Aに相続させる旨の遺言をしていた事案において、Aの相続人が、死亡給付金支払請求権をAが相続し、更にこれを相続したとして、死亡給付金を請求し、予備的に、保険法の規定により指定受取人の相続人が受取人となるとしても、法定相続分によるとしてその2分の1の支払を求めた事例

（東京地判平24・8・21（平24（ワ）1948・平24（ワ）16212））

事案の概要

① 　Bは、平成15年10月22日、自筆証書により、全ての遺産を妻Aに相続させる遺言（以下「本件遺言」という。）をし、遺言執行者としてX訴訟代理人であるG弁護士を指定した。

② 　Aは、平成20年7月25日、Zとの間で、死亡給付金の受取人をBとする積立利率変動型個人年金保険契約（保険金額126,601.96ユーロ）を締結し、B死亡後も受取人を変更しなかった。

③ 　Aは、平成20年7月28日、Zとの間で、死亡給付金の受取人をBとする積立利率変動型個人年金保険契約（保険金額189,586.18米ドル。以下、上記②の保険契約と併せて「本件各保険契約」という。）を締結し、B死亡後も受取人を変更しなかった。

④ 　Bは、平成21年2月1日に死亡し、その法定相続人は、妻A、前妻との間の子C、前妻との間の子である亡Dの子E及びFの4名である。

事 例 第4章 遺贈・贈与 357

⑤ 本件遺言は、平成21年2月25日、京都家庭裁判所において検認の手続がされ、翌26日、遺言執行者であるG弁護士は全ての相続人に対し、遺言執行者の就任承諾を通知した。

⑥ Aは、平成22年5月27日死亡し、その法定相続人は、前夫との間の子であるXのみである。

⑦ Zは、日本支店における全ての事業をYに譲渡する事業譲渡契約を締結し、本訴係属中である平成24年4月31日をもってZ日本支店の保険契約がYに包括的に移転されたとして、Yが訴訟参加し、Xの同意を得て、Zが本件訴訟から脱退した。

当事者の主張

◆被保険者の相続人（X）の主張

1 Bの遺産の中に本件各保険契約の死亡給付金請求権も含まれており、本件遺言により、指定受取人の地位はAに承継され、保険契約者が受取人となった。保険法46条、75条は、一般論として受取人の遺産として相続人全員が相続することを定めたのにすぎず、遺言がある場合は、法定相続に優先して遺言による相続がされ、遺言執行者が、相続人全員の代理人として遺言に基づいて執行することになる。指定受取人の地位は、指定受取人が被保険者より先に死亡した場合には、保険契約者が一方的な意思で受取人を指定変更することができる不安定なものといえるとしても、保険契約者であり被保険者であるAが死亡した時点では不安定さは解消して確定的となるから、これが遺産に含まれないという理由はない。本件各保険契約の約款37条4項は、指定受取人の権利が法定相続人に帰属することを説明しているにすぎず、死亡給付金請求権が遺産であるとの注意規定であるにすぎない。遺産の処分については、遺言が優先するから、

358　　　事　例　第4章　遺贈・贈与

これに反する定めは強行規定に反し無効である。

2　仮に、指定受取人の遺言があっても保険法の規定が適用されるのであるとしても、相続人の全員が受取人であるというのは、遺言や遺産分割協議がない場合には、当然に法定相続分により帰属することを意味するのであり、Xは、Aの法定相続分である2分の1の保険金支払請求権を相続により取得した。本件各保険契約の約款は、法定相続分の定めに反するものであるから、無効である。

◆保険会社（Y）の主張

1　受取人が被保険者より先に死亡した場合、受取人の地位ないし抽象的死亡給付金請求権は消滅し、相続されるものではない帰属上の一身専属権であるというべきである。本件各保険契約について、約款37条1項は、指定受取人の指定変更権を保険契約者に留保しているから、Aは、保険事故発生前まで受取人を変更することができる権利を有していたのであり、受取人の地位は、保険契約者がいつでも一方的に指定変更ができる極めて不安定なもので、相続の対象となる権利ではない。保険法の定めは、受取人の地位ないし抽象的死亡給付金請求権が相続されないことを前提とするものである。

2　本件各保険契約の約款では、指定受取人の死亡時の法定相続人で死亡給付金の支払事由が生じたときに生存している者を受取人とし、これが複数いる場合の受取割合を均等としている。Xは、被保険者であるAの死亡により、本件各保険契約の死亡給付金請求権の4分の1を取得したにすぎない。

裁判所の判断

1　本件各保険契約における受取人の地位は、保険契約者兼被保険者であるAの死亡により、保険金の支払理由が発生し、受取人を変更

する余地がなくなった時点で確定するものであり、Bが死亡時に有していたのは、Aが自由に受取人を指定変更することにつき、何らの異議を述べることもできず、抽象的死亡給付金請求権について何の処分権もない受取人の地位にすぎないのであるから、これが、Bの相続財産を構成する財産であるとはいえず、これを保険契約者ではないBが遺言により第三者に移転することができないことは明らかである。

平成20年改正前商法676条2項は、保険金受取人が不存在となる事態をできる限り避けるため、保険金受取人についての指定を補充するものであり、指定受取人が死亡した場合において、その後保険契約者が死亡して同条1項の規定による保険金受取人についての再指定をする余地がなくなったときは、指定受取人の法定相続人又はその順次の法定相続人であって被保険者の死亡時に現に生存する者が保険金受取人として確定する趣旨のものと解すべきであり、指定受取人の地位の相続による承継を定めたものでも、また、複数の保険金受取人がある場合に各人の取得する保険金請求権の割合を定めるものでもなく、指定受取人の法定相続人という地位に着目して受取人となるべきものを定めるものであって、保険金支払理由の発生により原始的に保険金請求権を取得する複数の保険金受取人の間の権利の割合を決定するのは、民法427条の規定である（最高裁平成5年9月7日第三小法廷判決民集47巻7号4740頁。以下「平成5年判決」という。）と解される。

したがって、被保険者より先に指定受取人が死亡し、保険契約者により、受取人の変更がされないまま、被保険者が死亡した場合には、平成20年改正前商法676条2項により、被保険者の死亡時に現に生存している受取人の法定相続人又はその順次の法定相続人が、保険金請求権を原始的に取得するのであって、死亡した指定受取人か

ら相続により保険金請求権を取得するのではなく、保険法46条、75条についても同様に解すべきであるから、保険法46条、75条及び平成20年改正前商法676条2項はいずれも、受取人の地位ないし抽象的死亡給付金請求権が、被保険者が死亡して保険金請求権が発生するまでは、指定受取人の相続人に相続されるべき財産ではないことを前提としており、指定受取人が遺言により相続させることができる財産に、受取人の地位ないし抽象的死亡給付金請求権は含まれていないというべきである。

本件各保険契約の約款は、平成20年改正前商法676条2項の解釈として平成5年判決が判示した内容と同一であるから、平成20年改正前商法676条2項と同趣旨を定めたものと解され、指定受取人の死亡により、その相続人が相続により死亡給付金請求権を取得することを定めたものと解することはできない。

以上のとおり、本件各保険契約において、保険契約者でも被保険者でもないBが有していた受取人の地位ないし抽象的死亡給付金請求権は、Bが何らかの処分権限を有する財産ではなく、Bの遺産に属すべき財産とはいえないのであり、保険法の規定ないし本件各保険契約の約款に照らしても、これがBの遺産であるとはいえない。

したがって、指定受取人の地位ないし抽象的死亡給付金請求権がBの遺産であることを前提とし、本件遺言によりこれをAが相続したとして本件各保険契約に係る死亡給付金全額の支払を求めるXの請求は、その余の点について判断するまでもなく理由がない。

本件各保険契約においては、指定受取人であるBの死亡後、被保険者であるAが死亡するまでに、Aは、受取人の変更を行わなかったから、本件各保険契約の約款により、保険契約者であり被保険者であるAの死亡時に現に生存しているBの法定相続人ないしその順次の法定相続人が、本件各保険契約の死亡給付金請求権を原始的に

事例 第4章 遺贈・贈与 361

取得したものであり、C、E及びF並びにAの法定相続人であるX
の4名が受取人として、原始的に死亡給付金請求権を取得したもの
である。

2　保険法46条、75条も、指定受取人の地位の相続による承継を定める
ものでも、また、複数の保険金受取人がある場合に各人の取得する
保険金請求権の割合を定めるものでもなく、指定受取人の法定相続
人という地位に着目して受取人となるべきものを定めるものであっ
て、保険金支払理由の発生により原始的に保険金請求権を取得する
複数の保険金受取人の間の権利の割合を決定するのは、民法427条
の規定であると解されるから、Xを含む4名の受取人の受取割合は
各4分の1となる。これは、本件各保険契約の約款37条5項が、保険金
受取人の受取割合は均等であると定めているのと同旨の定めであ
り、本件各保険契約の死亡給付金請求権は、いずれにしても、Xを
含む4名の受取人に各4分の1の割合で帰属していることになる。

コメント

1　保険金受取人の遺言の効力

保険契約者は、保険事故が発生するまでは、保険金受取人の変更を
することができます（保険43①）。その意味において保険金受取人の地
位は極めて不安定なものはありますが、抽象的な保険金請求権を有し
ていると理解されています。例えば、山下友信『保険法』（有斐閣、
2005年）508頁は「権利者としての地位が不安定であるということと権
利性は論理的に両立しうるものであり、指定変更権が留保されている
場合といえども、保険金受取人は条件付権利を直ちに取得するものと
解すべきである。…保険事故発生前でも保険金請求権について質権設
定等の処分や保険金受取人の債権者による差押が認められるのも権利

性を前提とするものである」とし、原弘明＝竹濵修＝山下典孝・事例研レポ271号17頁では、「Ｘの主張も全く無理とまでは言い切れない。未必的保険金請求権について、譲渡・質入れなど、保険金受取人の一定の処分権限を認めるのが従来の通説であったからである」と指摘しています。

　しかし、このように権利性があるとしても、そのことから直ちに保険金受取人の遺言によって処分ができることになるわけではありません。保険法46条及び平成20年改正前商法676条2項は、抽象的な保険金請求権が、被保険者が死亡して保険金請求権が具体化するまでは、指定受取人の相続人に相続されるべき財産ではないことを前提としているからです。本判決は、この趣旨を示したものとして理解できます。

　なお、本判決の論理構成について、平成20年改正前「商法676条2項の効果から導きうる結論であるにもかかわらず、これを保険金受取人の地位の一般的な性質を理由とすることは、他の法律問題の解決も歪めてしまうもので賛成しがたい」という指摘もあります（梅津昭彦＝山下友信・事例研レポ272号10頁）。

2　指定受取人の権利割合

　本判決が民法427条を適用したことは、平成5年判決と同趣旨のものです（見解の対立については、Ｑ4参照）。

3　保険法施行後の事案への影響

　本件各保険契約は保険法施行日前に締結されており、保険法が適用されない事案です。しかし、本判決は、平成20年改正前商法676条2項と同趣旨のものとして保険法46条、75条にも言及しており、保険法施行後の事案においても参考になります。

事　例　第4章　遺贈・贈与　　363

<参考判例>

○商法676条2項にいう「保険金額を受取るべき者の相続人」とは、保険契約
　者によって保険金受取人として指定された者（指定受取人）の法定相続
　人（指定受取人死亡時における相続順位に従う）又はその順次の法定相
　続人であって、被保険者の死亡時に現に生存するものをいうと解すべき
　であり、このことは、指定受取人の法定相続人が複数存在し、保険契約者
　兼被保険者がその法定相続人の一人である場合においても同様であると
　した事例（最判平5・9・7民集47・7・4740）

○保険契約者の地位は、その地位を有していた者の死亡により相続によっ
　て当然に承継されるものであり、これにより保険契約者の地位を取得し
　た者が、自身を新たな保険金受取人と指定する旨の意思表示をしたもの
　と認めた事例（東京地判平23・5・31（平22（ワ）41189）【事例15】）

364　事　例　第4章　遺贈・贈与

【事例32】　年金受取人兼被保険者死亡後の遺言による受取人の未払年金請求

　保証期間付終身年金保険契約における年金受取人兼被保険者
Ａが死亡した場合に、その妻Ｘが、遺言により受取人になった
として、未払年金の現価を請求した事例

（東京高判平27・11・12（平27（ネ）3035））

事案の概要

①　Ａは、昭和60年2月26日、Ｙとの間で、被保険者兼年金受取人をＡ、基本年金額60万円とする10年保証期間付終身年金保険契約を締結した。

②　Ａは、平成6年1月11日、Ｙとの間で、被保険者兼年金受取人をＡ、基本年金額65万円とする10年保証期間付終身年金保険契約を締結した（以下、上記①の保険契約と合わせて「本件保険契約」という。）。本件保険契約に適用される普通保険約款（以下「本件約款」という。）は、「保証期間中の最後の年金支払日前に被保険者が死亡したときは、残余保証期間の未払年金の現価を支払います。」と、本件約款5条2項は「未払年金の現価を支払う場合には、被保険者の死亡時の法定相続人に支払います。」と規定していた。

③　Ａは、平成23年1月7日、Ｙに対し、本件保険契約に基づき年金支払請求を行い、年金支払が開始された。

④　Ａは、平成19年11月26日付遺言公正証書により、Ａの相続開始時にＡが有する全ての財産を、妻であるＸに相続させる旨の遺言（以下「本件遺言」という。）をした。

⑤　Ａは、平成25年4月27日死亡した。Ａの法定相続人は、妻であるＸ、

Aの姉であるB、Bの長女であるC及びBの二女であるDの4名である。

⑥　Xは、平成25年10月23日、Yに対し、本件遺言を提出して、Xに対する未払年金現価の支払を請求した。

当事者の主張

◆被保険者の妻（X）の主張

本件保険契約は自己のためにする生命保険契約であり、保険金請求権は保険契約者Aに帰属するところ、Xは、本件遺言によりAの有していた未払年金現価請求権を取得した。年金受給中に年金受取人が死亡して「年金」が「未払年金現価」となったと同時に相続財産でなくなるとすることに合理的理由はない。

本件約款5条2項の定めは、夫婦の老後の生活保障のために本件保険契約を締結したAの生前の意思に明確に反する不意打ち的なものであり、子のいない保険契約者（配偶者と共に直系尊属や兄弟姉妹が法定相続人となり得る。）にとってはその意思に反する不合理な内容のものである。したがって、その定めに拘束力はなく、本件保険契約の内容とはならない。

未払年金現価の請求権が被保険者の死亡という保険事故により発生する保険金請求権であるとしても、遺言により保険金受取人を指定すれば、その者が未払年金現価を取得することになる。

◆保険会社（Y）の主張

保証期間付終身年金保険の場合、最後の年金支払前の被保険者の死亡による未払年金現価の請求権は、死亡という保険事故により保険金の一種として発生するものであり、この法的関係は生命保険であって、被保険者が生前有していた債権が相続されるものではない。本件約款

366 事 例 第4章 遺贈・贈与

5条2項により、未払年金現価の受取人は、Aの死亡時の法定相続人である。

裁判所の判断

1 本件保険契約は、いずれも保証期間付終身年金保険であり、被保険者が年金支払開始日以後、保証期間の最後の年金支払日前に死亡したときは、保証期間中の未払年金現価を支払うこととされているところ、本件保険契約に係る未払年金現価の請求権は、被保険者の死亡という保険事故により発生する保険金請求権であると解される。したがって、年金受取人が被保険者である場合の未払年金現価の請求権について、被保険者がこれを取得し、その死亡により相続されるものということはできない。

 Xは、年金受給中に年金受取人が死亡して「年金」が「未払年金現価」となったと同時に相続財産でなくなるとすることに合理的理由はないと主張する。しかし、未払年金現価の請求権は、本件保険契約における最後の年金支払日前に被保険者が死亡したことを事由として発生する死亡保険であるから、年金請求権とは保険事故を異にする別個の請求権である。同一性を有するかのようなXの上記主張は、その前提において失当というべきである。

2 本件約款5条2項は、年金受取人が被保険者である場合の未払年金現価の請求権について、「被保険者の死亡時の法定相続人に支払います」と定めており、これによれば、本件保険契約の未払年金現価の受取人は、Aの死亡時の法定相続人ということになる。

 未払年金現価の請求権は、年金受取人である被保険者の死亡により発生することから、更にその受取人を定める必要があるところ、本件約款5条2項は、年金受取人の財産を法定相続人が相続すること

事　例　第4章　遺贈・贈与　　367

が一般的であることから、未払年金現価の受取人を被保険者の死亡
時の法定相続人としたものであって、その内容は合理性を有すると
いうべきである。この点に関し、同項の定めによれば、未払年金現
価の請求権はX以外のAの法定相続人にも帰属することになり、こ
のことは、夫婦の老後の生活保障のために本件保険契約を締結した
Aの生前の意向に沿わないものとみられ、子のいない保険契約者の
場合には類似の事態が生ずることも考えられるものの、そうである
からといって、未払年金現価の受取人を法定相続人と定めることが
不合理であるとか、不意打ちとなるということはできない。

3　Xは、未払年金現価の請求権が被保険者の死亡という保険事故に
より発生する保険金請求権であるとしても、遺言により保険金受取
人を指定すれば、その者が未払年金現価を取得することになると主
張する。

　しかし、受取人条項では、年金受取人が被保険者であり未払年金
現価を支払う場合には、被保険者の死亡時の法定相続人に支払うと
定められており、それ以外の者を未払年金現価の受取人とすること
はできないのであるから、保険契約者が被保険者以外の者を未払年
金現価の受取人とするとの遺言をしたとしても、遺言の効力はなく、
その者を未払年金現価の受取人とすることはできないというべきで
ある。保険契約者が遺言により未払年金現価の受取人を指定するこ
とができることを前提とするXの上記主張は失当である。

　コメント

1　本判決の意義

　本判決は、保証期間付終身年金保険の被保険者が年金支払開始日以
後、保証期間の最後の年金支払日前に死亡した場合に発生する未払年

金現価の請求権について、被保険者の死亡という保険事故により発生する保険金請求権である（年金請求権とは保険事故を異にする別個の請求権）とし、約款に基づいて、被保険者Ａの死亡時の法定相続人が受取人であると判示しました。

これは約款の文言を素直に解釈したものであり、保険契約の内容は約款に従うことが原則であることからすれば、適切なものと評価できます。

ただし、本判決が「夫婦の老後の生活保障のために本件保険契約を締結したＡの生前の意向に沿わないものとみられ、子のいない保険契約者の場合には類似の事態が生ずることも考えられる」と指摘している点は、保険契約者のニーズを十分には満たしていないことを示唆するものであり、約款の規律に関する問題提起としての意義もあります。

この点について、新出拓央＝金岡京子・事例研レポ322号11頁は「報告者の所属会社では、平成8年から後継年金受取人を指定することができる約款を導入しており、また、本件のＹ会社を含む多くの保険会社でも、現在販売している年金で類似の制度を取り入れている」と指摘しています。

2　債権法改正の影響

令和2年4月1日から施行される債権法改正後民法548条の2第2項は、定型約款の条項のうち、「相手方の権利を制限し、又は相手方の義務を加重する条項であって、その定型取引の態様及びその実情並びに取引上の社会通念に照らして第1条第2項に規定する基本原則に反して相手方の利益を一方的に害すると認められるもの」について合意しなかったものとみなしています。ここで指摘されている1条2項は、いわゆる信義則に関するものであり、「権利の行使及び義務の履行は、信義に従い誠実に行わなければならない」と規定しています。

本判決は「受取人条項では、年金受取人が被保険者であり未払年金現価を支払う場合には、被保険者の死亡時の法定相続人に支払うと定められており、それ以外の者を未払年金現価の受取人とすることはできない」としていますが、その前提として、「年金受取人の財産を法定相続人が相続することが一般的であることから、未払年金現価の受取人を被保険者の死亡時の法定相続人としたものであって、その内容は合理性を有する」と判示しており、上記債権法改正後民法の施行後であっても参考になります。

この点、山下典孝「判批」法律のひろば2018年12号71頁は、「年金支払開始後に年金受取人が保証期間中に死亡した場合に備え、未払年金現価受取人（継続年金受取人）を決定・変更できることを約款に設けることに合理性があると考えられる。しかし、当該約款条項を設けないこと自体が不当とまではいえないであろう」と指摘しています。

＜参考判例＞
○未払年金現価返戻金について被保険者の死亡時の相続人に対して支払う旨の約款があるときは、相続を放棄した者には受領する権利がないとして、不当利得返還債務を認めた事例（東京地判平21・11・25（平20（ワ）1001））
○未払年金現価返戻金について被保険者の死亡時の相続人に対して支払う旨の約款は、被保険者の法定相続人に法定相続分に従った額で取得させることを定めたものであり、保険金受取人を法定相続人と指定したのと何ら異なるところがなく、その保険金請求権は、法定相続人たるべき者の固有財産に属するとして、受遺者の請求を棄却した事例（東京地判平22・10・21（平22（ワ）8740））

第5章　課税関係

【事例33】　掛金の実質的負担者と共済金受取人が同一である と認定された場合の一時所得の課税

Ｘは、長男Ｚの死亡に伴い、特別養老保険金（以下「簡易保険金」という。）1件及び養老生命保険金（以下「共済金」という。）2件の支払を受けた。Ｘは、3件の保険金全てが、みなし相続財産に当たるとして、相続税の申告書を提出した。しかし掛金の実質的負担者はＸであると認められたため、いずれもＸの一時所得と認定された事例　　　（福岡地判平10・3・20税資231・156）

事案の概要

① 　Ｘは、のり養殖業の事業専従者であり、ＺはＸの長男である。

② 　昭和63年1月22日、Ｚが交通事故で死亡したことにより、Ｘは同年2月4日にＡ郵便局から簡易保険金1,400万9,306円及び、同年3月31日にＢ農業協同組合（以下「Ｂ農協」という。）から1,501万9,905円の共済金（以下「第一の共済金」という。）と、1,502万4,243円の共済金（以下「第二の共済金」という。）の合計3,004万4,148円の支払を受けた（以下、第一の共済金と第二の共済金を「本件各共済金」と総称する。）。

③ 　Ｘは、簡易保険金及び共済金の合計額4,405万3,454円が相続税法3条1項の「みなし相続財産」に該当するとして、昭和63年10月5日、課税価格3,450万4,000円、納付すべき税額77万5,600円とする相続税の申告書を提出した。

④ 　平成元年2月8日、Ｘは課税価格2,950万4,000円、納付すべき税額

0円とする更正の請求を行い、Y税務署はこれを認め、同月16日付け
で、減額更正を行った。

⑤　その後Xは、Y税務署より簡易保険金と第一の共済金は、「みなし
相続財産」に該当せず、一時所得に当たるとの指導を受け、昭和63
年分の所得税の期限後申告書を平成元年8月29日に提出した。

⑥　平成2年3月15日、Xは第一の共済金については、「みなし相続財産」
に該当するとして、更正の請求を行った。

⑦　これに対しY税務署は、「更正するべき理由がない」旨の通知を行
い、更に平成3年1月7日、第一の共済金のみならず第二の共済金につ
いても、Xの一時所得であるとして、更正処分を行った。

> ## 当事者の主張

◆納税者（X）の主張

本件各共済金の掛金は、いずれも亡Zが負担したものであるから、
「みなし相続財産」に該当する。

◆原処分庁（Y）の主張

本件各共済金の掛金のうち、預金口座からの振替による支払は、全
てX名義の普通貯金口座からなされているので、掛金の支払者は受取
人であるXである。したがって、Xが受け取った本件各共済金は、自
らが負担した掛金に基づき取得した一時金に該当する。

平成元年に行われた減額更正については、相続税法が改正され、基
礎控除額が引き上げられた結果、改正前の同法に基づきXが申告した
税額に変更が生じたため、申告された内容を前提に、非課税部分のみ
を事務的・機械的に是正したにすぎず、本件各共済金が相続財産に当
たるとの公的見解を示したものではない。

一方、簡易保険金については、A郵便局から提出された「生命保険

契約等の一時金の支払調書」に、保険料等払込人の表示がＸと記載されていたこと、また第一の共済金については、Ｂ農協の「共済契約案内書」に契約名義人名は亡Ｚと記載されているものの、亡Ｚの年齢が当時11歳であることから掛金はＸが負担していたものと認められたため、Ｘに対して期限後申告を指導したにすぎない。

その後、Ｂ農協にあるＸ名義の普通貯金口座（以下「Ｂ貯金口座」という。）等を調査したところ、第二の共済金の掛金もＸが負担していた事実が明確となったため、第二の共済金について更正処分を行ったものである。

裁判所の判断

税法上、被共済者の死亡により共済金を取得した場合、その共済金に一時所得として所得税が課税されるのか、又は「みなし相続財産」として相続税の課税対象となるかは、その共済金の掛金を誰が負担したかによって、判断されるべきである。そこで、本件各共済金の掛金の負担者が、Ｘであるか亡Ｚであるかを検討する。

第一の共済金に係る共済契約は、昭和54年8月28日に締結され、掛金は6万2,900円、払込期日は年1回、毎年の契約応当日とされていた。第二の共済金に係る共済契約は、昭和61年2月15日に締結され、掛金は9万2,000円、払込期日は同じく年1回の契約応当日となっていたところ、昭和59年以降の本件共済掛金のうち、貯金口座からの振替による支払は、全てＸ名義のＢ貯金口座からなされていた。

① 第一の共済金

　昭和59年8月2日　　4万4,760円

　昭和61年8月8日　　4万1,968円

　ただし、掛金の一部は、次のように現金で支払われていたと認められる。

昭和60年10月30日　4万5,354円

　昭和62年11月25日　4万3,958円

②　第二の共済金

　昭和61年2月26日　9万2,000円

　昭和62年6月30日　9万2,000円

　次に、亡Zに本件共済掛金を支払う能力があったかを検証する。亡Zの収入状況は以下のとおりである。

　亡Zは昭和59年7月から62年7月まで、合計5社に勤務し、月額最低で1万6,000円、最高で21万7,000円、平均すると約10万円の収入を得ていた。またその間、Xが従事するのり養殖業の手伝いをし、月10万円程度の収入を得ていた。一方で、亡Zは自動車部品代等の名目でローンを組み、Xに給与の一部から6〜7万円程度を立替払いしてもらうほか、C信用金庫の亡Z名義の預金口座から支払っていた。

　以上の認定事実から、本件各共済金の掛金負担者が、Xか亡Zかを判断する。

　昭和59年以降の第一の共済金の掛金の一部及び第二の共済金の掛金の支払は、X名義の貯金口座からなされているが、このように貯金口座からの振替によって支払がなされている場合、掛金の負担者は「特段の事情」がない限り、貯金口座の名義人であると解するのが相当である。そこで、本件共済掛金の支払において、「特段の事情」の有無について検討する。

　Xは、本件共済掛金の支払のために亡Zから毎月2〜3万円を受領していたと供述している。確かに亡Zは昭和59年以降、毎年の掛金を負担できるだけの収入を得ており、必ずしも掛金の支払能力がないとはいえない。

　しかし、本件共済掛金の支払日前の現金による入金額は、本件共済掛金の額に満たないことが認められ、Xが亡Zから本件共済掛金とし

て現金を受領していたとか、亡ZがX名義のB貯金口座に現金を預け入れていたとか、Xが掛金を亡Zに贈与していたと認めるに足る的確な証拠はない。

さらに、亡Z名義のC信用金庫の預金口座から、本件共済掛金が支払われた形跡はうかがえないこと、亡Zは自動車購入費名目の借入金及び自動車部品代金として合計240万3,966円の負債を有しており、本件共済掛金の負担能力について、疑問の余地があると認められること、また亡ZがXに払っていたとされる毎月の金員が、家族の一員として家計の一部を負担する趣旨を超えて、本件共済掛金の支払を目的としたものであると認めるに足る証拠はないことから、本件において「特段の事情」の存在は認められない。

またXは、B貯金口座は一家が共同で管理し、使用していた口座であるから、同口座から掛金が支払われたとしても、それをもってXが本件共済掛金の出捐者とはいえないと主張するが、家族の生計の支柱はXであり、かつB貯金口座の名義がXであることから、Xの主張は採用できない。

なお、昭和59年以降、第一の共済金の掛金の一部は、現金で支払われているが、いずれも払込期日である8月28日の経過後に支払われていることから、B貯金口座の残高が不足したためと認められ、B農協職員の供述によると現金を持参した者は亡Zではないこと、また昭和58年以前は、亡Zが稼働していなかったのは明らかであることから、これについても亡Zを負担者と認めることはできない。

よって、本件各共済金の掛金の負担者はXであって、亡Zではないと認められるから、本件各共済金がXの一時所得に該当するとして原処分庁が行った本件更正処分は適法である。

| 事　例 | 第5章　課税関係 | 375 |

コメント

1　保険契約者と実質的負担者が異なる場合

　死亡保険金を受け取った場合、受取人に係る課税の種類は、保険契約者と被保険者及び受取人の関係によって異なります。保険契約者と被保険者が同じ場合は相続税、保険契約者と受取人が同じ場合は所得税（及び住民税）が課税されます。

　通常は、保険契約者が保険料（掛金）を負担すると想定されますが、本件は保険契約者と実質的負担者が異なるいわゆる「名義保険」となっています。子が存命していれば、親が負担した保険料は子への贈与と認められ、贈与税の課税対象となるところですが（原処分庁も贈与税について言及しています。）、子の死亡に伴い親が受け取った死亡保険金について、実質的負担者は親であるとして、親に一時所得を課す更正処分が行われました。

　本件保険金が相続税の課税対象であれば、生命保険の非課税枠が適用され、課税所得が基礎控除額の範囲内に収まるため、相続税は発生しませんが、所得税の課税対象となると、税額は656万7,500円となるので、親と子のどちらが保険料を負担したかが争点となりました。

2　実質主義の原則とは

　税務の現場においては、「公平の原則」を保つために、名義のいかんにかかわらず、しばしば「実質」で判断されます。これを、税法における「実質主義」ないしは「実質課税の原則」といいます。

　本件は、3件の簡易保険金及び共済金について、契約者の名義は子であるにもかかわらず、いずれも親が負担者であると認定されました。その根拠として、まず簡易保険金については、A郵便局が発行した支払調書の保険料等払込人欄に親の名前が記載されていたこと、第一の共済金については、契約当時の子の年齢が11歳であり、子に支払能力

376 事例 第5章 課税関係

がないことが明らかであることが挙げられています。

第二の共済金については、子が就職し収入を得ていたため、共済掛金が親名義の貯金口座から支払われていたにもかかわらず、どちらが掛金を負担したかが争点となりました。

原処分庁側は保険契約者の名義は子であるにもかかわらず、本件共済掛金の実質的負担者は親であると主張し、納税者側は貯金口座の名義は親であるにもかかわらず掛金の実質的負担者は子であると、双方がそれぞれ「実質課税」を主張して争ったことになります。

裁判所は、争点となった親名義の貯金口座の使用状況、入金の有無、掛金の振替状況などを精査し、亡くなった子の収入の推移、負債の支払状況などから鑑みて、第二の共済金の掛金負担者は、契約者の子ではなく、貯金口座の名義人の親であると判断したものです。

3 保険金受取人と保険料負担者が同じ場合の課税関係

生命保険等の保険料負担者と受取人が同じ場合、受取人が受け取った保険金等は、受取人本人の一時所得として、所得税と住民税が課税されます。本件では、各共済金の掛金負担者はいずれも親であると認められるため、掛金負担者と共済金受取人が同一であることから、親の一時所得としての課税が行われました。

＜参考裁決例＞

○被共済者の法定代理人が受け取った養老生命共済金の掛金負担者は、請求人である法定代理人であるから、当該共済金は請求人の一時所得に該当するとした事例（昭63・6・13裁決 裁事35・9）

○妻名義の預金から支払われていた生命保険契約に係る保険料について、当該預金は請求者に帰属すると認められることから、実質負担者は請求人であるとして、一時所得に該当するとした事例（平10・9・2裁決 裁事56・144）

事　例　第5章　課税関係　　　　　377

【事例34】　保険会社から支払を拒絶された場合の期限内申告と弁護士費用の控除の可否

　　生命保険会社から保険金の支払を拒絶された相続人Xは、訴訟係属中を理由に相続税の期限内申告をしなかったところ、課税庁から決定処分を受けた。また、課税価格の計算において、保険金を請求するために要した弁護士費用の控除が認められなかったことを不服として訴えた事例　（平18・2・27裁決　裁事71・29）

事案の概要

① 　被相続人Zは、平成13年9月に死亡した。XはZの養子である。法定相続人には、養子である相続人Xの他に実子が3名いる。

② 　法定相続人4名は、平成13年10月相続放棄の申述をし、受理された。

③ 　被相続人Zは、下記のとおり生命保険会社5社と、いずれも自己を被保険者とし、受取人をXとする生命保険契約を締結していた。保険料はいずれも、被相続人Zが負担していた。

保険会社	契約年月日	保険契約者	被保険者	保険金受取人	保険金請求日	保険金受領日
A生命	H11.1.1	被相続人	被相続人	X	H13.10.13	H16.11.26
B生命	H11.7.1	被相続人	被相続人	X	H13.10.13	H16.12.6
C生命	S59.12.1	被相続人	被相続人	X	H13.10.11	H13.11.2
D生命	H13.2.1	被相続人	被相続人	X	H13.10.11	H13.10.25
E生命	H5.8.1	被相続人	被相続人	X	H13.10.11	H13.11.12

④ 　相続人Xは、各保険会社に対し、被相続人Zの死亡を保険事故とする生命保険金の支払を請求した。

378 　事例　第5章　課税関係

⑤　相続人Xは、C生命・D生命・E生命から、各生命保険契約に基づく保険金を、平成13年10月25日から11月12日の間に受領した。

⑥　A生命・B生命は、いずれも保険金の支払を拒否したため、相続人Xは各社に対して、保険金の支払を求める訴えを提起した。

⑦　各訴訟は、いずれも支払請求を認容する旨の判決が行われ、それぞれ平成16年11月26日と12月6日に相続人Xは生命保険金を受領した。

⑧　相続人Xは、本件各訴訟の訴訟代理人である弁護士に対し、平成16年12月8日、訴訟に係る弁護士費用を支払った。

⑨　相続人Xは、自身が受取人となっている生命保険金の一部が支払を拒絶され、各生命保険会社に対する訴訟が係属中で支払が確定していないことを理由に、法定期限までに本件生命保険金を相続財産として申告しなかった。

⑩　Y税務署は、申告期限当時、訴訟係属中だった各生命保険金を相続税の課税価格に含めて相続税の決定処分を行い、併せて無申告加算税の賦課決定処分を行った。

当事者の主張

◆相続人（X）の主張

①　訴訟が係属している間は、生命保険金請求権の存在が確実とは言えないので、「保険金を取得した」のは、訴訟の判決確定日である。

②　本件弁護士費用は、受領できるかどうか不確実な資産を確実に受領するために要した費用だから、生命保険金の額の評価において、必要経費として控除されるべきである。

③　相続人Xは、本件生命保険金の取得に伴い相続税の納税義務を負担するのだから、「相続又は遺贈により財産を取得した者」に該当する。

④　A生命及びB生命は、被相続人Zの生前の行為が原因で生命保険金の支払を拒否したのだから、本件弁護士費用は相続開始時に負担することが確実な債務であり、債務控除の対象となる債務である。

⑤　保険金請求訴訟が係属中のため、支払が確定していなかったことは、法定申告期限内に申告しなかった「正当な理由」に当たる。

◆原処分庁（Y）の主張

①　「保険金を取得した」とは、保険金受取人が保険契約に基づき保険金請求権を取得したことを言うのであるから、「保険金を取得した」のは、被相続人Zの死亡時である。

②　本件弁護士費用は、債務控除できない。

③　「正当な理由」とは、天災など納税者の責めに帰さない事情を指すのであるから、本件は該当しない。

審判所の判断

(1)　保険金を取得した時期について

　被相続人が保険料を負担し、被相続人の死亡を保険事故として取得する生命保険金は、相続の効果として取得するものではなく、保険契約の効果として取得するものであるから、本来、保険金受取人固有の財産である。

　しかし税負担の公平という観点から、経済的実質において、相続又は遺贈により取得した財産と同視すべきものである（相税3①一）から、これを相続又は遺贈により取得したものとみなすこととしたものである。

　相続又は遺贈による相続財産の取得とは、被相続人の死亡により、経済的利益が相続人又は受遺者に発生することをいうから、「保険金を取得した」とは、保険金の経済的利益が保険金受取人に発生するこ

とをいうと解するのが相当である。

　生命保険金の受取人は、契約により一義的に定められており、保険
事故の発生を条件に、定められた保険金額の請求権を取得する。この
ような生命保険の性質からすると、支払義務の有無について訴訟が係
属中であっても、保険事故の発生により、保険金請求権が確定し、経
済的利益が保険金受取人に発生したものとみることができる。

　したがって、「保険金を取得した」時期とは、保険事故の発生時すな
わち被保険者の死亡時と解するのが相当である。

　また、相続税の申告後に訴訟で敗訴し、保険金を取得できないこと
となった場合でも、更正の請求ができるから、相続人Ｘの主張は採用
できない。

(2)　生命保険金の評価において、弁護士費用を控除できるか

　相続税の課税対象となる保険金は、「取得した保険金のうち被相続
人が負担した保険料の金額の当該契約に係る保険料で、被相続人の死
亡の時までに払い込まれたものの全額に対する割合に相当する部分」

（相税3①一）であり、保険金の支払を受けるための諸経費を控除する
旨の法令の規定もないから、生命保険金の額の評価において、本件弁
護士費用は控除されない。

(3)　本件請求人は、債務控除できる納税者か

　相続税の計算において、債務控除ができるのは、相続税法13条の規
定により、㋐相続により財産を取得した者と、㋑包括遺贈により財産
を取得した者、㋒被相続人からの遺贈により財産を取得した相続人に
限られている。そして相続税法3条1項の規定により、相続人には、相
続を放棄した者は含まれない。本件相続において、相続人Ｘは、相続
を放棄しているから、㋐及び㋒の「相続人」には該当しない。かつ請
求人は、包括遺贈も受けていないのだから、㋑にも該当しない。

　したがって、本件請求人は、「相続又は遺贈（包括遺贈及び被相続人

からの相続人に対する遺贈に限る。）により、財産を取得した者」には
該当しない。

(4)　本件弁護士費用は、債務控除の対象たる債務か

　本件弁護士費用は、相続人Ⅹが訴訟代理人である弁護士との間に締
結した訴訟代理契約に基づき、支払ったものである。したがって、請
求人本人の債務であり、「被相続人の債務で、相続開始の際、現に存す
る債務」には該当しない。

(5)　期限内に申告しなかったことにつき、「正当な理由」があるか

　「正当な理由」とは、国税通則法66条1項ただし書によると、災害、
交通・通信の途絶など、期限内申告ができなかったことについて納税
者の責めに帰すことができない外的事情など、真にやむを得ない理由
をいうと解される。これを本件に当てはめて考えると、本件財産が相
続財産に属するとみなされないか、又はみなされる可能性が小さいこ
とを客観的に裏付ける事実を認識したため、期限内に申告しなかった
のであれば、やむを得ない理由があったと解すべきである。

　本件各生命保険金の支払状況を検証してみると、相続税の申告期限
において、5件の保険金のうちＡ生命・Ｂ生命の2社について、訴訟が
係属中であり、第一審判決はそれぞれ、2年後の平成15年及び3年後の
平成16年に言い渡されている。

　しかしながら、Ｃ生命・Ｄ生命・Ｅ生命の3件については、被相続人
Ｚの死亡後すぐ平成13年10月に保険金の支払請求をし、同年10月及び
11月に支払われている。訴訟となったＡ生命及びＢ生命についても、
それぞれ平成16年10月及び11月に、相続人Ⅹ勝訴のまま、判決が確定
している。

　また相続人Ⅹは、被相続人Ｚの生前の行為が公序良俗違反等であっ
たとして、Ａ生命とＢ生命から保険金の支払を拒絶されたため、その
理由が抽象的で推測の域を出ないとして、訴訟を提起したものであり、

第一審判決では請求人の請求がほぼ全面的に認容されている。

　これらの事実を総合的に考慮すると、本件各生命保険金が相続財産に属するとみなされないか、又は属するとみなされる可能性が小さいことを、客観的に裏付けるに足る事実を認識していたとは認められず、相続人Xに「正当な理由」があったとはいえない。

コメント

1　相続税の申告と納税

　相続税は、申告納税方式を採用しており、相続又は遺贈により取得した財産（被相続人の死亡前3年以内に被相続人から贈与により取得した財産を含みます。）及び、相続時精算課税の適用を受けて贈与により取得した財産を取得した者には、申告・納税義務が発生します（相税27・33）。ただし、被相続人に係る財産の合計額が基礎控除額の範囲内であれば、申告も納税も不要です。

　申告期限は、相続の開始があったことを知った日の翌日から10か月の当該日です。たとえば、1月6日に被相続人が死亡したことを知った場合は、その年の11月6日が申告期限となります。なお、申告期限が土・日・祝日の場合は、その翌営業日が期限です。

　実務的には、亡くなった日の翌日から10か月以内を申告期限とするのが一般的ですが、「自己のために相続の開始があったことを知った日」の特殊な例として、相続税法基本通達27-4には次のようなケースが示されています。

①〜⑤　（省略）

⑥　民法886条の規定により、相続について既に生まれたものとみなされる胎児の場合は、法定代理人がその胎児の生まれたことを知った日

事　例　第5章　課税関係　　　383

⑦　相続開始の事実を知ることのできる弁識能力がない幼児等の場合
　は、法定代理人がその相続の開始のあったことを知った日（相続開
　始の時に法定代理人がないときは、後見人の選任された日）

⑧　遺贈（被相続人から相続人に対する遺贈を除く。）によって財産を
　取得した者の場合は、自己のために当該遺贈のあったことを知った
　日

⑨　（省略）

2　期限内申告を行わなかった場合のペナルティ

　期限内に申告しなかった場合、申告しなかったことに対するペナル
ティとして「無申告加算税」（悪質と認められる場合は重加算税）が、
納税が遅れたことに対するペナルティとして「延滞税」が課税されま
す（税通60・66）。

　無申告加算税の税率は、期限後申告の時期によって以下のとおりで
す。

期限後申告の時期	税　率
法定申告期限等の翌日から調査通知前まで	5%
調査通知以後から、調査による更正や決定を予知する前まで	10% （50万円を超える部分は15%）
調査による更正や決定に基づいて申告する場合	15% （50万円を超える部分は20%）

　重加算税の税率は40%ですが、5年以内に同じ税目に対して無申告
加算税又は重加算税を課されたことがあるときは、更に10%が加重さ
れ50%となります（税通68②④）。

　延滞税の税率は、年「7.3%」と「特例基準割合＋1%」のいずれか

384　　　事　例　第5章　課税関係

低い割合です。「特例基準割合」は、国税庁のホームページで確認することができます（税通60②、租特94①）。

3　「正当な理由」が認められる場合とは

本事案では、生命保険会社2社から、保険金請求を拒否され、保険金支払を求めて提起した訴訟が、申告期限においてまだ係属中であることが、期限内申告を行わなかったことに対する、「正当な理由」に該当するかが争われました。

国税通則法66条には、期限内申告を行わなかった場合でも、その申告を行わなかったことについて「正当な理由」があると認められる場合は、無申告加算税を課さないと記されています。具体的にどのような場合に「正当な理由」が認められるかは、法令上明らかでなく、専ら法令解釈の問題となるため、無申告加算税の賦課決定処分の適否をめぐって訴訟の場で争われるケースは少なくありません。

最高裁において、「正当な理由があると認められる」場合とは、真に納税者の責めに帰することのできない客観的事情があり、過少申告加算税の趣旨に照らしてもなお、納税者に過少申告加算税を賦課することが不当又は酷になる場合をいうものと解するのが相当であるという判断がされており（最判平18・4・20民集60・4・1611、最判平18・4・25民集60・4・1728）、本裁決でも同様の趣旨の判断が下されました。

保険会社のうち3社の保険金が相続開始後間もなく支払われていること、裁判においても、保険金の請求権が認められていることなど、一連の経緯を総合的に判断して、期限後申告書を提出しなかったことにつき、納税者に「正当な理由」があったとは認められませんでした。

4　弁護士費用の控除の可否

本件においては、弁護士費用を相続税の計算上、課税価格から控除

できるかどうかも争点となりました。裁決では、①生命保険金の評価において、保険金を取得するための経費を控除する法令の規定がないこと、②相続人Xは相続を放棄しているので、申告において債務控除の規定を適用できないこと、③本件弁護士費用は、被相続人Zの死亡後に相続人Xとの間に新しく締結された契約であることを理由に、認められませんでした。

＜参考裁決例＞

○請求人は法定申告期限内に全容を解明するための調査をしていないとして、共同相続人が相続財産の内容を明らかにしなかったことを理由に期限内申告書を提出しなかったことは、「正当な理由」に該当しないとした事案（平16・1・23裁決　裁事67・33）

○相続した土地の価額のみで基礎控除額を超えることを認識していたにもかかわらず、交通事故の損害賠償金の額が確定しなかったことを理由に期限内申告書を提出しなかったのは、「正当な理由」に該当しないとした事例（平29・6・15裁決　裁事107・1）

386 事 例 第5章 課税関係

【事例35】 年金受給権に基づき支給された年金に対する、相続税と所得税の二重課税の排除

　相続により取得したものとみなされる生命保険契約の保険金で、年金の方法により支払われるもの（年金受給権）のうち、有期定期金債権に当たるものについて、年金受給権に基づき支給された各年の年金は、運用益部分を除き所得税の課税対象とならないとされた事例 （最判平22・7・6民集64・5・1277）

事案の概要

① 　Xは、被相続人Zの配偶者である。

② 　被相続人Zは、生命保険会社との間に、被保険者をZ、受取人をXとする年金払生活保障特約付の生命保険契約（以下「本件保険契約」という。）を締結し、その保険料を負担していた。

③ 　Zは、平成14年10月28日、死亡した。Xは、Zの死亡に伴い、死亡保険金として一時金4,000万円を受け取る権利と、年金払生活保障特約年金として10年間に毎年230万円ずつの年金を受け取る年金受給権を取得した。

④ 　本件保険契約には、将来の年金に替えて、一時払いを請求することもできる特約が付いており、その場合は年金総額の2,300万円を、予定利率で割り引いた約2,000万円が支払われることになっていた。Xは、一時払いの請求をせずに、年金分については、年金として受け取る選択をした。

⑤ 　Xは、平成14年11月8日、死亡保険金4,000万円と、第1回目の特約年金（以下「本件年金」という。）230万円から徴収税額22万800円を差し引いた金額を受け取った。

⑥ 　Xは平成15年8月7日、相続税の申告書を提出した。相続財産の中

には、年金受給権の総額2,300万円に（平成22年法律6号による改正前の相続税法24条1項の評価方法により）、100分の60を乗じて計算した年金受給権1,380万円が含まれていた。

⑦　Xは、年金収入を含めないで、平成14年分の所得税の確定申告を行った。その後、Xは本件年金に係る源泉徴収税額22万800円の還付を受けるため、更正の請求を行ったが、その際も本件年金は収入金額に含めなかった。

⑧　Y税務署長は、Xが平成14年11月8日に支払を受けた保険金のうち、年金収入230万円から必要経費として認められる9万2,000円を差し引いた220万8,000円を雑所得と認定し、還付を受けるべき金額は4万8,264円とする処分を行った。

⑨　Xは、年金の全額が課税されるのは、相続税と所得税の二重課税に当たるとして、提訴した。

当事者の主張

◆納税者（X）の主張

①　本件年金は、相続税法3条1項1号の「保険金」に該当し、みなし相続財産として相続税を課税されているので、所得税法9条1項15号により非課税所得に該当する。

②　相続税法3条1項の「保険金」は、年金受給権と支分権に基づいて支払われる年金の全てを包含したものと解すべきであり、基本権である年金受給権のみを指すものではない。

③　年金の受取とは、年金受給権という債権が将来現金化することにほかならず、権利の性質が変わるだけのことであるから、所得の発生に当たらない。

④　年金受給権について相続税を課し、更にその支分権に基づいて支払われる年金に所得税を課すことは、二重課税に当たる。

388 　事　例　第5章　課税関係

⑤　年金を雑所得として課税するのであれば、一時払いの保険金に対しても、その取得時において一時所得又は雑所得として課税すべきであるが、そのような取扱いになっていない。

◆原処分庁（Y）の主張

①　相続税法3条1項1号の「保険金」とは、保険契約等に基づく死亡保険金等の受給権を意味し、現実に受領する金銭を意味するものではない。Xが受け取った230万円は、現実に支給された現金であり、定期金に関する権利ではないから、相続税法3条1項1号にいう「保険金」には該当しない。

②　各年に支給される年金は、基本債権である年金受給権に基づく権利から生み出された支分権であり、基本債権とは異なる権利に基づいて取得した現金である。

③　本件年金が雑所得に該当することは、所得税法施行令183条1項や所得税法4編4章2節の規定からも明らかである。

④　所得税法9条1項15号は、被相続人の死亡後に実現する所得に対する課税を許さないという趣旨ではない。

⑤　相続税法24条1項1号に基づく年金受給権の価額（1,380万円）と、特約年金について一時払いの請求が行われた場合の価額（2,059万8,800円）は異なるから、年金受給権と年金の経済的価値が同一であるとはいえない。

| 裁判所の判断 |

(1)　第一審及び原判決

　長崎地裁判決では、年金受給権に相続税を課した上、更に毎年の年金に所得税を課すことは、実質的・経済的に同一の所得に二重に課税することになるとして、Xの請求を認容した。

　福岡高裁判決では、基本債権としての年金受給権と、契約に基づい

事　例　第5章　課税関係　　　389

て将来支給される年金とは、法的に別の財産であるから、二重課税には当たらないとして、Xの請求を棄却した。

　両法廷とも、年金受給権に基づいて支払われる年金の受給権は、基本権から生じる支分権であり、相続税が課される年金受給権としての基本権とは法的に異なるという解釈は一致しているが、地裁では実質的・経済的にみれば同一のものに対する二重課税は認められないという判断が下され、高裁ではみなし相続財産である年金受給権は非課税、支分権に基づき支給される個々の年金は課税すべき、という逆の判決となった。

(2)　最高裁判決の概要

　最高裁では、「本件年金の額は、すべて所得税の課税対象とならないから、これに対して所得税を課することは許されない」として、上告人の勝訴を言い渡した。その上で、毎年受ける年金に係る所得税については、これまでの課税関係を覆し、毎年支給される年金の金額から、各年の年金の現価の金額を差し引いた部分が、所得税の課税対象になると判示した。

①　相続税と所得税の二重課税について

　　相続、遺贈又は個人からの贈与によって財産を取得した場合、当該財産の取得によってその者に帰属することとなった経済的価値に対しては、本来は相続人等の所得として所得税が課されるべきものである。

　　一方で、これらの経済的価値に対しては、相続税法の規定により相続税又は贈与税が課税される。そこで所得税法9条1項15号により、相続税又は贈与税の課税対象となる経済的価値に対しては所得税を課さないことで、同一の経済的価値に対する相続税と所得税の二重課税を排除している。

　　本件のように、有期定期金債権に当たる年金受給権を、相続により取得したものとみなして年金受給権価額に相続税を課し、他方で

年金の総額に所得税を課した場合は、経済的価値が同一であるものに対し、相続税と所得税の二重課税が起きていると考えられる。

② 相続税の課税について

相続税法3条1項では、被相続人の死亡により相続人等が生命保険契約の「保険金」を取得した場合には、当該相続人が相続又は遺贈により取得したものとみなされる。この「保険金」には、年金の方法により支払を受けるものも含まれると解される。

年金の方法により支払を受ける「保険金」とは、基本債権としての年金受給権を指し、相続税法24条1項に規定する定期金給付契約に関する権利に当たる。

したがって、年金の方法により支払を受ける「保険金」のうち、有期定期金債権に当たるものについては、残存期間に応じ、その残存期間に受けるべき年金の総額に所定の割合を乗じて計算した金額が、年金受給権の価額として相続税の課税対象となる。この年金受給権価額は、当該年金受給権の取得の時における時価（相続税法22条）、すなわち将来にわたって受け取るべき年金の金額を、被相続人死亡時の現在価値に引き直した金額の合計額に相当する。

③ 所得税の課税について

一方、年金受給権価額と残存期間に受けるべき年金の総額との差額は、相続発生時の現在価値をそれぞれ元本とした場合の運用益の合計額に相当する。

したがって、年金の各支給額のうち現在価値に相当する部分は、相続税の課税対象となる経済的価値と同一ということができ、年金総額2,300万円のうち、年金受給権価額に相当する1,380万円については、所得税法9条1項15号により所得税を課すことは許されない。

所得税の計算に当たっては、まず各年の年金を元本部分と運用益部分に分け、元本部分は非課税所得とし、運用益部分について課税するものとする。

事　例　第5章　課税関係　　391

　本件年金受給権は、年金の方法により支払を受ける有期定期金債
権に当たり、また被相続人の死亡日を支給日とする第1回目の年金
であるから、支給額230万円の全部が、被相続人死亡時の現在価値と
一致すると解される。したがって、本件年金の額は全てが所得税の
課税対象には当たらず、これに所得税を課すことはできない。

コメント

1　課税実務の課題

　相続税法3条1項には、被相続人の死亡により生命保険契約の保険金
を取得した場合は、相続により取得したものとみなされる規定が従前
よりあります。一方で、所得税法9条1項15号〔現行：16号〕には、相
続税と所得税の二重課税を防止するため、「相続により取得するもの」
が非課税所得の一つとして列挙されています。さらに括弧書におい
て、相続により取得するものには、「相続により取得したものとみなさ
れるもの」を含むと規定されています。

　最高裁の判例が出るまで、課税の現場においては、年金受給権の取
得に対して相続税を課す（相基通24-3〔現行：24-2〕）とともに、毎年の年
金の取得に対して、雑所得として支給額の全額を課税対象としていま
した（所基通35-4）。

　しかしながら一方で、保険金を一時金で取得した場合や、年金の総
額を一時払いで取得した場合は、当該一時金について相続税だけが課
税され、所得税は非課税という扱いになっていました（所基通9-18）。

2　本裁判の論点

　本裁判は、みなし相続財産として、相続税が課税された年金受給権
について、その後、その年金受給権に基づき支払われた各年の年金の
全額に対して所得税が課税されるのは、相続税と所得税の二重課税で
はないかとして、長崎の主婦が提訴したものです。第一審と控訴審で

は逆の判決が下されており、最高裁において相続税法3条1項でみなし相続財産に規定される「保険金」の意味と、所得税法9条1項15号〔現行：16号〕の非課税規定との関係性が、争点となりました。

本判決では、所得税法9条1項の柱書により、同号で非課税とされるのは、相続等により取得した財産そのものではなく、当該財産を取得したことにより、その者に帰属する「所得」であると、定義付けました。「所得」とは「経済的な価値」であるから、法的には異なる権利であっても、相続税の課税対象となった経済的価値が同一のものに対しては、所得税を課さないのが、同項の趣旨であるという解釈です。

その上で、相続税の課税対象となる年金受給権の価額は、将来にわたって受け取るべき年金の総額を、被相続人死亡時の現在価値に引き直した金額であるとし、更に年金受給権価額とその後各年に受け取る年金の総額との差額は、各年金の相続開始時における現価をそれぞれ元本とした運用益に当たるとしました。

本件年金については、被相続人の死亡日を支給日とする第1回目の年金であるから、その支給額と現在価値が一致するものと解され、これに対して所得税を課すことは許されないという判決になりました。

3　2年目以降の所得税の計算方法

本判決によれば、2年目以降に受け取る年金には運用益が含まれることになり、運用益部分が所得税の課税対象になりますが、同小法廷では2回目以降についての判断は示されませんでした。

本判決を受けて、国税庁では取扱いを変更し、過去5年分の所得税の還付手続を受け付けました（「生保年金最高裁判決への対応等について」国税庁、https://www.nta.go.jp/about/council/shingikai/110303/shiryo/pdf/05.pdf、(2019.09.05))。

年金受給権に係る雑所得の計算方法については、国税庁ホームページ・タックスアンサーNo.1620「相続等により取得した年金受給権に係る生命保険契約等に基づく年金の課税関係」を参考にしてください（Q35参照）。

事例 第5章 課税関係 393

【事例36】 保険料の原資の実質的な帰属とみなし相続財産の判断

　保険料や保険料の原資となった預貯金の出捐者が被相続人であること、各名義人が原資となった預貯金を形成するに十分な資力を有していたとは認められないこと等から、家族名義の生命保険契約に関する権利がみなし相続財産に当たると判断された事例 （平28・11・8裁決　裁事105・79）

事案の概要

① 　請求人X₁は、被相続人Zの配偶者である。昭和37年に婚姻後、Zが亡くなるまで、Zの事業専従者であったが、給与の支払は受けていなかった。

② 　請求人X₂・X₃・X₄はいずれも被相続人Zの子どもであり、Zの共同相続人である。他に、共同相続人はいない（以下、X₁とX₂・X₃・X₄を合わせて「相続人ら」という。）。請求人X₅（以下、相続人らと合わせて「請求人ら」という。）は、X₂の妻であり、X₆・X₇・X₈はいずれも請求人X₂と請求人X₅との間の子である。

③ 　X₂は、専門学校を卒業後、Zが亡くなるまで、Zの事業専従者として働いた。X₂は、妻のX₅と合わせて、月6万円～8万円（一時期20万円）の金銭を受け取り、X₅が管理していた。X₅は、昭和63年にX₂と婚姻し、Zが亡くなるまで、Zの事業を手伝ってきた。

④ 　X₂は、平成12年、自宅土地を購入し、自己資金の全額を購入に当てた。また、自宅建物（被相続人と半分ずつを共有）を建築するために、銀行から資金として3,000万円を借り入れた。

394 　事　例　第5章　課税関係

⑤　X₇及びX₈は、各人名義の預金が設定された当時、いずれも学生であり、Zの死亡時にはいずれも未成年であった。平成24年、ZはX₇及びX₈を扶養家族として確定申告をしている。

⑥　被相続人Zは、平成24年2月に死亡した。

⑦　相続人らの間で、平成24年8月1日、遺産分割協議が成立し、預貯金及び出資金については相続人X₁が取得し、協議書に記載漏れの財産があった場合も、X₁が取得するものとした。

⑧　相続人らは、法定申告期限までに、相続税の申告書を提出した。請求人X₅は、申告書を提出していない。

⑨　請求人らは、預貯金の設定や保険契約に係る保険料相当額の贈与があった旨の申告はしていない。

⑩　原処分庁は、家族名義の預貯金（以下「本件預貯金」という。）の一部は、本件相続に係る相続財産であり、生命保険契約及び共済契約（以下「本件各生命保険契約等」という。）に関する権利については、本件相続に係る相続財産とみなされるとして、相続人らに対する更正処分及びX₅に対する決定処分を行った。

当事者の主張

(1)　本件預貯金は、相続財産か

◆請求人ら（Xら）の主張

①　本件預貯金の原資は、いずれも被相続人Zからの贈与資金と自己資金である。

②　本件預貯金は、相続財産ではない。

◆原処分庁（Y）の主張

　本件預貯金は、相続財産である。

（2）　本件各生命保険契約等に関する権利は、相続財産とみなされる
　財産か

◆請求人ら（Ｘら）の主張

①　本件相続開始前3年以内の贈与分については、相続財産と認識し
　て、相続税の申告を行っている。それ以前に設定した本件各生命保
　険契約等についても、被相続人からの贈与資金及び自己資金で設定
　したものである。

②　本件各生命保険契約等に係る保険料等の原資は、いずれも被相続
　人Ｚからの贈与資金と自己資金である。

③　請求人らは、本件各生命保険契約等の契約時には、医師の診断を
　納得して受診しており、被相続人Ｚの資金で保険料を支払ったもの
　については、保険料相当分の贈与を受けたと認識している。

④　本件各生命保険契約等は、保険契約者である請求人らがそれぞれ
　管理・運用し、生命保険等に係る一時金を受け取るなど収益を享受
　していたものである。

⑤　本件各生命保険契約等に関する権利は、相続財産とみなされる財
　産ではない。

◆原処分庁（Ｙ）の主張

①　被相続人の妻X_1・子X_2・子X_4・X_2の妻X_5は、いずれも本件各生
　命保険契約等の保険料に相当する財産を形成する資力があったとは
　認められない。

②　被相続人Ｚから、請求人らに対して、本件各生命保険契約等に係
　る保険料の贈与があったと認めるに足りる事実はない。

③　本件各生命保険契約等に関する権利は、相続財産とみなされる財
　産に該当する。

396 　事　例　第５章　課税関係

審判所の判断

（1）　審判所が認定した事実

ア　本件預貯金の設定及び管理状況

預貯金	原　資	筆跡	管理状況
⑭ X₈名 義定期 預金	X₂を受取人とする養老保険の満期保険金 2,002,648円 （養老保険契約の保険料は、Zが負担）	X₅	Zと同一の 印鑑

（その他の預貯金は省略）

イ　本件各生命保険等に係る保険契約の経緯

契約者	保険 契約	契約の経緯	管理状況
相続人 X₂	①から ⑦	請求人らが、Zからの贈与資金で支払った旨を主張	
	⑧	Z名義の口座からの口座振替と、X₁名義のU信組口座から引き出された1,189,488円	当該X₁名義のU信組口座は、Zの相続財産として申告されている。
	⑨から ⑭	請求人らが、Zからの贈与資金で支払った旨を主張	
	⑮	X₂名義のU信組預金口座から引き出された1,828,189円	U信組預金口座の筆跡はX₁ 印鑑はZと同一
	⑯	X₂名義のU信組預金口座から引き出された1,628,508円と、X₅名義のU信組普通預金口座1,000,000円	X₂名義U信組口座はX₁が管理 X₅名義の口座はX₁が管理（筆跡はX₁。印鑑はZと同一）
	⑰	契約当日に、保険料と同額が	

事例 第5章 課税関係　397

		Z名義の口座から引き出されている。	
相続人 X₁	①及び③	請求人らが、Zからの贈与資金で支払った旨を主張	
	②	2,575,341円は、X₁名義のU信組普通預金。残りはZからの贈与資金（請求人の主張）	当該X₁名義の普通預金は、X₁がZに帰属する財産を、Zとともに管理運用していたものである。
	④	Z名義のS銀行口座からの口座振替とX₁名義のU信組口座から引き出された3,090,625円	X₁のU信組口座は、相続財産として申告している。
相続人 X₃	①	348,500円はX₃の自己資金。残りはZからの贈与資金（請求人の主張）	X₃宛ての348,500円の領収書が存在する。
	②～⑥	請求人らが、Zからの贈与資金で支払った旨を主張	
	⑦	手持現金で払ったかどうかは、思い出せない（請求人の供述）。	
	⑧	請求人らが、Zからの贈与資金で支払った旨を主張	
	⑨	契約当日、保険料と同額がX₁名義のV銀行口座から引き出されている。	X₁名義V銀行口座の原資は、Zの貯金口座
請求人 X₅		契約当日に、保険料と同額がZ名義の口座から引き出されている。	

(2) 本件預貯金の帰属について

ア 定期預金⑭について

請求人X₂を受取人とする養老保険の満期金が原資であり、本件相続に係る相続財産とは認められない。原資となった養老保険の保険料について、請求人らはZからの贈与資金であった旨を主張しており、他の保険契約の保険料と同様、被相続人Zが負担したものと推認することができる。したがって、X₂は、当該養老保険の満期金をZから贈与により取得したものとみなされる。

ところで、相続税法19条1項によると、相続開始前3年以内に被相続人から贈与により、財産を取得した者は、贈与により取得した財産の価額を相続税の課税価格に加算しなければならない。当該養老保険が満期になった日（平成23年1月31日）は、本件相続の開始前3年以内であるので、当該満期保険金に相当する金額2,002,648円は、X₂に係る相続税の課税価格に加算すべきである。

イ その他の預貯金については省略

(3) 本件各生命保険契約等に関する権利の帰属について

相続開始の時に、まだ保険事故が発生していない生命保険契約等で、被相続人が保険料の全部又は一部を負担し、かつ被相続人以外の者が、当該生命保険契約の契約者であるものについては、相続開始の時までに払い込まれた保険料のうち、被相続人が負担した保険料に相当する部分は、当該契約者が相続又は遺贈により取得したものとみなされる（相続税法3条1項3号）。

本件においても、各生命保険契約等の保険料を被相続人が負担していれば、当該部分に係る権利は、相続財産とみなされることになる。

ア X₂名義の保険契約①から⑭と⑰・X₁名義の保険契約①と③・X₃名義の保険契約②から⑥及び⑧⑨・X₅名義の共済契約について

契約の大半が契約日から10年以上を経過しており、一部を除き、証

拠資料の収集が完全にはできなかったが、これらの契約に係る保険料について、請求人らは被相続人の贈与資金から支払った旨を主張しており、請求人らの収入状況が、多額の資産を形成できる状況にはなかったこと、支払状況の証拠資料があるものについては、いずれもＺが負担したと認められることから鑑みて、いずれも被相続人が負担したものと推認できる。

しかしながら、請求人らが贈与税の申告をした事実や、贈与の事実を裏付ける契約書等は存在しない。Ｚが保険料を支払ったことは、あくまで保険会社に対する行為であって、これをもって保険契約者に対する贈与の意思表示があったとは認められない。

したがって、当該各保険契約に係る保険料は、いずれも被相続人Ｚが負担したものと認められる。

イ　X_2名義の共済契約⑮⑯

各保険料の原資は、X_2名義及びX_5名義の預金口座から引き出されていると認められるが、当該口座はいずれもＺの妻であるX_1が設定し、管理・運用しているものであり、Ｚが事業主であること、Ｚの財産の管理は妻であるX_1が行っていたことを併せ考えると、当該保険契約に係る保険料は、被相続人が負担したものと認められる。

ウ　X_1名義の養老保険②と④

②の原資の一部は、請求人X_1名義の普通預金口座であるが、X_1には当該口座で行われている多額の入出金を行う資力はなく、X_1がＺの財産を管理していたことから、X_1が被相続人Ｚに帰属する金員をＺとともに管理・運用していたものと認められる。残りの保険料については、請求人はＺからの贈与資金で支払った旨を主張しているが、贈与の事実を裏付ける証拠はないことから、全額を被相続人Ｚが負担したと認められる。

④の原資の一部は、X_1名義の口座であるが、当該口座は、本件相続

に係る相続財産として申告されているものである。残りの保険料については、Ｚ名義の口座から振替られており、全額を被相続人が負担したと認められる。

　エ　X₃名義の養老保険①⑦

　①の保険料の一部である348,500円については、X₃宛ての領収書が存在し、X₃が支払ったことを覆す証拠資料は存しないことから、請求人X₃が払ったものと認められる。残りの保険料については、Ｚの負担であることに争いはない。

　⑦については、X₃の自己資金で払ったことを裏付ける証拠資料がなく、当該保険の契約日と同日に設定された共済契約⑥の掛金は、Ｚからの贈与資金で払った旨を主張していることを勘案すると、当該掛金も被相続人Ｚが負担したと認めるのが相当である。

(4)　生命保険契約に関する権利に係る負担者の判断基準について

　相続税法3条1項3号は、相続開始時にまだ保険事故が発生していない生命保険契約で、被相続人以外の者が保険の契約者である場合、払い込まれた保険料のうち被相続人が負担した割合に相当する部分は、相続又は遺贈により取得したものとみなす規定である。したがって「被相続人が保険料の一部又は全部を負担している」ことを根拠に、保険契約者が生命保険契約に関する権利を相続により取得したものとみなされるのである。

　そのため、契約後の管理状況や保険金の入金状況がいかなる状況であっても、同号に該当するか否かの判断を左右するものではない。

コメント

　相続税の税務調査では、配偶者や家族名義の資産であっても、実質的に被相続人に帰属すると判断されれば、相続財産として相続税が課

税されます。本件では、家族名義の預貯金及び生命保険契約並びに共済契約に関する権利について、被相続人の財産に該当するか否かが争われました。

ある資産が名義資産に該当するかどうかは、①その資産を形成する経緯及びその出捐者は誰か、②当該資産から生じる利益の帰属を含め、誰がその資産の管理・運用を行っているか、③名義人がその財産を贈与されたと自覚しているかなどを総合的に勘案して、判断されます。

① 資産取得の経緯と出捐者について

本件では、生命保険金の名義や保険料の原資だけでなく、保険料の原資となった預金の実質的な出捐者について、資金の流れを遡って調査し、預金設定時の金員の出所や、当初預入伝票及び預金口座からの払出伝票の筆跡、使用されている印鑑などの精査が行われました。

また預貯金及び生命保険契約並びに共済契約の名義人である妻や家族は、被相続人の事業を手伝っていたものの生活費を受け取るのみであったなど、各自の収入状況を鑑みて、多額の資産を形成する資力があるとは認められませんでした。

② 生命保険契約の帰属について

請求人らは、被相続人が負担した保険料や原資となった請求人ら名義の預金について、当該保険料相当分の贈与を受けていたと主張しましたが、贈与税の申告を行っておらず、また贈与契約書もなかったことから、原資となった預金は名義人である請求人らではなく、被相続人Zに帰属する財産と判断されました（下記③を除きます。）。

また、請求人らは、生命保険の契約に際し、各名義人が医師の診断を納得して受けており、当該保険契約は自己のものと認識していたのだから、被相続人の保険会社への支払は贈与に当たると主張しました。しかし、本裁決では、保険料の支払は保険会社に対する行

為にすぎず、これをもって被相続人から請求人らへの贈与の意思表示があったとは認められませんでした。

さらに請求人らは、保険契約書を各名義人が保管し、一時金を受け取るなど、使用収益を含めた生命保険の管理・運用を保険契約者である名義人が行っていることを理由に、本件各生命保険契約等は名義人に帰属すると主張しました。しかし、本裁決では、本件各生命保険契約等に関する権利の帰属は、保険料の実質的な負担者が誰であるかによって判断されるものであるから、契約後の管理状況や満期保険金の入金状況には左右されないと結論付けました。

③ 相続開始前3年以内の贈与について

X_8名義の定期預金の原資は、X_2を受取人とする養老保険の満期保険金であることから、当該定期預金は被相続人の相続財産には該当しないと判断されました。しかし、定期預金の原資である養老保険の保険料負担者は被相続人であったことから、養老保険の満期金に相当する金額は、相続開始前3年以内に贈与により取得した財産として、相続税の課税価格に加算すべきとされました。

これは、相続税の3年加算ルールによるものです。3年加算ルールとは、相続などにより財産を取得した人が、被相続人からその相続開始前3年以内に贈与を受けた財産があるときは、贈与を受けた財産の贈与時の価額を加算して相続税の申告をしなければならないというものです（相税19）。

このとき、当該贈与された財産に係る贈与税の額は、加算された人の相続税から控除して、納付すべき相続税額を計算します。

＜参考裁決例＞

○毎年保険料相当額の贈与を受け、贈与税の申告書を提出しているため、未成年者である請求人が受け取った保険金は相続により取得したものとはみなされないとした事例（昭59・2・27裁決　裁事27・231）

索　　引

404

事 項 索 引

【い】

ページ

遺言
　　──による保険金受取人の
　　　変更　　　43，109
　　　　　　　　115
　　　──の撤回　　132
　　相続させる旨の──　　356
遺言相続　　5
意思能力　　3，233
遺書　　339
遺贈　　148，151
　　──により承継取得される
　　　死亡共済金請求権　　351
遺族　　238
一時所得　　370
遺留分　　6，96
　　　　　100，334

【か】

解約
　契約者変更した後の保険の
　　──　　185
課税
　契約者変更したときの──　　178
簡易生命保険法　　206，238

【き】

期待権の侵害　　250
共済　　12，201
　　　211，281
　　　351

【け】

契約者変更
　　──した後の保険の解約　　185
　　──したときの課税　　178
権利能力　　3
権利濫用　　279

【こ】

故意　　66，71
　　　259，317
高度障害保険金　　76，81
　　　　　　　344
固有権性　　92，302
固有の権利　　293

【さ】

債権法改正　　134，368
錯誤　　132
差押え　　314

【し】

死因贈与	10,151
自書	123
質権	47,52 228
失踪宣告	57
自筆証書遺言の保管制度	127
死亡退職弔慰金	323
死亡保険金	167
住民税	154
消費者契約法	273
消滅時効	61,244
所得税	154,185 386
親族	222

【せ】

生命保険	11

【そ】

相続財産管理人	206
相続させる旨の遺言	356
相続税	8,154 167,370 377
「相続人」という指定	18
相続法改正	6,123 127,134
相続放棄	91,298 328

贈与	139,141 145
贈与契約	9
贈与税	10,154 160

【た】

大数の法則	12
代表者選定	287
団体信用生命保険	261

【つ】

続柄	23,27

【と】

同時死亡	38,211 217,355
特段の事情	
特別受益の持戻しが認めら れる――	106
特別受益	104,108 293,308 319

【な】

内縁（の）配偶者	5,25 201
内規	222

【ひ】

被保険者   14

【ふ】

不在者   56

不倫   24,120
191

【ほ】

放棄

保険金請求権の──   304

法定相続   3,287

保険金受取人   14

遺言による──の変更   43,109
115

保険金請求権の放棄   304

保険契約者   13,112
136,145
206,268

保険事故   14

【ま】

満期保険金   87,160

【み】

みなし相続財産   9,370
393

みなし贈与財産   11

未払年金の現価   364

【め】

免責   66,71
259,273
281,317

【よ】

養老保険   87,308

判例年次索引

○事例として掲げてある判例は、ページ数を太字（ゴシック体）で表記しました。

月日	裁判所名	出典等	ページ
【明治38年】			
5.11	大審院	民録11・706	236
【大正6年】			
12.14	大審院	民録23・2112	267
【大正11年】			
2.7	大審院	民集1・19	200
【昭和11年】			
5.13	大審院	民集15・877	295,336
【昭和13年】			
12.14	大審院	民集17・2396	296
【昭和18年】			
3.19	大審院	民集22・185	120
【昭和28年】			
4.23	最高裁	民集7・4・396	57

月日	裁判所名	出典等	ページ
【昭和29年】			
4.8	最高裁	民集8・4・819	290
【昭和34年】			
7.8	最高裁	民集13・7・911	13
【昭和40年】			
2.2	最高裁	民集19・1・1	19,72,74 92,105 117,152 296,303 336,343 354
9.10	最高裁	民集19・6・1512	133
【昭和42年】			
1.31	最高裁	民集21・1・77	67,71 259
【昭和45年】			
7.15	最高裁	民集24・7・771	247
【昭和48年】			
6.29	最高裁	民集27・6・737	296,303
7.30	大阪高	判時719・88	255

判例年次索引

月日	裁判所名	出典等	ページ

【昭和53年】

月日	裁判所名	出典等	ページ
3.27	大 阪 地	判時904・104	18

【昭和55年】

月日	裁判所名	出典等	ページ
5.26	東 京 地	税資113・442	183

【昭和56年】

月日	裁判所名	出典等	ページ
11.18	東 京 高	税資121・355	183

【昭和58年】

月日	裁判所名	出典等	ページ
3.18	最 高 裁	判時1075・115	117
4.14	最 高 裁	民集37・3・270	205
9. 8	最 高 裁	民集37・7・918	23,28,92
11.15	東 京 高	判時1101・112	37,221

【昭和60年】

月日	裁判所名	出典等	ページ
8.30	大 阪 地	判時1183・153	13
9.17	最 高 裁	税資146・603	183
9.26	東 京 高	金法1138・37	99

【昭和61年】

月日	裁判所名	出典等	ページ
11.20	最 高 裁	民集40・7・1167	120,194

【昭和62年】

月日	裁判所名	出典等	ページ
2.24	神 戸 地	判タ657・204	83
10.29	最 高 裁	民集41・7・1527	41,116 254,255 272,341 343
10.29	大 阪 地	文研生保判例集5・172	70,260

【昭和63年】

月日	裁判所名	出典等	ページ
12.12	東 京 地	判時1311・60	205

【平成元年】

月日	裁判所名	出典等	ページ
1.26	大 阪 高	判タ701・254	74
2. 2	東 京 地	判時1341・152	216

【平成3年】

月日	裁判所名	出典等	ページ
9.18	浦 和 地	文研生保判例集6・382	236
10.30	東 京 地	判時1418・95	205

【平成4年】

月日	裁判所名	出典等	ページ
3.13	最 高 裁	民集46・3・188	215,355

【平成5年】

月日	裁判所名	出典等	ページ
5.13	東 京 高	文研生保判例集7・238	221
9. 7	最 高 裁	民集47・7・4740	33,200 215,355 363

【平成6年】

月日	裁判所名	出典等	ページ
7.18	最 高 裁	民集48・5・1233	21,73 94,297 333

月日	裁判所名	出典等	ページ

【平成7年】

月日	裁判所名	出典等	ページ
10.19	東京地	判タ915・90	205

【平成8年】

月日	裁判所名	出典等	ページ
3. 5	最高裁	民集50・3・383	247
7.30	東京地	金判1002・25	195

【平成9年】

月日	裁判所名	出典等	ページ
6. 5	最高裁	平9（オ）80	210,243
12.15	東京高	判タ987・227	127
12.25	東京地	平6（ワ）764	294

【平成10年】

月日	裁判所名	出典等	ページ
2.19	大阪地	判時1645・149	267
3.20	福岡地	税資231・156	370
3.24	最高裁	民集52・2・433	97
3.25	東京高	判タ968・129	116
6.29	東京高	判タ1004・223	293
12.22	福岡高宮崎支	家月51・5・49	298

【平成11年】

月日	裁判所名	出典等	ページ
1.18	福岡地小倉支	家月55・4・59	335
3. 1	京都地	金判1064・40	304
3.11	東京地	金判1080・33	191
5.17	東京地	判時1714・146	245
5.28	東京地	判時1704・102	249
6.30	福岡高	民集56・8・2085	335
9.21	東京高	金判1080・30	24,121 191,226
12.21	大阪高	金判1084・44	95,304 333

【平成12年】

月日	裁判所名	出典等	ページ
1.20	東京高	判時1714・143	245
3.10	最高裁	民集54・3・1040	25
3.27	東京高	生保判例集12・233	280
10.26	東京高	判タ1094・242	127
10.31	大阪高	判時1752・145	84
12. 1	名古屋地	判タ1070・287	196

【平成13年】

月日	裁判所名	出典等	ページ
3.21	大阪地	判タ1087・195	236
8.30	大阪地	判タ1097・277	201

【平成14年】

月日	裁判所名	出典等	ページ
10. 3	最高裁	民集56・8・1706	68,70,71 259
11. 5	最高裁	民集56・8・2069	98,105 321,334

【平成15年】

月日	裁判所名	出典等	ページ
8. 8	神戸家伊丹支	金判1241・38	309
10.29	水戸地	判時1849・106	77,78
11. 6	東京地	平12（ワ）16524・平12（ワ）16526・平13（ワ）11933	64,249
12.11	最高裁	民集57・11・2196	63,244

判例年次索引

月日	裁判所名	出典等	ページ
【平成16年】			
3.25	最高裁	民集58・3・753	280
4. 7	東京地	平14（ワ）14869	195
4.20	最高裁	集民214・13	290
5.10	大阪高	金判1241・35	309
10.29	最高裁	民集58・7・1979	99,102 106,110 297,308 321,337
【平成17年】			
4. 9	大阪地	平16（ワ）9146	80,85
5.20	東京地八王子支	金判1234・25	251
5.24	広島高岡山支	平16（ネ）214	26,122 195,227
6. 2	東京高	平17（ネ）1115	227
7.15	大阪高	平17（ネ）364	88
8.25	東京地	平16（ワ）23885	232
8.30	大阪地	平15（ワ）9356	232
9.28	福岡地	判時1964・153	339
9.29	東京高	判タ1221・304	206,243
10.27	東京高	家月58・5・94	110,313
【平成18年】			
1.12	東京地	平16（ワ）12535	58
1.18	東京高	金判1234・17	250
3.22	大阪家堺支	家月58・10・84	111,313
3.27	名古屋高	家月58・10・66	110,313
4.11	最高裁	民集60・4・1387	326,327 350
4.20	最高裁	民集60・4・1611	384
4.25	最高裁	民集60・4・1728	384
6.28	東京地	平17（ワ）19372	315
7.26	東京地	平15（ワ）21084・平15（ワ）21087	65
10.19	東京高	判タ1234・179	286,314

月日	裁判所名	出典等	ページ
11.17	仙台高	生保判例集18・756	280
12.13	札幌地滝川支	金判1271・61	212
12.21	福岡高	判時1964・148	116,339
【平成19年】			
2.23	東京地	平17（ワ）1227・平18（ワ）4440	236
3.26	札幌地	平18（ワ）2134	65
3.30	最高裁	平19（オ）24・平19（受）25	317
5.18	札幌高	金判1271・57	37,212
5.30	東京高	判タ1254・287	344
6.12	最高裁	平19（オ）495・平19（受）564	341
12.27	大阪地	平18（ワ）11837	210,243
【平成20年】			
2.21	名古屋地	平17（ワ）4343	257
3.13	福岡地小倉支	判タ1274・221	292
3.25	神戸地	金判1337・19	217
10.31	大阪高	金判1337・13	217
【平成21年】			
4.24	名古屋高	判時2051・147	256
6. 2	最高裁	判時2050・148	211
6. 2	最高裁	民集63・5・953	39,217 355
6.11	東京地	金判1341・44	292
10.14	東京地	平19（ワ）21638・平20（ワ）3047	237
11.25	東京地	平20（ワ）1001	369

判例年次索引

月日　裁判所名　　出典等　　　ページ

【平成22年】

2. 4　東 京 高　平21（ネ）3701　　118
6.11　盛 岡 地　判タ1342・211　　261
7. 6　最 高 裁　民集64・5・1277　386
7. 8　東 京 地　平21（ワ）20786　222
9.17　東 京 地　平21（ワ）6086　　89
10.21　東 京 地　平22（ワ）8740　369
11.25　東 京 高　判タ1359・203　228

【平成23年】

3.23　岐 阜 地　判時2110・131　260
4.21　東 京 地　平19（ワ）19512　102,322
5.27　富 山 地　判時2144・136　260
5.31　東 京 地　平22（ワ）41189　137,268
　　　　　　　　　　　　　　　　363
8.18　東 京 地　金判1399・16　274
8.19　東 京 地　平18（ワ）11258　102,319
10.27　大 分 地　平22（ワ）368　237

【平成24年】

1.13　最 高 裁　民集66・1・1　187
1.23　さいたま地　判タ1385・243　352
　　　川 越 支
3.16　最 高 裁　民集66・5・2216　279
3.23　名古屋高　平23（ネ）561　260
7.10　東 京 高　判タ1385・247　351
7.11　東 京 高　金判1399・8　273
8.21　東 京 地　平24（ワ）1948・　32,55
　　　　　　　　平24（ワ）16212　136,272
　　　　　　　　　　　　　　　　356
8.29　最 高 裁　平24（オ）1061・　260
　　　　　　　　平24（受）1306
10.25　東 京 高　判タ1387・266　279

【平成25年】

7.18　東 京 高　税資263　　　　182
　　　　　　　　（順号12261）
9.20　大 阪 高　判時2219・126　323
12.12　東 京 地　平23（ワ）28583　233
12.17　最 高 裁　平24（受）2512　278

【平成26年】

2. 7　高 知 地　平25（ワ）216　281
3.28　東 京 地　平24（ワ）21551　102,322
9.12　高 松 高　平26（ネ）111　75,281

【平成27年】

1.28　名古屋高　平26（ネ）179　237
　　　金 沢 支
2.25　東 京 高　平26（ネ）5431　210,238
4.23　大 阪 高　平27（ネ）208　307,328
10. 8　最 高 裁　平27（受）1457　332
11.12　東 京 高　平27（ネ）3035　364

【平成28年】

1.28　東 京 地　金法2050・92　287
5.11　最 高 裁　平27（受）1069　241
12.19　最 高 裁　民集70・8・2121　290

【平成29年】

4.13　札 幌 高　平28（行コ）31　187
10.13　東 京 地　平27（行ウ）730　184

裁決例年次索引

○事例として掲げてある裁決例は、ページ数を太字（ゴシック体）で表記しました。

月日	出 典	ページ
【昭和59年】		
2.27	裁事27・231	402
【昭和63年】		
6.13	裁事35・9	376
【平成10年】		
9. 2	裁事56・144	376
【平成16年】		
1.23	裁事67・33	385
【平成18年】		
2.27	裁事71・29	377
6.30	裁事71・299	186
【平成28年】		
11. 8	裁事105・79	393
【平成29年】		
6.15	裁事107・1	385

相続・贈与と生命保険をめぐる
トラブル予防・対応の手引

令和元年10月9日　初版発行

共　著　中　込　一　洋
　　　　遠　山　　　聡
　　　　原　　　尚　美

発行者　新日本法規出版株式会社
　　　　代表者　星　　謙一郎

発 行 所　新 日 本 法 規 出 版 株 式 会 社

本　　社　（460-8455）　名古屋市中区栄 1 － 23 － 20
総轄本部　　　　　　　　電話　代表　052(211)1525

東京本社　（162-8407）　東京都新宿区市谷砂土原町2－6
　　　　　　　　　　　　電話　代表　03(3269)2220

支　　社　札幌・仙台・東京・関東・名古屋・大阪・広島
　　　　　高松・福岡

ホームページ　https://www.sn-hoki.co.jp/

※本書の無断転載・複製は、著作権法上の例外を除き禁じられています。
※落丁・乱丁本はお取替えします。　　　　ISBN978-4-7882-8618-4
5100084　相続生保　　　　　　　©中込一洋 他 2019 Printed in Japan